ऐलान गली ज़िन्दा है

चन्द्रकान्ता

राजकमल पेपरबैक्स

पहला पुस्तकालय संस्करण
राजकमल प्रकाशन प्राइवेट लिमिटेड द्वारा
1984 में प्रकाशित

राजकमल पेपरबैक्स में
पहला संस्करण : 1996
चौथा संस्करण : 2022

राजकमल पेपरबैक्स : उत्कृष्ट साहित्य के जनसुलभ संस्करण

राजकमल प्रकाशन प्रा.लि.
1-बी, नेताजी सुभाष मार्ग, दरियागंज
नई दिल्ली-110 002
द्वारा प्रकाशित

शाखाएँ : अशोक राजपथ, साइंस कॉलेज के सामने, पटना-800 006
पहली मंजिल, दरबारी बिल्डिंग, महात्मा गांधी मार्ग, प्रयागराज-211 001

वेबसाइट : www.rajkamalprakashan.com
ई-मेल : info@rajkamalprakashan.com

बी.के. ऑफसेट
नवीन शाहदरा, दिल्ली-110 032
द्वारा मुद्रित

मूल्य : ₹250

ELAN GALI ZINDA HAI
Novel by Chandrakanta

ISBN : 978-81-267-0901-4

चन्द्रकान्ता

3 सितम्बर, 1938 को श्रीनगर, कश्मीर में जन्म। बी.ए., बी.एड. तक की शिक्षा श्रीनगर से तथा बिड़ला आर्ट्स कॉलेज, पिलानी (राजस्थान) से हिन्दी साहित्य में एम.ए.।

1967 से निरन्तर सृजनरत चन्द्रकान्ता के अब तक चौदह कहानी-संग्रह प्रकाशित हो चुके हैं। इसके अलावा चयनित एवं चर्चित कहानियों के नौ संकलन एवं समग्र कहानियाँ चार खंडों में प्रकाशित। आपके प्रकाशित उपन्यास हैं—*अन्तिम साक्ष्य, अर्थांतर, बाक़ी सब ख़ैरियत है, ऐलान गली ज़िन्दा है, अपने-अपने कोणार्क, यहाँ वितस्ता बहती है, कथा सतीसर, समय-अश्व बेलगाम*। अन्य कृतियाँ हैं—*यहीं कहीं आसपास* (कविता-संग्रह); *हाशिए की इबारतें* (आत्मकथात्मक संस्मरण); *मेरे भोजपत्र* (संस्मरण एवं आलेख); *प्रश्नों के दायरे में* (साक्षात्कार)।

चन्द्रकान्ता की कई कहानियों एवं उपन्यासों के विभिन्न भारतीय भाषाओं एवं अंग्रेज़ी में अनुवाद हो चुके हैं। आपकी रचनाएँ कई विश्वविद्यालयों के हिन्दी साहित्य के पाठ्यक्रम में शामिल हैं। दूरदर्शन के लिए कई कहानियों का फ़िल्मांकन तथा आकाशवाणी से कहानियों-उपन्यासों का धारावाहिक प्रसारण हुआ है।

आपको के.के. बिड़ला फाउंडेशन का 'व्यास सम्मान', हिन्दी अकादमी (दिल्ली) का 'साहित्यकार सम्मान', हरियाणा साहित्य अकादमी का 'बाबू बालमुकुंद गुप्त पुरस्कार', उ.प्र. हिन्दी संस्थान का 'महात्मा गांधी सम्मान', केन्द्रीय हिन्दी संस्थान (आगरा) का 'सुब्रह्मण्यम भारती पुरस्कार' आदि अनेक प्रतिष्ठित पुरस्कार एवं सम्मान मिले हैं। डी.एस.सी. साउथ एशियन लिटरेरी प्राइज़ की शॉर्टलिस्ट में *ए स्ट्रीट इन श्रीनगर* (*ऐलान गली ज़िंदा है* का अंग्रेज़ी अनुवाद) और लॉन्गलिस्ट में द *सागा ऑफ़ सतीसर* (*कथा सतीसर* का अंग्रेज़ी अनुवाद) शामिल एवं पुरस्कृत।

सम्पर्क : 3020, सेक्टर 23, गुड़गाँव–122017

ईमेल : chandrakanta39@gmail.com

'बहिश्त की उन अँधेरी गलियों को
जिनकी कीचड़ में गाहे-ब-गाहे
कमल के फूल खिलते हैं।'

अपनी बात—आपके साथ !

'अर्थान्तर', 'अन्तिम साक्ष्य' और 'बाकी सब खैरियत है' के बाद मेरा यह नया उपन्यास। जब तक कोई भी कृति कमोबेश एक सम्पूर्ण आकार ग्रहण नहीं करती, एक अजाने, अचीन्हे अपराध की-सी मानसिकता तकलीफ देने लगती है। अधूरे-अधबने शिशु को जन्म देनेवाली माँ का-सा अपराध-बोध सालने लगता है। गोकि सम्पूर्णता का दावा कोई भी रचनाकार नहीं कर सकता, फिर भी यह सच है कि अपूर्णता की तकलीफ मुझे सालती है।

यों मेरे विभिन्न उपन्यासों की पृष्ठभूमि या मानसिकता जिन धरातलों पर उभरी है, सत्य की खोज में संवेदनाओं व अहसासों के विभिन्न आयामों को उकेरती रही है, परन्तु 'ऐलान गली जिन्दा है' लिखते समय मुझे एक अलग-सा बोध हुआ। लगा, कि कुछ ऋण ऐसे भी होते हैं, जिन्हें चुकाए बिना अपना ही मानस मुक्त नहीं होता।

उन दिनों एक बोझ-सा मुझे घेरे रहता था। कुछ कहने को बेताब मेरा अन्तस शब्द ढूँढ़ रहा था। पर जो मैं कहना चाहती थी, उसे महज कुछ शब्दों में बाँधकर ही नहीं, बल्कि स्थितिखंडों, बिम्बों और चित्रों के माध्यम से सम्प्रेषित किया जा सकता था। वह किसी एक का दर्द नहीं था। एक पीढ़ी का भी नहीं। वह तो कई पीढ़ियों का एक साथ रहते-जीते सम्पूर्ण परिवेश का दर्द था, जो ग्लेशियर की तरह जमकर मेरे सीने पर बैठ गया था। इससे मुक्त होना कतई लाजमी था।

मैं जानना चाहती थी, आखिर 'ऐलान गली' मुझे क्यों खींचती है ? सही है कि वहीं कहीं आसपास मेरा पहला रुदन गूँजा था। मेरे डगमगाते पाँवों के आड़े-मेड़े निशान उसी मिट्‌टी पर ठप्पे की तरह अंकित हो गए थे। मेरे भीतर उगते गुलाबी रंगों और खिलती कलियों की चटकन की गवाह वहीं की हवाएँ थीं। किसी शांम झील की थिरकती छाती पर अकेले शिकारे में बैठी मैं और मेरे थके उदास स्वर को झील के लहरीले शैवालों का सहमकर देखना और ललाई चपल लहरों का किलककर दुलारना। वे उगती उम्र के रंग, बहिश्त के उजले रंगों में उकेरना किसे अच्छा नहीं लगता ? स्वर्ग की बात, यों भी, जिन्दगी के आसपास उगते नरक की यातनाओं को कम करने का एक खामखयाल ही सही, कुछ पल मन और ज़हन को भुलावे में तो रखती ही है। मुझे भी शायद स्वर्ग के नजारों के बारे में ही लिखना चाहिए था, लेकिन मैंने 'ऐलान गली' को चुना। ऐलान गली, जहाँ अगर कहीं हरियाली थी तो मँगलू के आँगन में खड़े शहतूत के पेड़ पर और

झील का विस्तार लोगों के दिलों में। जहाँ दिन ढले ही इतना अँधेरा छा जाता, लगता, ज्यों अँधेरे के भूत बसते हों; जिस अँधेरे में रात को बापू के साथ मन्दिर से लौटते अवतारे को हर मोड़ पर काले कम्बलवाले चोर दुबके हुए नजर आते। जहाँ कचरा है, सीलन है, कीचड़ है। जहाँ मुँहफट रत्नी को अनेक शिकायतें हैं, दुख है, क्रोध है और जहाँ सदियों पुराने मूल्य-मान्यताओं की लीक पर आँख-कान मूँदकर चलनेवाली अरुन्धती-सी 'साफ-पाक-दामनवाली' धर्मभीरु औरतें हैं।

इस गली में किसी के ऋण कभी नहीं चुकते। कोई अपने लिए नहीं जीता। अगर कोई ऐसा है तो उसे माफ नहीं किया जाता। ताउम्र दूसरों का ऋण उतारने के लिए जिया जाता है, फिर भी ऋण नहीं चुकते। पीढ़ी-दर-पीढ़ी उनका बोझ ढोया जाता है और आश्चर्य तो यह कि आज के बदलते युग में भी इसे धर्म, कर्तव्य और नियति कहकर शिरोधार्य किया जाता है।

यहाँ औसत लोग रहते हैं—घोर संसारी, जिनके लिए छल-प्रपंच, सच-झूठ, हँसी-रुदन, सभी जिन्दगी की ठोस-अनिवार्य सच्चाइयाँ हैं। और संसारचन्द जैसे पुरोहित, जो श्लोकों-पाठों से दिन की शुरुआत करते हैं, लेकिन वक्ते-जरूरत मन्दिर का दानपात्र उलटाने से भी गुरेज नहीं करते। और अर्जुननाथ अर्जीनवीस जैसे मूँजी, जो सुबह रोटी का चौथाई भाग कुत्ते को खिलाकर स्वर्ग में निवास करने का विश्वास पाल रहे हैं। लेकिन यह गली ऐसे ही विरोधों और विरोधाभासों में सिर उठाए जी रही है। यही इसकी खूबी है।

इस गली में बहुत कुछ समझ से परे भी था। रीति-रस्म, रंग-ढंग, जीने-जिलाने की तरकीबें, सोचने के तरीके। जिस गली से दूर अवतारा, तेजा आदि युवक छप्पन व्यंजनों में भी घास-फूस का स्वाद महसूस करते हैं, चन्दन जैसे युवक कुम्हलाते फूलों को शबनमी छुअन देकर जिन्दा रखना चाहते हैं, वहीं शामू जैसे युवक नीलकण्ठ बनकर गली का जहर पीने को अभिशप्त हैं। जहाँ हर वर्ष अनेक इंजीनियर, डॉक्टर हाथों में डिग्रियाँ और आँखों में झिलमिलाते सपने लेकर निकलते हैं, कि अचानक उनका आकार घड़ेवाले भूत की तरह इतना बढ़ जाता है कि गली तंग मुँहवाली छोटी-सी मटकी महसूस होने लगती है जिसमें उनका आकार सिमट नहीं पाता। और फिर अपने सपनों को सँजोये, नौकरियों के लिए देश-विदेश भटकते यही युवक चाहे-अनचाहे अनेक प्रश्नों से घिरे, व्यवस्था के शिकार खुद को निरीह महसूस करने लगते हैं।

ऐसे में पगले भूता का प्रश्न मुझे चुनौती-सा झिंझोड़ गया—

"कल्हण गनी ते सर्फी, सैराब करि यमि आबन,
सुय आब सनि बापथ, जहरे हिलाल आस्था ?"

(जिस आब ने कल्हण, गनी और सर्फी जैसे विद्वानों को जीवन दिया, वही अब क्या हमारे लिए हलाहल बनेगा ?)

हाँ, इस प्रश्न का उत्तर ढूँढ़ना जरूरी था। इसके लिए 'ऐलान गली' की जिन्दगियों, उस माहौल का पुनरावलोकन करना जरूरी था और इसी कारण आपको उन औसत,

बेढब और विशिष्ट लोगों के बीच ले जाना जरूरी था।

आपने बहिश्त के नजारे बहुत देखे-सुने हैं; अब मेरे साथ बहिश्त की गलियाँ भी देखिए। यहाँ चिनारों की पुरवाइयों-तले बहती झीलें लोगों के सीनों में डोलती हैं, जो बर्फ के ताजोंवाले पहाड़ी सिर गरूर से उठाए रखवालों का धर्म निभाते हैं। इन औसत लोगों में जहाँ संसारचन्द पुरोहित, अर्जुननाथ अर्जीनवीस और भूता जैसे लोग हैं, वहीं कहीं मार्क्स भी हैं, सार्त्र भी, कामू भी तथा गांधी और बुद्ध भी। यहाँ करुणा के स्रोत कभी नहीं सूखते। शायद इसीलिए यह गली जिन्दा है।

लेकिन हाँ ! किसी गलतफहमी में मत पड़िए। मैं आपको कहानी नहीं सुना रही, जिन्दगी दिखा रही हूँ। यों भी कहानी जब जिन्दगी बन जाती है तो खूबसूरती में बदसूरती मिल ही जाती है। तो आइए।

—चन्द्रकान्ता

11 जून, 1984
93, सूर्य नगर
भुवनेश्वर-751103

एक

ऐलान गली में शाम उतर आई है। एक-दूसरे का सहारा लिये खड़े मकानों के बर्फ ढके सिरों पर ढलते सूरज का अक्स पल-भर के लिए ठहर-सा गया है, ज्यों वितस्ता के बाढ़वाले पानी में गोता लगाए पक्के सयाने सिर गलीवालों के कारनामों पर अनुभवी बुजुर्ग नजर डालने रुक गए हों। ढलते सूरज में ताप की तपन नहीं, उम्र का पक्कापन है, फिर भी तिकोन छतों के किनारे बूँदें चूने लगी हैं, टप-टप-टप ! कहीं-कहीं टिन की छतों पर, बर्फ की दरारों पड़ी चादरों के टुकड़े धप्प-धप्प गली में गिरने लगे हैं और ऊँचे अम्बार बनकर मकानों की खिड़कियों तक ढँक गए हैं। घरों में गृहिणियाँ सान्ध्य दीपक के लिए हथेलियों पर रुई की बारीक बत्तियाँ बटने लगी हैं। कुछ देर नन्हे-नन्हे दीपक, अँधेरे को चुनौती देते, दीवटों-खिड़कियों पर टिमटिमाते रहेंगे, फिर धीरे-धीरे धुँधले कुहासीले साये गहरे और गहरे होते काली अमावस के ठस अँधेरे में बदलकर, पूरे कूचे को निगल जाएँगे।

लोगों ने मकान भी क्या बनाए हैं ! अँगुले पर बँगले ! पाँच-पाँच मंजिलों में ऊपर उठते ये मकान ज्यों चाँद की अटारी छू लेंगे। इसी से तो सूरज का गली में झाँकना दूभर हो गया है।

"रात की बात तो रात की, दिन को भी क्या कम अँधेरा रहता है यहाँ ? अँधेरे के भूत बसते हों जैसे गली में !"

जिस अँधेरे के गलीवाले आदी हो गए हैं, उसी अँधेरे से रत्नी को शिकायत है, दुःख है, क्रोध है !

"अमा रत्नी भाभी ! हमें तो इधर रात को भी अँधेरा नजर नहीं आता ! आँख मूँद के चलूँ तो अपने गरीबखाने से सीधे तुम्हारे दीवानखाने तक पहुँच जाऊँ और वो तुम्हारे अनन्त नागी बूटेदार गब्बे पर पालथी मारकर बैठ जाऊँ फुँदनेवाले तकिये की टेक लगाकर। हाँ ! भरोसा न हो तो कभी आजमा के देख लो शौक से !"

दुःख और क्रोध को मजाक-मुस्कराहट से भगाने के तौर-तरीके जाननेवाले अनवर मियाँ को अँधेरे से कोई गिला नहीं ! शिकायत कण्ठ काका को भी नहीं ! वे कहते हैं, "भई, अँधेरे की कोख से ही तो प्रकाश का जन्म होता है..."

कण्ठ काका बुजुर्ग हैं, रत्नी उनसे उलझ नहीं सकती ! पर अनवर मियाँ की बात अलग है ! यों भी रत्नी मुँहफट है, आगे-पीछे देखेगी थोड़ी ! फट से बात सीधे मुँह पर

मारेगी, "तुम्हारी तो बात ही निराली है अनवर भाई ! निशात शालीमार की हवाओं से तुम्हें जुकाम हो जाता है, फव्वारों की मीठी आवाज से सिरदर्द ! चश्माशाही का पानी पीने से लोगों की रूह तक ताजी हो जाती है लेकिन तुम्हारे पेट में दर्द ! दीन-जहान से निराले जो हुए।"

अनवर मियाँ भी हार माननेवाले नहीं हैं। गजब के हाजिरजवाब ! "सच कही भाभी, सोलहो आने ! हमें तुम्हारी आवाज में ही आबशारों की सदा सुनाई पड़ती है। जो तुम हँसकर बोलो तो रूह ताजी हो जाती है। फिर तुम ही बताओ भाभीजान, क्योंकर जाऊँ गली छोड़कर बागों में रूह ताजा करने ?"

अब अनवर मियाँ जो भी कहें, सच्चाई को तो झुठलाया नहीं जा सकता।

कन्धे से कन्धा जोड़कर खड़े मकान ! इस घर में क्या हो रहा है, उस घर में क्या पक रहा है ! अलाँ की बहू के लच्छन कैसे हैं, फलाँ की बेटी का चलन कैसा है ! आँगन, खिड़की, रोशनदान, कहीं से भी झाँक-उझककर पता लगा लो, तबीयत हल्की हो जाएगी। जाने क्यों बीच में चार-छह गज जमीन भी न छोड़ी सयाने लोगों ने घर बनवाते वक्त !

आप किसी से यह बात पूछिए तो जवाब हाजिर ! 'अरे भई, जगह-जमीन की ओट देकर वो बैठे जो एक-दूसरे से लुकना-छिपना चाहें। इधर तो हाल यह है कि आमने-सामने खिड़की न हुई तो एक मकान की चौके की दीवार में चार-छह ईंटें निकाल दूसरे मकान में झाँकने का रास्ता निकाल लो, ऐसा न करो तो पकवानों का आदान-प्रदान कैसे हो ? हारी-बीमारी में, चौखटे में मुँह घुसा, आवाज भर दो तो मजाल है कि घर के तमाम लोग मुसीबतों में दौड़-धूप करने को हाजिर न हो जाएँ।' इसके अलावा भी कई वजहें हैं, जिनमें महिला वर्ग की चेहमेगोइयों, कनबतियों, खुसुर-पुसुर से लेकर घर की मान-मर्यादा और लिहाज-शर्म की राजदारी भी शामिल है।

अब देखो न, हीमाली की बहू को दूसरे पहर रात दर्द उठी। अब क्या हीमाली मर्दों को जगाकर ढिंढोरा पिटवाती ? ढिंढोरे की बात छोड़ भी दें, तो भी आधी रात थके-माँदे मर्दों की नींद खराब करना भी तो अक्ल-बुद्धि की बात नहीं। मर्द लोग यों भी हो-हल्ला मचाना जानते हैं, बच्चा जनना तो औरतों के बूते का है। तभी न हीमाली ने चौखट में से हल्की-सी आवाज दी सतवन्त को—सतवन्त भागी-भागी गई नूरा दाई के पास। बेचारी वह भी औजारों का बक्सा लिये, उल्टा फिरन पहने आँखें मलती चली आई। चुन्नी बहू के नन्हे पुत्तर ने इयाँ-याँऽऽऽ की पहली रुलाई सुनाई तो हड़बड़ाकर घर के मर्द जगे, भौंचक। ज्यों कोई करिश्मा हो गया हो, वे कोई सवाल करें, इससे पहले औरतें देने लगीं मुस्करा-इतराकर बधाइयाँ !

अब यह सब बातें सुनने में ऊटपटाँग भले ही लगें पर इनका मतलब बड़ा गहरा होता है !

नई-नई मसें भीगे छोकरे इसे दूसरे के मामलों में दखलअन्दाजी, टाँग-घुसाई आदि इत्यादि कोई भी नाम दें, पर सच बात यह है कि वह पड़ोसी ही क्या जो सुख-दुःख

में काम न आए ?

फिर भी अँधेरा है ! रत्नी गलत नहीं है। यह तो यहाँ वाले आदी हो गए हैं रहते-रहते। कोई बाहरवाला आए तो उस बेचारे को दस कदम चलते पाँचेक ठोकरें लग ही जाएँ। कई वाकये हुए भी हैं यहाँ !

एक बार खूबसूरती ढूँढ़ने-देखने का शौकीन, एक निहायत रूमानी जोड़ा, जाने किस जादुई खोजबीन के सिलसिले में इस गली से गुजरा। मास्टरजी के खयाल से वे मार्क्सवादी ग्रुप से जुड़े लोग थे, जो लोगों की भीतरी हालत परखने और बहिश्त की गलियाँ कैसी होती हैं, यह देखने आए थे ! ऊँची एड़ी पर कदम-कदम नापकर चलती बीबी फिसलनी कीचड़ पर रपटकर वो गिरी कि पतली कमर सौ बल खा गई। कोई पीच-वीच डाली होगी किसी ने गली में। आदत से मजबूर हैं लोग बेचारे। पता नहीं किसने खिड़की से झाँककर देखा कि तमाम खिड़कियों के फ्रेम में कई-कई चेहरे जड़ गए, कुछ आँखें चमकीं, कुछ आवाजें खनकीं। बीबी गुस्से और शर्म से यों पानी-पानी हो गई कि साथी का सहारा देने आगे बढ़ा हाथ भी झटक दिया।

बाद में, सुना बीबी के पाँव में मोच तो आई ही थी, सीलन व कीचड़ की गन्ध से उल्टियाँ भी हो गईं। बेचारी ने टिटनेस के टीके लगवाए और आइन्दा बहिश्त की गलियाँ देखने से तौबा की। गुले हौजी ने सभी खबरें गलीवालों को दीं, उसी की नाव में वे शहर की सैर को निकले थे।

गलीवालों ने टिप्पणी की, 'आसमान ताकनेवाली कोई बीबी होगी, जो भर-दुपहर ठोकर खाकर गिर पड़ी। रही उल्टी की बात, सो कोई शाकाहारी बीबी होगी, ऊ पी, अम पी. से आई हुई। मछली की गन्ध लगी होगी ! मरी फाता भी तो बैठती है पूरी गली में मछलियाँ फैलाकर।'

संसारचन्द पुरोहित ने मुस्कराकर सिर हिलाया, "अपने मन्दिर में तो बाहर के बड़े-बड़े सेठ-सेठानियाँ शीश झुकाने आते हैं। भेंट-चढ़ावे तो सौ-दो सौ के चढ़ावेंगे, मगर खाएँगे वही दाल-दलिए ! आश्चर्य, परम आश्चर्य ! इनका मेदा इतनी दाल पचा कैसे सकता है ?"

दयाराम मास्टर ने संजीदगी से जोड़ा—"हाँ भई, इधर दाल-दलिएवाले हैं, तो उधर चीन-जापान में, साँप-मेंढक खानेवाले भी हैं। सभी तरह के लोग-बाग रहते हैं यूनिवर्स में ! हवा से हलकोरे खानेवाली बिहारी की नायिकाएँ भी हैं और हम-तुम जैसे सख़्त खाल जवाँ मर्द भी।"

"नाजनीनें कहो मास्टर साहब, नाजनीनें ! लाहौल बिला-कूवत !" अनवर मियाँ की आँखें चमक उठीं, "नाजनीनों की क्या कमी है अल्लाह पाक की बनाई दुनिया में !" बात घूम-फिरकर आ गई फिर मोच खानेवाली बीबी पर। "देखी थी मैंने।" अनवर मियाँ बिना तारीफ किए रह न सके, "क्या मजनूँ की पसली लग रही थी, चार अँगुल से ज्यादा तो कमर थी नहीं। मियाँ लाल बुझक्कड़ उसे सँभाल न पाया। गोड़ मुरुक गया बेचारी का। मास्टर साहब ने उस शाहजादी की बात सुनाई थी ना, उस रीयल प्रिन्सेस की,

जो सौ तकियों के नीचे रखी मटर की फली की चुभन भी महसूस करती थी, बस, वैसी ही समझो।"

महीपे को अफसोस हुआ कि उस नाजनीन, रीयल प्रिन्सेस, वगैरह-वगैरह को देखने में वह चूक कैसे गया।

महिलाओं ने बीवी के नख-शिख वर्णन में कोई रुचि न दिखाकर इतना ही कहा कि कोई आँखों से काम न लेगा, तो ठोकर खाएगा ही। इसमें क्या अनहोनी हो गई। रत्नी ने जरूर एकाध वाक्य जोड़ दिया, "हुई होगी उल्टी भी और सिरदर्द भी। अपनी गली तो ऐसी ही न्यारी है। दुनिया-भर का कचरा तो फैला रहता है। इधरवालों को दीन-जहान की भलाई-बुराई और 'पालटिक्स' से कभी फुरसत मिले, तब न गली की सफाई-गिफाई की तरफ ध्यान जाए। ऊपर से मुआ अँधेरा भर-दुपहर नहीं छोड़ता..."

यों रात घिरने पर अँधेरा सभी जगह छा जाता है, बड़े बाजार हों, छोटी गलियाँ हों। बाम्बे डाइंग की पारदर्शी काँचवाली ऊँची दीवारें हों, या गणपत किराने की गली में उकडूँ बैठी, फूस की छाजन छवाई हट्‌टी हो, अँधेरा किसी को नहीं बख्शता।

ऊँची पहाड़ियों की गोद में दुबकी हुई खुशनुमा झील पर भी जब अँधेरा छा जाता है, तो लहरों की रूह काँप उठती है। पानी के भीतर झूमते नरकुल, शैवाल, काली कैनवस के भीतर यों हिलते हैं ज्यों किसी डरे हुए मानुस का धुकधुकाता दिल। भले ही बुलिवार्ड के मरकरी बल्ब अँधेरे को चुनौती देते, रात-रात भर जलते रहें। फर्क क्या पड़ता है ! सतह पर काँपती हुई रोशनियाँ उस अँधेरे के सैलाब को ज्यों फोकस में लाती हैं।

फिर यह गली ? नंगे आसमान के नीचे ईंट, चूने, लकड़ी के खाँचों से बनी रिहायशों से ठूसमठूस। पहाड़ तो पहाड़, यहाँ दूर तक एकाध पेड़ भी नजर नहीं आता। यहाँ उलझे तारोंवाले बिजली के खम्भों में बीसियों बल्ब लगाए जाने के बावजूद, रोशनी की एक दुबली-सी शहतीर भी मुँह दिखाने की हिम्मत नहीं करती। करे भी कैसे ? बिजली के लट्‌टू खम्भों पर कभी टिकने भी पाएँ, तब न ?

मास्टर दयाराम, अर्जुननाथ अर्जीनवीस के चौथे माले की बैठक में गुफ्तगू करता अपने हमउम्र दोस्तों से कहता है, "अँधेरा, अँधेरा होता है साहब ! मौत और अँधेरा ! दोनों हैव्स और हैवनाट्स में फर्क नहीं करते !"

मास्टर दयाराम सूक्तियों में बात करते हैं, उन्हें अधिकार भी है। गली के पढ़े-लिखे, ज्ञानी-ध्यानी गुरुजनों में उनकी अपनी जगह है, सुरक्षित ! परन्तु बाज़ वक्त, और खास मौकों पर सूक्तियाँ भी अपना अर्थ खोकर उलटबाँसियाँ बन जाती हैं। मास्टरजी इस सच्चाई को नहीं जानते, या हो सकता है जानते हों, पर चार जनों के बीच मानने को तैयार नहीं होते। काइयाँ हैं थोड़े।

मतलब अँधेरे-अँधेरे में फर्क होता है। अँधेरा देखा जा सकता है, पर ऐलान गली में उसे छुआ जा सकता है। बघनखे फैलाए, सशरीर देव-सा, आतंकित करता हुआ। इस अँधेरे में भले आदमी तो भले आदमी, चोर-उचक्के भी खौफ खाते हैं। हँसी आती है न सुनकर ? या विश्वास नहीं होता ? अवतारे को भी पहले-पहले विश्वास नहीं आता

था, जब वह बहुत छोटा-सा था। पर थोड़ा बड़ा होने पर, रात घिरे जब वह अपने पिता संसारचन्द पुरोहित के साथ मन्दिर के पट बन्द कर घर लौटता, तो कसकर पिता की अँगुली पकड़ लेता। उसे हर दुकान, हर मोड़ पर, रँगे चेहरेवाले भूत से चोर नजर आते। उसकी साँस हलक में घुट-सी जाती। कहीं वह बापू का हाथ छोड़ दे तो वह कोनेवाले मोड़ पर दुबका हुआ, कम्बल में सिर से पैर तक लिपटा, मुस्टण्डा काला चोर उसे दबोच ले, तो ?

अवतारे का छोटा-सा दिल धक्-धक् बजने लगता। टाँगें थरथराने लगतीं। कहने की बात नहीं, पर यह सच है कि कई बार पाजामा भी गीला हो जाता। तब संसारचन्द बेटे को बहादुर बनने की सलाह देते। किस्से-कहानियाँ सुनाते। यह गली किस्से-कहानियों की धनी है। हजार कहानियाँ, अनगिनत घटनाएँ, सुनाने बैठो तो बोलनेवाला तो बोलनेवाला, सुननेवाला भी थक जाए, पर कहानियाँ हैं मजेदार।

एक ऐसी ही मजेदार घटना बापू ने अवतारे को सुनाई थी। माई की बहादुरी की घटना, जो वर्षों पहले घट चुकी थी। तब अवतारे का जन्म भी नहीं हुआ था। तब से अब तक वर्षों बीत गए। इस गली में चोर क्या, चोर के बाप की भी हिम्मत नहीं हुई घुसने की !

वह एक यज्ञ अमावस्या, यानी खिचड़ी अमावस्या की रात थी। गृहस्थ घरों में मूँग चावल की, खूब-सा घी डालकर, स्वादिष्ट खिचड़ी बनती है इस दिन। साथ में मछली का झोल, मीट का कलिया, रोगनजोश, वगैरह-वगैरह, अपनी-अपनी रीत के अनुसार। गलीवालों ने भी अपनी-अपनी सामर्थ्य के हिसाब से खिचड़ी बनाई। संसारचन्द की धर्मपत्नी अरुन्धती ने भी मछली, मीट, अचार की फाँक वगैरह से सजी खिचड़ी घास की ईंगुरीनुमा पत्तल पर धरकर दालान में रख दी। घर के किसी कोने अन्तरे में घास की पत्तलों पर खिचड़ी, गृहदेवता के लिए परोसी जाती है। कहते हैं इस रात यक्षराज या गृहदेवता सभी घरों के चक्कर लगाते हैं, जिस घर में सुच्ची खिचड़ी पाते हैं, उस घरवालों से खुश होकर वे प्रसाद पाते हैं और बदले में लक्ष्मी को भेज देते हैं। जहाँ पत्तल नहीं मिलती, वहाँ से वे नाराज होकर चले जाते हैं। फिर लक्ष्मीजी का पदार्पण तो असम्भव ही है, घर की जो दुर्दशा होती है, उसके भी कई अलग किस्से हैं। बहरहाल !

यों दयाराम मास्टरजी खिचड़ी अमावस्या का भी एक अलग ही किस्सा सुनाते हैं। उनका कहना है कि नीलमत पुराण के अनुसार प्राचीन काल में 'यक्ष' नाम की डाकू जाति वादी के लोगों को बेहद परेशान करती थी। डाकू कभी भी आकर लूटमार कर जाते थे। एक बार लोगों ने आपस में सलाह-मशविरा करके उन्हें सन्देश भेजा कि लूटमार करने की बजाय पौष अमावस के दिन उनके यहाँ आ जाया करें, जहाँ उनके लिए भोजन आदि का प्रबन्ध होगा। इसीलिए खिचड़ी अमावस्या को वे एक थाली खिचड़ी, मांस, मछली आदि से भरी हुई रख देते थे जिसे यक्ष लोग आकर खा जाते थे। यही प्रथा अभी भी चली आ रही है, पर अब यक्ष नहीं आते, चूहे-बिल्लियाँ आकर पकवान खा जाते हैं।

'बिल्ली-चूहे आकर पकवान खा जाते हैं' कहने से संसारचन्द के आस्थावादी मन को ठेस पहुँचती है, परन्तु मास्टरजी पढ़े-लिखे व्यक्ति हैं, इतिहास साइन्स के जानकार, सो उनकी व्याख्या आम आदमी से अलग अजूबी तो होगी ही। फिलहाल कहानी आगे यों है कि उस खिचड़ी अमावस्या की रात संसारचन्द को यजमानों के घर पुजाते आधी रात हो गई। कई-कई घर उन्हें अकेले ही पुजाने-निपटाने पड़ते हैं। आस्था और संस्कारों मण्डित ब्राह्मणों के घर, जो श्लोक, पाठ खुद भी जानते-समझते हैं। सो शुक्लाम्बरदरम् विष्णुम् से आरम्भ कर ओम जय जगदीश हरे तक, यानी गणेश स्तुति से लेकर आरती के आयोजन तक सभी देवी-देवताओं की स्तुति करने के बाद ही यजमान खुश होकर दक्षिणा देते हैं। अरुन्धती पति की व्यस्तता जानती है, सो बच्चों को सुलाकर खुद भी एकाध झपकी लेने के विचार से लेट गई।

अचानक आधी रात के समय नींद में ही अरुन्धती को पाँवों की आहट सुनाई पड़ी। उसने सोचा, जरूर यक्षराज उनके घर पधारे हैं। माँ लक्ष्मी का स्मरण कर उसने मन-ही-मन उन्हें हाथ जोड़े और कान लगाकर देवता की पदचाप सुनने लगी। वह भीतर आए, उन्होंने धीरे से दरवाजा खोल दिया, थप-थप-थप, वो कदम बढ़ा रहे हैं। अब खिचड़ी की पत्तल जूठी करेंगे, अब...। तभी न जाने क्यों अरुन्धती अपनी उत्सुकता पर अंकुश न रख सकी। उसे बड़ी इच्छा हुई यक्षदेवता के दर्शन करने की। कैसा रूप-रंग मण्डित, तेजयुक्त चेहरा होगा ? चार हाथ होंगे कि आठ ? किस हाथ से प्रसाद ग्रहण करेंगे ? वह धीरे-धीरे उठी और दालान की ओर बढ़ने लगी। है बड़ी दिलेर औरत ! लेकिन यह क्या ? यक्षराज को भला उसकी सन्दूकची खोलने की क्या जरूरत पड़ी ? वो तो स्वयं दाता हैं, यह चोरोंवाली करतूत क्योंकर ?

अरुन्धती पढ़ी-लिखी स्त्री नहीं है, फिर भी बुद्धि उसकी कुशाग्र है। उसका माथा ठनका। काले कम्बल में सिर से पाँव तक ढका वह आदमी यक्षराज नहीं हो सकता था। उसे विश्वास हो गया। अरुन्धती चुपचाप कमरे में लौट आई। झटपट संसारचन्द का फिरन पहना। ताखे पर धरा पति का पुराना साफा सिर पर जमा दिया। हुक्का सामने खींचकर जोरों से गुडगुड की आवाज निकाल कश खींचने लगी। जवा-मखना को वो जोरों की चिकोटी काटी कि वे पहले तो नींद में कुनमुनाए और बाद में भें-भें कर रोने लगे। अरुन्धती ने मर्दाना आवाज निकालकर एक-दो काल्पनिक नौकरों को आवाजें निकालीं, "महदे, गुलाऽब कहाँ मर गए सबके सब ? जरा हुक्का भर दो, नींद नहीं आ रही।"

अरुन्धती ने बत्ती जलाई। उठकर फटाक से खिड़की के पट खोल दिए। काली चादर में लिपटा चोर खटर-पटर, और आवाजें सुनकर दरवाजे से भागकर जाने ही लगा था कि अरुन्धती ने उसकी उठी टाँग पूरी ताकत से खींच ली। जब तक चोर अपने को छुड़ाने की कोशिश करे, अरुन्धती ने आव देखा न ताव, झुककर तीखे दाँत उसकी टाँग में गड़ा ही दिए। इधर जवा और मखना पूरी तरह जाग चुके थे और गला फाड़-फाड़कर चोर-चोर की चीख-पुकारें मचाने में जुट गए थे।

हल्ला सुनकर घरों को रोशनियाँ भक्-से जल उठीं। अधनंगे सोए मर्द-औरतें गर्म बिस्तरे छोड़कर खिड़की-दरवाजों पर टँगकर चोर को ललकारने लगे। गली का भाईचारा भी गजब का था। अनवर मियाँ चीख-पुकार सुन ऐसी बदहवासी में उठे कि दरवाजे पर पहुँचकर उन्हें ध्यान आया कि मजमे के सामने आने से पहले उन्हें अपनी तहमद बाँधनी चाहिए थी। ऐसे में चोर हड़बड़ी में खिड़की को दरवाजा समझकर लाँघ गया और नीचे पथरीली गली में धम्म से आ गिरा। तीसरी मंजिल की खिड़की से नीचे गली में थड़ की आवाज के साथ। सड़क छूते ही सिर फट गया और दम निकल गया।

बाद में यह किस्सा कोतवाली तक पहुँचते-पहुँचते रह गया। चोर की मृत्यु की खबर गली से बाहर पूरे शहर में फैल गई। लोगों ने जो कहा सो जाने दीजिए, पर चोर की जान गई। यह बुरा हुआ। ब्राह्मण के घर हत्या हो गई। अरुन्धती को प्रायश्चित भी करना पड़ा। लेकिन इसका नतीजा अच्छा ही निकला। शहर-भर के चोरों के दिलों में गली-मुहल्ले का डर बैठ गया, जबरदस्त दहशत !

बाद में सुना गया कि चोरों ने अपनी एक सभा में कहा कि अमुक गली बड़ी मनहूस जगह है—वहाँ जो भी चोर कंदम रखेगा, जान से हाथ धोएगा, वहाँ अरुन्धती-सी मर्दमार औरतें बसती हैं।

यह खबर अनवर मियाँ ने ही गलीवालों को दी। यों यह भी सुना गया कि चोरों में बदले की आग भड़क उठी थी। उनके एक सहयोगी की जान चली गई थी, पर जाने कैसे क्या हुआ, अनवर मियाँ ने तो दूसरी ही बात कही। अनवर मियाँ की बात ही अलग है। चोर हो या साधु, दोनों से उसकी सलामअलैकुम और राम-राम ! बड़ा रहस्यपूर्ण व्यक्तित्व है अल्लाह के बन्दे का। उस दिन पूरे आठ घंटे घर से गायब रहा। रात घिरे घर लौटा तो मुहल्ले के चन्द बुजुर्गवारों को अर्जुननाथ अर्जीनवीस की बैठक में बुलाकर बातचीत की, सलाह-मशविरे हुए, और लोगों को चोरों की मजलिस में हुए फैसले की बात सुनाई गई।

लोग प्रभावित हुए बिना रह न सके, अर्जुननाथ अर्जीनवीस खासकर। उन्हें डबल ताला-लगी अपनी भारी-भरकम लोहे की सन्दूकची की चिन्ता हरदम खाए जो रहती है।

अनवर मियाँ ने दाँत खोदनी से दाँतों में फँसी काल्पनिक अड़क निकालते हुए बात शुरू की, "अब तो भाइयो, बुजुर्गो, आगे से किसी चोर-उचक्के की हिम्मत नहीं होगी गली की तरफ रुख करने की। मामला सलटा आया हूँ।"

"मामला ? कैसा मामला ? किस तरह ?" जाहिर है, अनवर मियाँ को कई सवालों का जवाब देना पड़ा।

गला खखारकर, पसारा बदलकर अनवर मियाँ चालू हो गए, "देखो भाइयो, चोर-उचक्के हों, गुण्डे-बदमाश हों, या हम-तुम जैसे भले आदमी, हैं तो सभी आदमजाद !"

"जाहिर है, सो तो ऊपरवाले के बन्दे सभी !"

"ठीक है, इसमें क्या शक है !" पंचों ने समर्थन में सिर हिलाए।

"अब ये आदमजाद ! इनकी भी कुछ जरूरतें हैं, जैसे आपकी, मेरी !"

अनवर मियाँ अपनी ओर प्रश्नात्मक नजरें उठने से पहले ही उदाहरण देकर अपनी बात की पुष्टि करना जरूरी समझते थे।

"हूँ !"

"ज्यादा बड़ी जरूरतों की बात जाने दीजिए ! दो जून दाल-रोटी, साग-भात तो चाहिए ही ! मीट-मुर्गे की बात छोड़ भी दें ! इसी पेट की खातिर तो सभी धन्धा करते हैं। है न ?"

दयाराम मास्टरजी उत्सुकता से अनवर मियाँ की औसत बातें सुनते रहे, और कुछ विशेष पकड़ न पाने पर थोड़ा झुँझलाकर बोले, "अनवर मियाँ, सो तो बात सही है, सौ फीसदी। यह तो मैं न कहूँगा कि तुम चोरों की दलाली कर रहे हो। मगर इतनी रात गए, यही जानी-समझी बातें दुहराकर तुमने हमारी नींद खराब कर दी, यह कुछ जमा नहीं !"

अनवर मियाँ दाढ़ी पर हाथ फेरकर महीन-महीन मुस्कराए, "गुनहगार हूँ मास्टर साहब, आपकी नींद चुराने का। मगर यह बेअदबी जरूरी थी, क्योंकि नबी सेठ सुबह मुँह-अँधेरे मुझसे जवाब माँगने आएगा। कोई फैसला तो हमें करना ही है।"

'नबी सेठ' चोरों का सरदार था। नाम सुनते ही कँपकँपी छूटती थी।

"कैसा फैसला ?" पंच मुँह बाए उत्तर सुनने की प्रतीक्षा करने लगे।

"यही कि हमारी तरफ से कुछ बँधी-बँधाई रकम उन्हें हर माह मिलती रहे, तो वे लोग भी इस गली का रुख करना भूल जाएँ।"

"बँधी-बँधाई रकम ?" दयाराम मास्टर की नैतिकता को धक्का लगा। "यानी कि चोर-उचक्कों को घूस देकर उन्हें गलत काम करने की शह दें ?"

"शह दो या मात मास्टर साहब, चोर-उचक्के तो रहे हैं और रहेंगे। उन्हें सिखाने-पढ़ाने का शौक हो तो अपने घर-बार को किसी भाई-बन्द के जिम्मे कर दो पहले, तब बाद में, सर पर कफन बाँधकर, शहीदों की तरह, इस लड़ाई में जुट जाओ। हाँ, नबी सेठ की ताकत से तो वाकिफ हैं आप, पुलिस-थानेदार भी झुककर आदाब करते हैं !" अनवर मियाँ ने डंके की चोट, बेलाग बात कही।

"अगर तुम सब लोग साथ दो, तो मजाल है कि हम पूरे शहर से चोर-बदमाशों का सफाया न कर दें ?" मास्टरजी जोश में आकर असूली बातें करने लगे। संसारचन्द पुरोहित का हौसला इतना बुलन्द हुआ कि उन्होंने हुक्के का एक भरपूर कश खींचते, धुआँ बाहर फेंकने के बजाय फेफड़ों में उतार दिया। जबरदस्त धसका उठने के बावजूद वे मन की बात कहने का लालच रोक न पाए—"खों-खों-खों, आ भी जाएँ...खोंह...चोर तो, खः खः क्या लेंगे हमारे घरों से, हाक-हाक-आक, कौन-सी हाँडियाँ धरी हैं, खः खः, अशरफियों की हमारे घरों में ?"

लेकिन अर्जुननाथ अर्जीनवीस और महीपसिंह की धुकधुकी बढ़ गई, "हाँडियाँ न भी भरी हों, पर क्या मालूम कुछ न पाकर रात को गला ही रेत डालें ?"

पंचों में नया डर फैलने लगा, रीढ़ की हड्डी तक कँपानेवाला डर।

"गला काटने की ही बात नहीं, घर में बहू-बेटियाँ हैं," अनवर मियाँ ने आवाज धीमी करते हुए कहा, "उन्हें किस-किससे बचाते फिरिएगा ? अभी तो वे लोग खार खाए बैठे हैं, हाथ पर हाथ धरे बैठे तो रहेंगे नहीं। आखिर उनका आदमी हलाक हुआ है हमारी गली में !"

सभी अनवर मियाँ का मुँह देखने लगे। सोच-विचार के बाद निष्कर्ष यही निकला कि उनका सुझाव मानने में ही खैरियत है।

"जिसकी जैसी औकात हो, रुपया-आठ आना ज्यादा नहीं होता ! कुछ सीधा, मुट्ठी भर चावल रोज मटके में डाल दो, दान-पुन्न समझकर ! एक तरह का बीमा जान लीजिए। उसकी किस्तें भी तो भरनी पड़ती हैं न ?"

यानी टेंट से पैसा निकालना ही पड़ेगा !

अनवर मियाँ ने अग्रिम रूप से पंचों से पैसे वसूल किए। बाद में घर-घर जाकर जमा करेंगे। तब अपना चदरा कन्धे पर डालकर उन्होंने कहा, "बस ! भाइयो, अब तुम लोग मस्त रहो, ऐलान ! डर-वहम सभी छोड़ दो।"

तब से अब तक दसेक वर्ष तो हो ही गए। किसी चोर-ओर के दर्शन यहाँ वालों को नहीं हुए। लोग मजे से रहने लगे। और तभी से अपनी इस गली का नाम 'ऐलान गली' हो गया।

दो

"अँधेरी गली, ऐलान गली !" रत्नी ने नुक्ता जोड़ा। अपना अव्यक्त आक्रोश वह मौका मिलने पर व्यक्त करती ही रहती है। "अँधेरे की कोख से ही तो प्रकाश का जन्म होता है बेटी !" नीलकण्ठ काका भी पत्थर की लीक से खुदे और बार-बार दुहराए अपने विश्वास का बन्द जोड़ना अपना धार्मिक दायित्व समझते हैं।

प्रकाश के जन्म की बात तो अवतारा तब समझ नहीं सकता था, छोटा-सा था न, पर अँधेरा वह भी महसूस करने लगा था। जब उसने अपने बापू से चोरों की दलील सुनी, तो साँस रोककर टुकुर-टुकुर ताकता भी कुछ समझा, कुछ नहीं समझा। परन्तु ज्यों-ज्यों उसकी उम्र बढ़ती गई, दोस्तों का घेरा फैलता गया और शब्द शक्तियों का ज्ञान होता गया, उसे गली के कई रहस्य यके-बे-दीगरे समझ में आते गए।

सर्दियों की छुट्टियों में जब स्कूल-कॉलेज की छुट्टी होती, कच्ची-पक्की के नन्हे-मुन्नों को छोड़, बच्चों-बालों को नीलकण्ठ काका की 'सनातन धर्म पाठशाला' में उपस्थित होना जरूरी हो जाता था। स्कूल-कॉलेज की पढ़ाई, अंग्रेजी-उर्दू तो ठीक है, जैसा वक्त है उसके अनुरूप चलना जरूरी भी है, पर बच्चे अपनी सभ्यता-संस्कृति का ज्ञान न पाएँ तो दिशाहीन होकर भटक सकते हैं। इसी परम्परागत विश्वास के कारण

कण्ठ काका ने पाठशाला खोलकर एक महान कार्य किया था। यहाँ बच्चे श्रीमद्भगवद्गीता का सस्वर पाठ करते। काका श्लोकों की व्याख्या कर नन्हे पाठकों के मस्तिष्क में गीता का महात्म्य भर देते।

हर वर्ष ढाई महीने चलनेवाले इस स्कूल में छुट्टी उसी दिन होती, जिस दिन काका बीमार होते। वरना बर्फबारी में भी बच्चे फिरन-कनटोपे, दस्ताने, और फिरन के भीतर छोटी काँगड़ी से लैस, पाठशाला में उपस्थित हो जाते। इस 'अय काँगरी, कुर्बान तु हूरो परी' (ओ काँगड़ी तुझ हूर की परी पर मैं कुरबान) के ताप से ही बच्चे 'चिल्लयकलान' में भी पाठशाला जाने से कतराते न थे, गले में बस्ता, फिरन के अन्दर काँगड़ी। पाठशाला के दरवाजे के बाहर, गलियारे में कीचड़ से लथपथ बूट-चट्टियाँ निकाल, बच्चे पायदान से पैर पोंछ वर्षों पुराने, स्याही के धब्बों से चित्रित, घिसे नमदे पर पालथी मारकर बैठ जाते। हाथ जोड़, शीश झुका, काका को प्रणाम करने के बाद ऊँचा स्वर उठाकर, सामूहिक रूप से पाठ शुरू कर देते।

धर्मक्षेत्रे कुरुक्षेत्रे समवेतः युयुत्सवः
मामकाः पाण्डवाश्चैव किम कुर्वत संजय...
संजय उवाच...

नीलकण्ठ काका आँख मूँद समाधिस्थ से बैठे साथ-साथ स्वर मिलाते अशुद्ध उच्चारण पर टोकते और पूरे श्लोक को तीन बार दुहराया करते। मजाल है, कोई गीता पाठ करते समय आपस में छेड़छाड़ करे, बतियाए या काका के पग्गड़ से फिसली साफे की झूलती लड़ पर हँसे। कभी किसी की पीठ पर खुरक मचे या पाँव खुजाने को जी करे, बस जरा-सी चिकोटी काटकर सन्तोष करना पड़ता था। काका सचमुच अन्तर्यामी थे। बन्द आँखों से ही बच्चों की शैतानियों को सूँघ लेते। फिर पूछो मत, गुस्से से यों घूरकर देखेंगे कि बड़े-से-बड़े तीसमारखाँ के प्राण सूख जाएँ।

यों हाथ वह उठाते नहीं थे। हाँ, खास अपराधों पर बिच्छू-बूटी जरूर छुलाते थे। सजा देने का उनका अपना खास तरीका था; अवतारे को एक बार काका के साफे के बीच से झाँकती बोदी पर हँसी आई थी। उसने कुहनी मारकर दाएँ-बाएँ बैठे चन्दन और शामू को भी हिलती हुई बोदी दिखाई। बच्चे मुँह पर हाथ रख खिक्-खिक्-खिक् हँसने लगे तो काका ने बन्द आँखों से ही कन्धे पर लटके तौलिया का गोला बनाया। सख्त, ठस गोला, और सीधा अवतारे की खोपड़ी पर दे मारा। बाकी बच्चों को कड़कड़ाती शीत में, फिरन उतरवाकर तब तक खड़ा रखा, जब तक उस दिन का पाठ समाप्त न हुआ। यों कण्ठ काका बच्चों से बेहद प्यार करते थे पर 'तहजीब-तमीज पहले, बाद में प्यार-दुलार'—यह उनका असूल था और इसे वे वेद-मन्त्र की तरह दुहराया करते थे।

कण्ठ काका की सिखाई बातें भूलती न थीं। एक बार शब्द-शक्तियों का ज्ञान कराते उन्होंने अभिधा-लक्षणा-व्यंजना का अर्थ सोदाहरण समझाया। काका ने कहा कि 'रातरानी महक रही है', वाक्य के तीन अर्थ हो सकते हैं। 'जब एक चोर दूसरे चोर से यही वाक्य कहे—'रातरानी महक रही है' तो बोलो बच्चो, इस वाक्य का क्या अर्थ

निकला ?'

कण्ठ काका छोटी-सी बिच्छू की बूटी कपड़े में लपेट अपनी दाईं तरफ रखा करते थे। यदा-कदा उसकी तरफ इशारा-भर कर बच्चों को सावधान कर दिया करते। इस छोटे से इशारे का नतीजा यह होता कि बच्चे अभिधा, लक्षणा, व्यंजना तीनों शब्द-शक्तियाँ सोदाहरण समझते और एक ही साँस में समझाने भी लगते। 'अर्थ हुआ गुरु काका, कि आधी रात का समय है। चारों ओर खामोशी है। लोग घरों में मस्त सोए पड़े हैं, हमें अब अपने काम पर चल देना चाहिए...'

वाक्यों में विशेष तादात्म्य न होने पर भी उस बार चोर का नाम आने पर अवतारे को बापू, गली और चोर का सन्दर्भ याद आ गया। उसने गुरु काका से प्रश्न किया, 'गुरु काका, हमारी गली में रातरानी नहीं महकती, क्या इसीलिए हमारे घरों में चोर नहीं आते ?'

नीलकण्ठ काका, जिन्हें आदर भाव जताते बच्चे गुरु काका कहकर सम्बोधित करते थे, आश्चर्य से आँखें फैलाए, मुँह बाए, विभोर होकर अवतारे की तरफ देखते रह गए, वे सचमुच बड़े प्रबुद्ध अध्यापक थे। पता नहीं किन संचित कर्मों के फलस्वरूप, ऐलान गली की सनातन धर्म पाठशाला के बीस-पच्चीस निखट्टुओं के भेजे माँजने के चक्कर में अपना भेजा खाली कर रहे थे ?

कण्ठ काका अवतारे की बात सुनकर ऐसे विभोर हो गए कि लड़कों का ठठाकर हँस पड़ना भी उन्हें सुनाई न पड़ा। वे बिच्छू बूटी छुलाना तो दूर, मुँह से दहाड़ की ध्वनि निकालकर डाँटना भी भूल गए।

दूसरे दिन संसारचन्द को मन्दिर के प्रांगण में बिठाकर उन्होंने ज्यों रहस्योद्घाटन किया, 'संसारचन्द। तुम्हारा बेटा या तो विलक्षण बुद्धिवाला लड़का निकलेगा या बुद्धू ! तुम इसे अच्छी शिक्षा दो। सरस्वती की अनुकम्पा हुई तो लड़का सात पीढ़ियों का नाम रौशन करेगा।'

उस वक्त अवतारे ने ऐसी क्या बात की कि बापू ने उसे शाबाशी देने के साथ-साथ प्रसाद के चार लड्डू-पूड़ियाँ एक साथ दे दीं और माँ ने लाल मिर्च माथे छुलाकर, अपनों-परायों, शत्रु-मित्रों के नाम लेकर नजर उतारना जरूरी समझा ? अवतारा समझ न सका कि वह एकदम इतना विलक्षण बुद्धि का स्वामी कैसे हो गया !

वह तो इतना ही जानता था कि उनकी गली में रातरानी नहीं महकती, बड़े लोगों के बंगलों में रातरानी महकती है। उसने कर्णनगर में, बापू के यजमान रामचन्द्र सेठ के बगीचे में रातरानी देखी थी, वहाँ और भी बहुत सी चीजें थीं जो उनके यहाँ नहीं थीं। फूलोंवाले रंगीन गलीचे, साटन के सुनहरे झलमल करते लम्बे-लम्बे परदे, दीवारों पर फिट की हुई बड़ी-बड़ी बुखारियाँ, अँगीठियाँ, नौकर-चाकर, और छोटे-छोटे सफेद फूलोंवाली लहराती घनी बेल, जिसमें रात की सुगन्ध का संसार फूट पड़ता है, जिसकी सुगन्ध से सुध-बुध खोकर घर के लोग नींद के आगोश में गुम हो जाते हैं, धीमे-धीमे स्वर्ग की सीढ़ियाँ चढ़ते हुए नई दुनिया में पहुँच जाते हैं। चोर लोग, जरूर वहाँ उन बँगलों में

पहुँचते होंगे। भला हमारी गली में कीच और सीलन की बू सूँघने चोर क्योंकर आएँगे ?

अवतारा जहीन था, पर उम्र बढ़ने के साथ-साथ वह बुद्धू बनता गया। बुद्धू ही तो ! संग-कुसंग, नियम-धर्म, किसी भी चीज में बच्चे की श्रद्धा नजर नहीं आई। बन्ता हो या रहमाना, हरदम गले में बाजू डाले चिपका रहेगा। एक-दूसरे का जूठा खाने से भी परहेज नहीं करेगा। संसारचन्द को कण्ठ काका की भविष्यवाणी धमकी की तरह याद आ गई। 'संसारचन्द ! तुम्हारा लड़का या तो विलक्षण बुद्धिवाला निकलेगा या बिल्कुल बुद्धू।'

संसारचन्द को दायित्व-बोध सालने लगा। कोई-न-कोई उपाय सोचना होगा। उसने पत्र खोले, कई पन्ने पलटे, नाक पर ऐनक जमाकर दसियों पोथियाँ बाँच डालीं और शुभ मुहूर्त निकालकर अवतारे का यज्ञोपवीत संस्कार करा डाला।

संसारचन्द ने जल्दी में ही संस्कार का दिन निश्चित कर दिया। जल्दी में ही अरुन्धती के मायकेवालों को सूचना दी गई, इस हिदायत के साथ कि बाकी रीति-रस्म संक्षिप्त में ही निभाए जाएँगे, धार्मिक अनुष्ठान को ही प्राथमिकता दी जाएगी।

फिर भी अरुन्धती के माता-पिता ने पूरे ताम-झाम से आयोजन में हिस्सा लिया। बच्चों को कपड़े-लत्ते, अरुन्धती के ससुरालवालों को कपड़े, मामा-मामियों की तरफ से मिठाई, चाय वगैरह का प्रबन्ध अच्छा खासा रहा। सभी नाते-रिश्तेदार हवन के दिन 'अभीद' (दक्षिणा) डालने आए। औरतों ने सुरीले सूरों में मंगलगीत गाए :

'अगण सोंद्रावुस चन्दनगणै, वनय वालुस तुलसी काठ,
कोंगह त स्यन्द्रे वप्यिस ब्राटी, ब्राह्मण विलव्यस आटीपन'

(चन्दन की लकड़ी से यज्ञ कीजिए। वन से तुलसी की टहनियाँ ले आइए। मेरे लाल पर केसर और सिन्दूर का लेपन किया है, अब ब्राह्मण उसे ब्रह्मचर्य का व्रत धारण करवाएगा...)

चौबीस घंटे का यज्ञ और पूरे दो सौ व्यक्तियों के भोज के साथ अवतारे का यज्ञोपवीत सम्पन्न हुआ।

बेटे को बुद्धू होने से बचाने के लिए, संसारचन्द ने यह पहला ठोस कदम उठाया। संसारचन्द पुरोहित, वल्द ताराचन्द महापुरोहित का तीसरा बेटा अवतार कृष्ण, जिसमें विलक्षण बुद्धि के अंकुर विद्यमान हैं, भला अपने दो बड़े भाइयों की तरह, निखट्टू बनकर कुल की नाव क्यों डुबो देगा ?

अवतारा उस वक्त ग्यारह वर्ष का था जब उसके गले में जनेऊ डालकर कान में गायत्री मन्त्र रटा दिया गया। 'ॐ भूर्भुवः स्वः तत्सवितुरवरेण्यं भर्गो देवस्य धीमहि धियो योनः प्रचोदयात्'। बोलो, 'ॐ भूर्भवः स्वः...' प्रतिदिन सुबह सात बार बोला करो।

अवतारा आयोजन देखकर अभिभूत हुआ। सबके ध्यान व प्यार का केन्द्र बना वह यज्ञ कुण्ड के पास बैठा यज्ञ में होम डाल रहा था। थाली में, 'भिक्षाम देहि' कहता ढेर से रुपए इकट्ठा कर रहा था। वह सब तो ठीक था, पर अवतारा श्लोक याद न रख सका। उम्र जरा छोटी थी न। यह दीगर बात है कि उम्र बढ़ने पर भी अवतारा श्लोक

याद नहीं रख सका।

यह कुछ आश्चर्य की बात थी। मन्त्रों की संगत में जीनेवाला लड़का भला गायत्री मन्त्र क्यों याद न रख सका। कर्मन की गति न्यारी, और क्या ! बल्कि उसने ऐसा गड़बड़ काम कर दिया कि उसके नटखट निखट्टू दोस्त भी एक बार दहशत खा गए। हुआ यों कि बापू ने जो जनेऊ पूरे चौबीस घंटों के महायज्ञ के पश्चात् उसे गले में श्रद्धा से धारण करवाया, वही जनेऊ उसने एक रोज नहाते समय, कंचे की शक्ल में गोल-गोल मोड़कर नदी के बीचों-बीच बहा दिया।

शुक्र है, संसारचन्द की नजर बेटे के नंगे-बुच्चे गले पर न गई। दरअसल उन दिनों सर्दियाँ थीं और अवतारा बन्द गले का फलालैनी कुर्ता पहनता था। गर्मियों की बात होती तो संसारचन्द की नजर जरूर उस तरफ जाती। वे नय्यों-डंडों से बेटे की खबर लेते ही लेते, साथ में इस महाअपराध का एकाध कारण भी उगलवा देते।

पर क्या अवतारा कारण समझा पाता ?

कारण था भी कुछ विचित्र ही, एक दिन सुबह-सुबह माँ ने उसे राधे-श्याम नानबाई के पास तन्दूर के गरम-गरम लवासे लाने दौड़ा दिया। हिदायत दी कि लवासे राधे के पास से ही ले आए, तारक या मुन्ने से नहीं। उनके लवासे खस्ते नहीं होते, रबड़ जैसे खिंचते हैं। राधे के हाथ में जादू है। थोड़ा ईमान भी बचा है। एकाध चम्मच घी डालना भूलता नहीं। मामा दस कोस से आए थे। कुछ तो खातिर करनी ही थी। अवतारा भागा-भागा नानबाई की दूकान पर गया तो देखा, राधे एक हाथ से तपे हुए तन्दूर पर झुककर, चिमटे से लवासे निकाल रहा है। और दूसरे हाथ से जनेऊ टटोलकर, अभ्यासवश ही जुएँ बीनता और तन्दूर में झोंकता जा रहा है।

उस वक्त अवतारे का मन बड़ा नाजुक था। तन्दूर से निकलती चिटचिट की सदाएँ उसने सुनीं तो मतली-सी आने लगी। लवासे भूलकर वह उल्टे पैर घर लौट आया।

उस दिन उसने दो भीष्म प्रतिज्ञाएँ कीं, एक यह कि वह राधे नानबाई के लवासे कभी नहीं खाएगा, दूसरी यह कि वह जनेऊ कभी नहीं पहनेगा।

देखा जाए तो उसी छोटी उम्र में ही अवतारे का धर्म भ्रष्ट हो गया। धर्म इसलिए भ्रष्ट हुआ कि उसके उर्वर समतल मन में सन्देह का बीज पड़ गया। अरुन्धती इस स्थिति को 'कलियुग का प्रवेश' कहती है। यह बात, यानी कि धर्म भ्रष्ट होने की बात, अवतारे के कई दोस्तों ने, बन्ते से लेकर करीमे तक ने उसे सोदाहरण समझा दी।

नकफुसड़ा बन्ता, जो दो-दो साल एक क्लास में अड़ा रहता, जिसकी एक अँगुली हमेशा नाक के अन्दर जाने क्या चीज तलाशती रहती, जिसकी पुस्तकों के पन्ने घोटे हुए लगते और बस्ते व कापियाँ स्याही के बेशुमार धब्बों की चित्रकारी से सुसज्जित रहतीं, प्रतिदिन नियम से वाहे गुरु का पाठ करता था। और करीमा एक-दो बार नमाज में सिर झुकाना भूलता न था। हालाँकि अभी से वह दोस्तों के पॉकेट से दस-बीस पैसे के सिक्के उड़ाने में उस्ताद हो गया था। वह सब अलग बातें थीं, पर अपना दीन-ईमान ? वह तो बरकरार रखा था न ? अवतारा ! पंडितजी का पुत्र। अच्छा लड़का,

कोई खास ऐब नहीं था उसमें पर उससे इतना भी न हुआ कि रोज जरा-सा जनेऊ धो-धाकर गायत्री मन्त्र एकाध बार ही बोल देता। कितनी शर्म की बात थी ?

संसारचन्द पुरोहित का बेटा अवतारा। संसारचन्द पुरोहित ! जो अपवित्र घरों को धार्मिक श्लोकों से पवित्र करते हैं, पूजा-पाठ, धूप-दीप-अगरबत्तियों की सुगन्ध से जूठे को सुच्चा करते हैं, भूत-प्रेत भगाने का गुर जानते हैं, ज्ञानी-अज्ञानी प्रबुद्ध। नींद में भी उनके होंठ आशीर्वचन और मन्त्र बुदबुदाते हैं, 'देहि सौभाग्यमारोग्यम् देहि मे परमं सुखम, रूपं देहि जयं देहि यशो देहि द्विषो जहि...' ऐसे भक्त पिता और उनका ही बेटा इतना अधार्मिक ? कुल-कपूत हुआ न ?

मैंने कहा न, अवतारा तब बड़ी बातें नहीं समझता था। उसके छोटे-छोटे हाथ-पैर थे, छोटी-छोटी मुट्ठियाँ और जाहिर है दिल भी छोटा और दिमाग भी छोटा-सा ही था। शब्द-शक्तियों का ज्ञान भी कहाँ घुसता था दिमाग में ? तभी न पिता के लिए ज्ञानी-ध्यानी और प्रबुद्ध और पता नहीं कौन-कौन-से विशेषण सुनते उसके जेहन में अजीबो-गरीब शक्लें और आवाजें उभर आतीं।

ये शक्लें व आवाजें अक्सर रात को ही दिखाई-सुनाई पड़तीं। घनघोर अँधेरी रातों में, जरूर वे कृष्ण-पक्ष की रातें होंगी। यों शुक्ल-पक्ष में भी चन्द्रमा उनके घर से नजर नहीं आता था, केवल उसका अक्स गली की दूसरी तरफ की, मकानों की कतार पर पड़ा दिखता। ठंडा-दूधिया अक्सर। तब रोशनी के उस आभास में वह बड़े मीठे-मीठे चमकीले स्वप्न देखता। पर अँधेरी रात ? तौबा ! सोते समय उसके कानों में, मन्दिर में दिन का आखिरी भजन गाते पिता की श्रद्धा विगलित आवाज भी बड़े गलत-सलत बिम्ब उभारती।

संसारचन्द अब अपने सुरीले कण्ठ से 'ॐ कल्पवृक्षे भक्ते रक्षे, नमोस्तुते गजाननम्' स्वर उठाते तो वे स्वर हवा की लहरियों के ऊपर तैरते धीरे-धीरे अवतारे तक पहुँच उसे मीठी-मीठी लोरियों की तरह थपकियाँ देकर सुलाते। उस पर नींद का रेशमी जाल फैल जाता। यहाँ तक तो ठीक था। लेकिन नींद की बाँहों में कैद होते ही अवतारे को विचित्र-सी ध्वनियाँ सुनाई पड़तीं—थप...थप...हप...हप...हँ-हँ-हाह...जैसे कोई धीरे-धीरे चल रहा हो, कोई भारी चीज उठा रहा हो, ज्यों किसी का दम फूल रहा हो, फिर धीरे-धीरे कोई भारी चीज सरकाने की-सी आवाज, और फिर सिक्कों की फर्श पर गिरने की श्राण-श्रणण-श्रण। बाद में यह आवाजें धीमी होती गईं, और एक दिन बिल्कुल बन्द ही हो गईं। तब अवतारे को मालूम पड़ा कि उसके पिता मन्दिर का दानपात्र उलटाते अब ज्यादा ही प्रबुद्ध हो गए हैं, क्योंकि अब ऐसा करने से पहले वे धरती पर अपना कम्बल बिछा दिया करते थे। पक्के फर्श पर सिक्का यों भी ज्यादा खनकता है।

पहली बार अवतारे ने देखा तो आश्चर्य में पड़ गया और उलट-पुलट सोचता सो गया। दूसरे दिन माँ से कंचे लाने के लिए पैसे माँगे तो माँ ने झिड़क दिया, "रोज-रोज पैसे कहाँ से आएँगे तेरे कंचों के लिए ? कोई खजाना धरा है घर में ?" अवतारे को रात की बात याद आई, "अब तो हमारे पास खूब पैसे हो गए हैं माई ! पिताजी रात

को कम्बल में बाँधकर जो ढेर से सिक्के लाए हैं। मैंने देख लिए...”

माँ ने घबराकर आस-पास देखा। किसी ने अनकहनी सुन तो नहीं ली। अवतारे का मुँह हथेली से दबाकर इतनी जोर से बन्द कर दिया कि उसका जबड़ा दबाव से दुखने लगा। माँ ने कुपित होकर धमकाया, “तुमने कुछ नहीं देखा। समझे ? कुछ भी नहीं। तू बच्चा है, पता नहीं अँधेरे में क्या भूत-प्रेत दिखाई दिया। दानपात्र के पैसे तो भगवान के मन्दिर के लिए होते हैं रे मूरख, तेरे पिता तो मन्दिर के लिए ही रात-दिन खटते रहते हैं...”

तब माई ने अवतारे को समझाया कि रात देर तक न जागा करे, न ही देर से घर लौटे, “मंगलू के आँगन में जो शहतूत का वृक्ष है, उस पर जिन रहता है, जरूर चिपट गया है, नहीं तो ऐसी कुबात मुँह से निकाल देता तू ? अब तेरे बाबा से कह दूँगी, कोई तावीज दे देंगे मन्त्र पढ़कर...”

अवतारे की माँ ने शायद रात को पति से बेटे की करतूत बताई। तभी दूसरे दिन सुबह-सवेरे पिता ने उसे बुलाकर घंटा-भर ठाकुरद्वारे में बिठाया। बापू ने पहले एक-एक कर नन्हे-मुन्ने देवी-देवताओं को स्नान कराया, फिर वस्त्र पहनाए, बाद में धूप-दीप जलाकर पूजा की, मन्त्र पढ़े। छोटे-से ताँबे के टुकड़े पर मन्त्र पढ़ते हुए कुछ लिखा। एक कटोरे में थोड़ा जल लेकर चाकू से उस पर विभिन्न आकृतियाँ बनाईं। ताम्र-पत्र पर पानी के छींटे दिए। तब तक अवतारा धुएँ-भरी कोठरी में बद्ध पद्मासन की मुद्रा में बैठा रहा। जब तक माई ने उस ताँबे के टुकड़े को काले कपड़े में सीकर अवतारे की बाँह पर बाँध न दिया, उसे उठने की इजाजत नहीं मिली। बापू ने उसे भीतर तक देखते हुए समझाया कि इसे हरगिज न निकाले। यह भूत-प्रेत से उसकी रक्षा करेगा।

माँ ने आश्वस्ति की साँस ली, ज्यों सिर से कोई भारी बोझ हट गया। अवतारे ने हक्का-बक्का होकर माई को देखा। उसकी मुचड़ी साड़ी में बेशुमार रंग-बिरंगे पैबन्द लगे थे। साबुन के अभाव में साड़ी हींग-मसाले की गन्ध से महक रही थी, गोकि वह प्रतिदिन नियम से उसे वितस्ता में नहाते समय खँगाल देती थी। मुँह-अँधेरे नहा-धोकर मन्दिर जानेवाली उसकी सीधी-सादी धर्मपरायण माँ के विषय में मुहल्लेदार कहते कि अरुन्धती बड़ी सुच्ची औरत है, सती साध्वी ! तभी उसे अँधेरे से डर नहीं लगता। लेकिन अवतारे को लगता कि उसकी माई को अँधेरे-उजाले का फर्क ही मालूम नहीं था। वह घर के कई काम अँधेरे में ही करती थी।

माई जीरो पावर के लट्टू की रोशनी में धुआँ देती लकड़ियों पर खाना बनाती थी। तभी तो एक बार साग में जवा भैया का काला मोजा पक गया था, और दूसरी बार गज-भर लम्बी सुतली ! जवा भैया ने तेल बघार में सना मोजा माई को दिखाया तो वह निर्विकार भाव से बोली थी, ‘धोकर सुखाने डाल दो।’

फिर तो अवतारे को सुतली दिखाने की हिम्मत ही नहीं हुई। बापू ने अलबत्ता कहा था कि ‘अरनी की आँखें कमजोर हो गई हैं। उसे ऐनक लगाने की जरूरत है। कुछ पैसा हाथ में आते ही इसे डॉक्टर को दिखाऊँगा।’

लेकिन माई ऐनक लगाने पर राजी न हुई। ऐनकवाली औरत, फैशनवाली औरत। भला अरुन्धती उम्र बीतने पर ऐनक लगाकर 'फैशनवाली' कहलाती और खामखाह अपनी मट्टी पलीत करवा देती ?

अवतारे को लगा कि माई ऐनक लगाती भी तो अँधेरे-उजाले में फर्क नहीं कर पाती। उसने चीजों-स्थितियों के प्रति कुछ ठोस धारणाएँ बनाई थीं, जिनको वह आँखें बन्द करके माला के मनकों की तरह फिराती थीं। बदलाव की कोई सम्भावना माँ के पास फटक नहीं सकती थी। लेकिन माँ का ही क्या दोष था ! अवतारे के दोस्त बन्ते, करीमे और श्यामू को भी तो आँखें बन्द करके धारणाएँ बनाने की आदत थी। तभी न उन्होंने बापू के बारे में कहा था—ज्ञानी, ध्यानी और सुच्चा। और उन्हीं धार्मिक वृत्तिवाले सत्-पुरुष का बेटा अवतारा, जो तीन तार के हल्के-फुल्के जनेऊ का भार भी गले में बरदाश्त न कर सका, एक छोटा सा श्लोक याद न कर सका ! यह लड़का आगे चलकर बड़े-बड़े काम कैसे कर पाएगा ? रहेगा न ऊँट-का-ऊँट ? लोगों के घरों में पूजा-पाठ, हवन-यज्ञ, मुण्डन-जनेऊ, शादी आदि-इत्यादि। आहा !

कितने तो काम करने होंगे उसे !

अवतारा आँखें फाड़-फाड़कर दोस्तों को देखता रहा। वे तो उसके विषय में बहुत कुछ जानते थे। अवतारा तो सचमुच गावदू था, अपने भविष्य का यह खाका उसके जेहन में कभी न समाया। दोस्तों की बातें सुन अवतारे के कन्धे एक अजाने बोझ और भय से दबने लगे, साँस हलक में ज्यों घुट-सी गई। इत्ते-इत्ते काम करने होंगे उसे ? लेकिन उसी को क्यों ? जवा-मखन भैया को क्यों नहीं ?

"वे तो नहीं कर पाएँगे," श्यामू ने अवतारे के पास सरककर ज्यों रहस्योद्घाटन किया, "उन्हें सरस्वती का वरदान प्राप्त नहीं है। ख़िव के बाबा ने तेरे बापू से तेरे भविष्य के बारे में सबकुछ बता दिया है। तू ही उनका वंश चलाएगा और पीढ़ियों से मिली पुरोहिती भी।"

"मतलब ?" अवतारे के स्वर में अजाना कम्प समा गया।

"मतलब यही कि काका का काम तुझे ही सँभालना होगा।"

यह नया रहस्य था जिसके अनावृत होते अवतारे पर दहशत छा गई। उसकी शिराओं में रक्त का प्रवाह ज्यों अटक गया। पता नहीं क्यों ? कारण वह उस वक्त समझ न पाया। एक बात जरूर उसने महसूस की कि वह कभी अपने बापू की तरह धार्मिक और ज्ञानी-ध्यानी नहीं हो पाएगा। कभी भूतों को भगा नहीं पाएगा, श्लोक कण्ठस्थ नहीं कर पाएगा।

लेकिन उसने दोस्तों से कुछ नहीं कहा। वह उन्हें समझा नहीं सकता था। उसका शब्दकोश बहुत छोटा था। बड़ी-बड़ी बातें कैसे समझा पाता ? उल्टा वह डर गया। उसने दोस्तों के सामने हाथ जोड़े, उनके पैर पकड़ने को राजी हो गया और अनुनय की कि वे बापू से कुछ न कहें। वह दोस्तों की बातें सुनकर और उनके तेवर देखकर अपराध-बोध से भर गया था। यों भी जनेऊ निकाल फेंककर उसने बगावत की थी। वह

कसूरवार था, क्योंकि ऐसी हरकतों से गली के अनुशासन को खतरा था।

उसने भले लड़के की तरह नरम स्वर से कहा, "अगले जन्म-दिवस पर नया जनेऊ जरूर पहन लूँगा। लो, निभ गई भीष्म-प्रतिज्ञा।"

"जरूर पहनेगा न ?" दोस्तों को धमकाने का मौका मिल गया था।

"जरूर-जरूर पहनूँगा।" वह नाक रगड़ने को राजी था।

"लवासे भी खाएगा ?" उन्होंने आँखें लाल कीं।

"खाऊँगा।" अवतारे ने थूक गटकते हुए उत्तर दिया।

"राधेवाले ?"

"हाँ, राधेवाले !" और कोई विकल्प भी न था।

तीन

सुबह-सुबह मुर्गे की बाँग, मुल्ला साहब की अजान और बापू के श्लोक अवतारे की नींद पर दस्तक देते थे। गली चिड़ियों के चहचहाने से पहले ही जाग जाती थी। यह बात संसारचन्द बेटे को बड़े गर्व से समझाते, "है कोई ऐसी दूसरी गली शहर में ? कुत्तों की तरह सोए रहते हैं लोग, जब तक सूर्यदेवता बीच आसमान नहीं विराजते। आँख नहीं खुलती चिमगादड़ों की।"

अवतारा समझ जाता कि अब उसे उठकर नहा-धो लेना चाहिए, फिर पुस्तकें निकालकर स्कूल का दिया गया काम करना चाहिए। तब तक माई घर-द्वार लीपकर नहाने चली गई होतीं। मन्दिर से लौटकर ही वे चूल्हा जलाती थीं।

अवतारे ने बाँहें ऊपर की ओर खींचकर अँगड़ाई ली, आलस तोड़ा और उठकर बिस्तर लपेट लिया। कोनेवाली आले से, दातुन की गड्डी में से एक दातुन खींचकर मुँह में खोंस दी, और कसैला रस थूकने के लिए खिड़की से बाहर झाँकने लगा।

सामने रत्नी चाची के घर में खटर-पटर शुरू हो गई थी। शायद रूपा जाग गई हो। वही तो अलस्सुबह उठकर घर के दस टण्टों में जुट जाती है। झाड़-बुहार करना, बरामदा लीपना, फिर नहा-धोकर नाश्ते की तैयारी करना, उसी के जिम्मे है। रत्नी चाची सूर्योदय से पहले, बनमाली और लच्छी काकी के साथ हारी पर्वत चली जाती है।

अवतारे को रूपा दी से बड़ा नेह-सा कुछ हो गया है—बहुत पहले से। लेकिन रूपा दी किसे अच्छी नहीं लगती ? बात करती है तो मुँह से मोती छिटकानेवाली परी याद आ जाती है। कुन्दन भैया को जब देखो, रूपा दी के साथ खुसर-पुसर करता रहता है। वह भी तो खिल-खिल हँसती है, ज्यों कहीं घुँघरू झनक रहे हों। बन्ता बड़ा बदजबान है। अवतारा उससे उलझता भी कम नहीं। उलझेगा नहीं ? इस तरह की भाषा कोई बहनों के लिए बोलता है, जैसी वह बकता रहता है ? उज्जड़ है। कहता है, 'साली का मुँह नहीं थकता खी-खी करते, बन्नो पर जवानी चढ़ी है...' जबान की बात तो छोड़

भी दो, तो भी वह अच्छा लड़का नहीं है, कापी पर रूपा दी का चित्र बनाता है और बीच में बड़े-बड़े दो गोल बनाकर सबको दिखाता फिरता है। जरूर बड़ा होकर गुण्डा बनेगा। करीमा बेचारा अच्छा है, रूपा दी को आपा बोलता है।

यों रूपा दी अवतारे से चारेक साल बड़ी है। दसवीं तक आकर तो वह सचमुच बड़ी लगने लगी थी। अवतारा, करीमा, बन्ता, शामू वगैरह कभी मन्दिर के आँगन में खेलते, तो रूपा दी जाते-जाते पल-भर रुककर उन्हें देखती रहती और चली जाती है। पहले घर-घर खेलती थी, लँगड़ी, रस्सी-टप्पे, 'तुले लंगुन तुलान छस'। सभी लड़कियोंवाले खेल। अवतारे, बन्ते, करीमे को भी खिलाती थी। बाद में नहीं खेली। अवतारे ने माई से कारण पूछा तो माई माथे पर त्रिपुण्ड डालकर बोली, 'इत्ती बड़ी भैंस हो गई, अब क्या रस्सी टप्पे खेलती अच्छी लगेगी ?'...अब उसके साथ सोन्दर मल की किरायेदारनी की बेटी शुभी हरदम टँगी रहती है। शुभी, जिसके नाम के आगे 'रिफ्यूजी' शब्द जुड़ गया है, और अब उसी शब्द से वह पहचानी जाती है। 'रिफ्यूजी' शुभी यों सीधी-सादी, गोरी-चिट्टी लड़की है। चलती है तो चुन्नी से सिर माथे तक ढक लेती है। कपड़े भी बड़े ढीले-ढाले। चिंगुड़ी-मिंगुड़ी गठरी-सी नजर आती है।

रूपा दी तो बड़े सलीकेदार लड़की है। पता नहीं क्यों, इस गँवार-सी शुभी को गले से लटकाए रहती है ? शुभी की माँ और दीदी भी रूपा दी के घर खूब आते-जाते हैं। दोनों की माँओं का सखापा है, जबरदस्त।

यों अरुन्धती से पूछो तो वह इस सखापे के कारण भी बता देंगी, "हाँ भई, सखापा क्यों न हो। चोर-चोर मौसेरे भाई। वो, कहा है न, टेढ़े बर्तनों के टेढ़े ढक्कन ! मिलते ही हैं जैसों को तैसे !"

एक बार महीपे की पत्नी सतवन्त ने पूछा भी था, जब वे लोग गली में नए-नए आए थे। कौन हैं, क्या हैं, कहाँ से आए हैं। जात-वात कैसी है ?

"ये सोन्दरमल की किराएदारनी ?" अरुन्धती ने माथे पर तीन त्योरियाँ चढ़ाकर कहा था, "रिफ्यूजी हैं। ये लोग बारामूला, नहीं, उससे भी ऊपर किसी जंगली गाँव के हैं। कबाइली हमले के वक्त भागकर आए हैं।"

"बेचारे।" सतवन्त द्रवित होकर बोली, "सबकुछ छोड़-छाड़कर ?"

"हाँ। लगभग नंगे ही समझ लो। कमली तो कई महीनों बाद मिली थी।" अरुन्धती बात करते रहस्य का वातावरण बनाती, "शिवरात्रि के दिन थे। वनमाली बटुक के घड़े का पानी बदलने वितस्ता पर गई तो पारवाले घाट पर भीड़ देखी। सुला माँझी से पूछा कि उधर कोई मौत-औत तो नहीं हुई, पता करके आ जाए। सुला माँझी नाव खेकर पता लगा आया। मौत-औत कुछ नहीं, बात ही कुछ दूसरी थी।"

"अच्छा ? भला क्या बात थी ?" सतवन्त औसत स्त्रियों की तरह भीतरी बात जानने को उत्सुक थी।

"बात अब वो ऊपरवाला ही जाने। उस वक्त कमली, कमली तो नजर नहीं आई। ब्राह्मण की बेटी का वह तेज कहाँ था उसमें ? बिल्कुल सुला माँझी की लड़की लग रही

थी। फिरन-शलवार में थी, सिर पर तरंगा नहीं, पीछे मोड़कर दुपट्टा बाँध दिया था। सुला माँझी ही इस घाट लेकर आया था। साथ में सुधार-समिति के कुछ लोग थे। उन्होंने ही सभी बातें बता दीं।"

"कबाइली ले गए थे उसे ?" सतवन्त की आँखों में भय समा गया था।

"हाँ, पहले तो कबाइली ले गए। कहते हैं उनके सरदार को वह भा गई थी। उसका भाई श्यामा भी पुलिस में है न, वह सरदार के पास जाकर बोला, मेरी बहन कुँवारी है, इसे लाए हो तो निकाह करके बीवी बनाओ। अब सच बात तो परमात्मा जाने, पर कहते हैं, सरदार ने कमली से निकाह किया और दो महीने पत्नी की तरह उसके साथ रही, मुजफ्फराबाद में। पर लड़ाई का क्या भरोसा ? वहीं लड़ाई में वह सरदार मारा गया और कमली रातोंरात निकल भागी।"

"बड़ी हिम्मतवाली लड़की है।" सतवन्त प्रभावित हुए बिना न रही।

"हाँऽऽ ! हिम्मत तो है।" अरुन्धती कमली के प्रति सहज दया का भाव रखती भी भीतर कहीं उसके प्रति कठोर थी।

"पर ऐसी हिम्मत का क्या करना ? कहते हैं उधर से इधर आते बार्डर पर जवानों के साथ रही। वे लोग क्या इसके भाई-बन्द लगते थे ?"

"क्या करती बेचारी, मुसीबत में तो वही भाई-बन्द बन गए..." सतवन्त कमली की तकलीफ से द्रवित थी, इसलिए अरुन्धती की ऊँची बातें समझ न पाई। करुणा-विगलित होना अपनी जगह ठीक है, पर नारी-धर्म के बारे में जो शास्त्र पुराणों में लिखा है, उसे भुलाया तो नहीं जा सकता। इसी कारण अरुन्धती कुछ रुखाई से बोली, "क्या करती ? दस जगह अपने को खराब करने से अच्छा था, वितस्ता से छलाँग लगा देती।"

अरुन्धती को यह मालूम न था कि मुजफ्फराबाद में शान्त वितस्ता नहीं, पत्थरों से सिर फोड़ती, गरजती हुई कृष्णगंगा बहती है जिसकी हर-हराहट देखते-सुनते जान सूखने लगती है। पर अरुन्धती सुच्ची औरत है। इसीलिए तन की पवित्रता के बचाव के लिए वह नदी-नालों की शरण अन्तिम सत्य की तरह स्वीकार करती है। कोई सचमुच पवित्र होगा तो सीताजी की तरह अग्नि की लपटों से भी बेदाग न निकल पाएगा ?

कोई कुछ भी कहे, अरुन्धती अपने विश्वास को मासूम बच्चे की तरह सीने से चिपकाए फिरती है। इसी कारण, मुहल्ले के जबरदस्त भाईचारे के बावजूद उसने सोन्दरमल की किरायेदारनी से मेल-जोल नहीं बढ़ाया। पुरुष वर्ग की तमाम सहानुभूति के बावजूद वे लोग 'रिफ्यूजी' कहकर ही पहचाने जाने लगे, काफी वर्षों तक। तब तक तो हमेशा नाक सुड़काता, गली-गली लँगड़ी गिट्टे खेलता चमना एम.एस.सी. पास कर स्थानीय कालेज में लेक्चरर भी हो गया। पर रिफ्यूजी नाम सूखे एरलडायट की तरह उनके साथ जो चिपका, सो चिपका ही रह गया।

लेकिन रत्नी ने यहाँ भी बगावत की। उसने यह फर्क नहीं देखा। उसका क्या, दाएँ कहो तो बाएँ जाएगी, सीधा कहो तो उल्टा करेगी। रत्नी की बात ही अलग है। अरुन्धती कहती है, 'सिर चढ़ा दिया है अपने मर्दों ने उसे। मटकना-लचकना जानती

है न सस्ती औरतों की तरह।'

बहरहाल, अरुन्धती चिढ़ती है, कुढ़ती है। इसके लिए उसके पास अपने कारण होंगे, बल्कि हैं। अवतारे के छोटे से दिल में इतनी हिकारत, इतनी नफरत और इतना भेदभाव कभी जगह न पा सके, तब तो बिल्कुल भी नहीं, उस वक्त जहाँ से मीठे बोल सुनाई पड़ते, लगता कहीं गुगी गा रही है, पोशनूल फूलों की डाल में छिपा पुकार रहा है। वह आवाज की तरफ खिंचता चला जाता। रूपा दी उसे खींचती थी और शुभी अपने तमाम फूहड़पन के बावजूद उसमें करुणा के सोते उगाती थी।

रूपा दी ! अरुन्धती के कहे अनुसार, 'इत्ती बड़ी भैंस' हो गई थी ! 'ऐसी वैसी लड़कियों के संग सोहबत करने लगी थी,' और अवतारे को दुख था कि रूपा दी 'इत्ती बड़ी भैंस' क्यों हो गई ? खेल में अब वो मजा नहीं आता था !

"भैंस नहीं तो और क्या? भेजे में भुस भरा है, जिस-तिस के सामने खी-खी दाँत निपोरती है !"

"वो पढ़ाई में अव्वल आती है माई !" अवतारे ने रूपा दी का पक्ष लिया था।

"पढ़ाई-लिखाई गई भाड़ में! लड़कियों की उतनी ही पढ़ाई अच्छी जितनी में उनकी शर्म बनी रहे ! आखिर तो एक दिन ब्याह करके किसी के घर चूल्हा ही फूँकना है न, छाज छलनी ही पकड़नी है न, कलट्टरी तो नहीं करनी ?"

पता नहीं रूपा दी के क्या इरादे हैं। अवतारे ने पूछने का साहस ही न किया। एक-दो बार इंगलिश लेसन का अर्थ पूछने गया था रूपा दी के पास। पर माई को पता चला तो जबरदस्त डाँट पिला दी।

"मत जाया कर छिनालों के यहाँ ! अभी छोटा है। कल पता नहीं, यह आवन-जावन क्या रंग लाएगी।"

"माँ, मैं अर्थ किससे पूछूँ ?" अवतारे ने आहत होकर माई से कहा था, "बापू तो इंगलिश जानते नहीं, भैया बताता नहीं।"

"स्कूल में ही पूछियो ! उधर क्या भाड़ झोंकने जाते हो ? अब एक ही विद्यावती रह गई है क्या मुहल्ले में ? इत्ता ही जरूरी है तो दयाराम मास्टरजी के पास भेज दिया करूँगी।"

दयाराम मास्टरजी के पास जाने की बात सुनते ही अवतारे की जान सूखने लगती है। मास्टरजी अर्थ बताने से पहले दस प्रश्न पूछेंगे। अगड़म-बगड़म, 'बता अबे अब्राहम लिंकन कौन था ? भारतवर्ष का पहला राष्ट्रपति कौन था ? अपने प्रदेश पर कबाइली हमला कब हुआ ?'

अवतारा इतिहास में थोड़ा कमजोर है। यों भी मास्टरजी का ऐसा रौब है कि सही-सही उत्तर उनके सामने मुँह से गलत निकल पड़ता है। पर माई को यह सब क्या मालूम ? उसने तो कह दिया, मास्टर के पास भेज दिया करूँगी, और रूपा दी के घर जाने की मनाही कर दी।

बापू ने इजाजत दी थी, पर माई के सामने वे भी चुप हो गए। दरअसल माई रूपा

से ज्यादा रत्नी चाची से नाराज थी, "ऐसी-ऐसी औरतें भरी है मुहल्ले में, कि सुबह गलती से मुँह देखो तो पूरा दिन निराहार रहना पड़े।"

संसारचन्द पत्नी को समझाते, "भागवन्ती ! वह तो व्रत-नियम मानने-समझनेवाली स्त्री है, अपना धर्म-कर्म निभाती है। तू क्यों उससे चिढ़ती है अकारण..."

"चिढ़े मेरी जूती जी !" अरुन्धती रत्नी की प्रशंसा सुनती तो लगता किसी ने तत्ता चिमटा छुआ दिया। पति को तो वह साफ हिदायत देती, "वह जैसी है, मैं जानती हूँ, तुम यह पूजा-पाठ का बखान उसके घर तक ही रहने दो। इधर उसकी बात मत करो ! मेरा पूरा दिन खराब हो जाता है, कलेजे में आग लगती है..."

माई को रत्नी पर गुस्सा था। जब कोई उसके गुस्से को कोंचता, तो कान के पास गाल के ऊपर का मस्सा, जिस पर लम्बे दो-तीन बाल उगे थे, अजीब ढंग से हिलने लगता, चेहरा लाल अंगार-सा तपने लगता।

दरअसल रत्नी बेहद सुन्दर स्त्री थी। उम्र के चालीस वसन्त पार करके भी उसकी देह गठी हुई थी। उस पर हल्के भूरे बाल और आँखों में गजब की कशिश ! गली में उसकी उपस्थिति पुरुष वर्ग को हरदम चुनौती-सी देती थी। ठसक ऐसी कि जहाँ से चले, लोग झुक-झुक जाएँ। बेचारे संसारचन्द की बिसात ही क्या, वह तो रत्नी के पदचापों को सुनते ही मजनू-फरहाद की तरह, दीदारे-यार के लिए पलक-पाँवड़े बिछा देता।

लेकिन अरुन्धती के सामने रत्नी मात्र एक लुगाई थी, सो भी विधवा। उसकी इतनी बेहयाई कि मुँह उठाकर मर्दों से ही-ही ठी-ठी करे ? क्या यही शराफत की निशानी है ?

संसारचन्द पत्नी से कहते, "भाग्य ने उसके साथ अति कर दी है।" पत्नी कहती,"भाग्य की मार ने तो उसे ज्यादा ही ढीठ बना दिया है। पति होता तो झोंटा पकड़कर तहखाने में बन्द न कर देता ?"

यों जो भी कहो, भाग्य की मार रत्नी ने सही थी और सिर उठाकर ही सही थी।

छोटी रूपा बस चारेक वर्ष की ही थी कि उनके घर में टाइफस के महारोग ने चार-चार जनों के प्राण हर लिए। पहले रूपा की दादी, फिर पिता और फिर दो बड़े भाई मौत के ग्रास बन गए।

वे दिन याद करके गलीवालों की रूह काँप उठती है। संसारचन्द कहते हैं कि पूरे मुहल्ले में टाइफस का जबरदस्त प्रकोप छा गया था। बीमारी का नाम सुनते ही लोग आँख-कान बन्द कर घरों में दुबक जाते थे। ऐसे में रत्नी के घर लाश उठाने कोई मुहल्लेवाला जाता भी तो कैसे ? दो मौतों तक तो मुहल्लेदारी निभाई थी। जबरदस्त छूत थी। तब यह औरत जवान थी, यों घूँघट में रहती थी, लेकिन जिस दिन पति की लाश घर में बारह घंटे पड़ी रही और कोई मुहल्लेदार पास न फटका, उसी दिन इस लाजवन्ती ने घूँघट उलट दिया था। अपने घर के आँगन में निकलकर रत्नी गला फाड़कर चिल्लाई थी, बिल्कुल उन्मादिनी-सी ! मुहल्ले के शरीफ लोगो, मैं अपने घरवाले की अन्तिम क्रिया के लिए चमारों को बुला रही हूँ। तुम भी सुनो, कहीं तुम्हारा धर्म तुम्हें धिक्कार न दे

और कल को तुम लोग मुहल्ले में मेरा रहना मुश्किल न कर दो।'

सचमुच ही चमारों की टोली में चारेक आदमियों ने आकर रत्नी के पति की लाश उठाई थी। तब मातम छोड़कर रत्नी ने उन्हीं लोगों से पूरे घर की लिपाई-पुताई करवा दी थी। नगरपालिका के कार्यालय जाकर वह खुद कह आई। तब उन लोगों ने आकर कीटनाशक दवाइयाँ आदि भी छिड़क दी थीं।

लोग आश्चर्यचकित थे। उन्होंने सोचा था कि यह स्त्री मुहल्लेवालों के पैर पकड़ने आएगी, चिरौरी-विनती करेगी, कम-से-कम वे नगरपालिका के कर्मचारियों को तो सूचना दे ही देते। पर यह स्त्री, जो तब तक घूँघट में ढकी-छिपी छुई-मुई-सी, कभी-कभार नजर आती थी, अचानक साक्षात चण्डी बनकर मुहल्ले के सीने पर बैठ गई। मुहल्लेवाले दोषी थे, पड़ोसियों का धर्म उन्होंने नहीं निभाया था पर मौत के डर के आगे उस बार धर्म कमजोर पड़ गया था।

रत्नी के सामने अपनी इस छोटी-सी औलाद रूपा का ही सवाल था। सबकुछ समाप्त होने पर, उसके रचे-बसे संसार के खंडहर पर खिला एक छोटा-सा सूरजमुखी। इसे प्रकाश चाहिए था और वह प्रकाश मुहय्या करने के लिए सभी तौर-तरीके आजमाना वाजिब था, बल्कि धर्म था।

धर्म को रत्नी अपने ही ढंग से परिभाषित करती थी। अवतारा रूपा के पास चोरी-छिपे पढ़ने आता तो रत्नी उसे कभी-कभार छेड़ती, "अबे ! धर्म का अर्थ तुझे मालूम है ?"

अवतारा बुद्धू-सा देखता रहता, डोरी खिंचे बटुवे-सा मुँह लिए। "देख अवतारे, एक धर्म तुम्हारी माई करती है और एक धर्म तुम्हारी चाची, तुझे कुछ फर्क मालूम पड़ता है ?"

रत्नी चाची हँस पड़ती और अवतारा उजबक-सा रूपा दी की तरफ देखने लगता।

"नहीं समझा न ?" रत्नी चाची हँसती ही जाती, बिल्कुल अकारण।

"बस भी करो माँ !" तब रूपा दी माँ को मीठा-सा झिड़क देती, "इसे क्या समझा रही हो ! बेचारा, इतना तो छोटा-सा है..."

बेचारा, इत्ता-सा छोटा अवतारा ! पिद्दी-सा दिखता था पर छठी कक्षा में पढ़ता था। कुछ-कुछ समझता था, बहुत कुछ नहीं समझता था। पर समझने की उत्सुकता उसमें बराबर बनी रहती। यही उत्सुकता कभी आधी रात, तो कभी बड़े सबेरे उसे रत्नी चाची के घर में झाँकने को प्रेरित करती। खिड़की के साथ सटी तो खिड़की थी। जरा-सा पंजों के बल उचककर खड़े हो जाओ तो भीतर पूरा-का-पूरा चौका नजर आता। दूसरी तरफ से खुला जालीदार जाफरीवाला दालान और उससे लगा रत्नी के सोने का कमरा।

रत्नी चाची के चौके से बड़ी सोंधी खुशबू आया करती। एक बार अवतारे ने उससे पूछा, "चाची, तुम रोज ऐसा क्या पकाती हो ? तुम्हारे चौके की सुगन्ध से भूख बढ़ने लगती है।"

रत्नी चाची इस थोड़ी-सी प्रशंसा से बेहद खुश हो गई थी। लाड़-भरे स्वर में बोली,

"अरे मेरे कृष्ण कन्हैया, सुदामा के तन्दुल पका रही हूँ। तू आजा, अपने हाथ से खिलाऊँगी। ऐसा स्वादिष्ट भोजन कि उम्र-भर जीभ चटखारते रहोगे।"

अवतारे से रहा नहीं गया उस दिन। माई और जवा-मखना की नजरें बचाकर रत्नी चाची के घर चला गया। चाची ने थाली में कटोरा-भर चावल और गरम-गरम, वरी मसाला डाला हुआ, हरा कानुल साग परोस दिया। अवतारे ने कौर-भर खाया तो बड़ा स्वादिष्ट लगा। चाची से कहा, "सच चाची, बड़े स्वादिष्ट बने हैं।"

"फिर कभी आना। तुझे अपने हाथ की बनी प्याज-आलू की सब्जी खिलाऊँगी, ऐसी मीठी कि मीट-मछली भूल जाओगे!"

अवतारा मुँह में नया स्वाद घोल घर लौटा। चप्पल खोलकर नंगे पैर सीढ़ी चढ़ा। कहीं खटपट की आवाज से माई जान न पाए कि वह रत्नी चाची के घर गया है। बेकार में डाँट खानी पड़ेगी।

माई तो जान न पाई, वह चौके में शलजम-नदरू पकाने और चावल की माँड़ रिसाने में व्यस्त थी, पर जवा भैया बड़ी देर से उसकी ताक में, सीढ़ी की ओर कान-आँख लगाए बैठा था।

आते ही अवतारे के कान पकड़कर माई के सामने खड़ा कर दिया, "देख माई, आ गया उस कंजरी के घर से गू खाकर।"

जवा की आँखें गुस्से से लाल अंगार हो गई थीं, आवाज में थरथराहट भर गई थी। अवतारा भौंचक माई को देखता रहा। उसके शब्द-विन्यास से वह स्तम्भित था। पर माँ के जाने शायद जवा भैया सही भाषा का ही प्रयोग कर रहा था, क्योंकि माई ने उसे गाली देने पर टोका नहीं बल्कि सिर हिलाकर जताया कि ऐसी औरतों के लिए यही शब्द प्रयुक्त किए जाते हैं।

"और तुम क्यों गए थे उधर ? बता तो !" माई ने धमकी-भरा प्रश्न दाग दिया था।

"यों ही माई।" अवतारा सहम गया था।

"यों ही क्या ? घर में तुझे खाने को नहीं मिलता ? या अब प्याज-लहसुन खाने का शौक चर्राया है ?"

अवतारा डरकर सच बोल गया, "रत्नी चाची ने कहा कि वह सुदामा के तन्दुल पकाती है सो मेरा जी ललचा गया, सोचा, देख लूँ कैसे स्वाद होते हैं सुदामा के तन्दुल। और उसने मुझे कृष्ण कन्हैया कहकर बुलाया था..."

"बस कर !" माई ने झमककर झिड़क दिया और अवतारा अधबीच ही थम गया।

"ज्यादा बखान मत कर उस चुड़ैल का मेरे सामने। बड़ी आई सुदामा के तन्दुल पकानेवाली, कृष्ण कन्हैया की भक्तिन। सौ चूहे खाके बिल्ली अब हज को चली है। मैं नहीं जानती इस जादूगरनी को ? बच्चों को जाने क्या-क्या खिलाकर बहला-फुसला लेती है। मन्त्र-तन्त्र जो जानती है चुड़ैल। अरे, तेरे तो अभी दूध के दाँत नहीं टूटे। तू कौन-सी हस्ती है ? उसके सामने तो तेरा बापू-जैसा ज्ञानी पुरुष भी भेड़ बन जाता है..."

गरज यह कि दो टीपदार कान पर जड़कर माई ने अवतारे से धरती पर तीन बार नाक रगड़वाई, “अब कभी नहीं जाऊँगा रत्नी चाची के घर, अब कभी नहीं जाऊँगा रत्नी चाची के घर, अब कभी नहीं जाऊँगा रत्नी चाची के घर।”

माई का क्रोध तो अवतारे की समझ में थोड़ा आने लगा था, क्योंकि उसके बापू माई की आँख बचाकर, जब-तब चाची से हँस-बोल लिया करते थे, लेकिन जवा भैया क्यों बेकार में आँखें लाल किए अनाप-शनाप बके जा रहा था ? उसका कौन रत्नी चाची के घर भेड़ बनकर पड़ा रहता है ? अवतारा आश्चर्यचकित था, और समझने की कोशिश कर रहा था।

रूपा दी ने एक बार उससे पूछा था, “तेरा भैया कुछ काम-धाम नहीं करता अवे ?”

“वह पढ़ चुका है।” अवतारा रटा-रटाया उत्तर दे बैठा।

“क्या पढ़ चुका है ?” रूपा दी मुस्कराकर पूछने लगी तो अवतारे को लगा जाड़े में कुनकुनी धूप निकल आई है।

“वह नौ क्लास पढ़ चुका है। दसवीं में बार-बार फेल हो गया, सो बापू ने पढ़ाई छुड़ाकर काम करने को कहा।”

“काम करता है ? कौन-सा काम ? खिड़कियों पर बैठकर लड़कियाँ ताकने का काम ?” रूपा दी ने अवतारे के बालों में उँगलियाँ फँसाकर उसके जमे-जमाये बाल छितरा दिए थे पर उसे अच्छा लगा, गोकि सुबह उसने बाल जमाने में दस मिनट लगाए थे।

“तू अपने भैया-जैसी पढ़ाई मत करना। खूब-खूब पढ़-लिखकर यहाँ से कहीं दूर चले जाना।” रूपा दी के शब्दों से जैसे अपनापा झर-झर बह रहा था, पर यह कैसा अपनापा था ?

“दूर जाऊँ, क्यों भला ?” अवतारे के भीतर कुछ खट-से टूट गया।

“हाँ, दूर ! इस गली से, शहर से, यह तेरे-मेरे जैसे लोगों के रहने की जगह नहीं है अवे।”

अवतारे को लगा था रूपा दी बड़ी निर्मम है। कभी इतना अपनापन, कभी इतनी क्रूरता ! कैसी है रूपा दी ? मुझसे कहती है दूर चले जाने को। सबसे दूर, अपने से भी दूर।

अवतारे का मन हुआ, पूछे, ‘तुझसे भी दूर जाऊँ रूपा दी ?’ पर सोचने-भर से ही उसके भीतर धुकधुकी-सी होने लगी। मन में उठी बात कहे तो रूपा दी क्या सोचेगी ? कहीं वैसे ही नाराज न हो जाए जैसे जवा भैया से रहती हैं।

रूपा दी के नाराज होने का डर इसलिए भी था कि वह उसे मजेदार किस्से-कहानियाँ सुनाया करती थीं। परी-कथाएँ नहीं, वो तो उसे घर की ‘देदी’ सुनाती थी।

रूपा दी उसे सच्ची-मुच्ची की कहानियाँ सुनाती। वह अब बड़ा होने लगा था और अपने देश की कथा-कहानियों में रस लेने लगा था। ये कथाएँ जब वह अपने दोस्तों को सुनाता, तो उन पर अवतारे का अच्छा-खासा रुआब जमता, तिथियाँ उसे याद नहीं

रहतीं पर कथाएँ खूब याद रहतीं। एक बार उनकी कहानियों पर खुश होकर मास्टरजी ने उसे शाबाशी भी दी थी। अवे ने अपने दोस्तों को--दादी को 'देदी' नाम से पुकारने का रहस्य समझाया था। दरअसल रूपा दी ने ही उसे बताया कि एक हजार ईस्वी के आसपास काश्मीर में एक रानी, दिदा रानी, राज्य करती थी। वह बड़ी जबरदस्त महिला थी, उसका बड़ा रुआब था। कुछ लोग कहते हैं उसका कहना जो न मानता, उसे वह मौत की सजा दे देती।

रूपा दी ने यह भी बताया कि हमारे घरों में जो घर की बड़ी दादी-नानी को 'देदी' कहने की प्रथा चली है, और उसकी बात का आदर सभी पुरुष-स्त्रियाँ करते हैं, यह शब्द दिद्दा रानी की ही याद दिलाता है, यानी कि घर का कोई भी व्यक्ति देवी की बात टाल नहीं सकता।

"दिद्दा रानी बड़ी क्रूर थी क्या ? तो हम नानी-दादी को 'देदी' क्यों कहें ? वो तो हमें इतना-इतना प्यार करती हैं ?" अवतारा पूछता।

"अरे क्रूर-व्रूर कुछ नहीं। वह बड़ी थीं, बुद्धिमती थीं। उसका परामर्श सभी लेते थे, इसीलिए दादी को 'देदी' बोलते हैं। वो जो भी करती थी जनता की भलाई के लिए ही तो करती थी।"

अपनी बात सिद्ध करते रूपा दी ने कहा कि उसके राज्य में विद्वानों का आदर होता था। उसके काल में अभिनव गुप्त और सोमदेव-जैसे विद्वान हुए। सोमदेव ने 'कथा सरितसागर' की रचना की। पंचतन्त्र की कहानियाँ तभी लिखी गईं।

रूपा दी का गला भी बड़ा सुरीला था। वह हब्बा खातून के गीत गाती तो आवाज सुनकर मन में मीठी पीर-सी उठती। मन करता, घंटों वह आवाज सुनते रहें। वह अवतारे को हब्बा खातून की कहानी भी सुनाती। हब्बा खातून जिसके बचपन का नाम ज़ून था, जो सोलहवीं शताब्दी में कश्मीर में जन्मी थी और जिसने यूसुफ शाह चक से प्रेम किया...

अवतारा मन्त्रमुग्ध होकर सुनता पर तब वह प्रेम का अर्थ नहीं समझता था। शालीमार, निशात, नसीम बागों के बारे में जानता था, ताजमहल की पच्चीकारी व संगमरमरी सौन्दर्य की जानकारी रखता था। जहाँगीर-नूरजहाँ, शाहजहाँ-मुमताज ! पर वह सब इसलिए कि परीक्षा में इनसे सम्बन्धित प्रश्न पूछे जाते थे।

लेकिन एक दिन अचानक अवतारा प्रेम का अर्थ समझ गया, या यों कहें, प्रेम का अर्थ समझने का मौका पा गया। पर वह तो आगे की बात है।

फिलहाल तो बात हो रही थी रूपा दी की। उसने कहा था, 'यह गली हमारे-तुम्हारे जैसे लोगों के रहने की जगह नहीं है।' यह सब उसने जाने क्यों कहा, पर उस समय जवा भैया का प्रसंग चल रहा था।

यों जवा भैया की बात वह ज्यादा नहीं करती थी। एक बार ही कहा था, "अवतारे, अपने जवा भैया से कह दे कि बापू के पास बैठकर कुछ काम-धाम सीख ले। खिड़की पर बैठकर राग छेड़ने से गली में शहर-भर के गधे इकट्ठे हो जाते हैं। राह चलना

मुश्किल हो जाता है। और सुन अवे, कहना कि तानसेन और बैजू बावरे को गुजरे युग बीत गए..."

रूपा दी अवतारे से बात करती तो शुभी पास बैठी गोल-मटोल चेहरे पर जड़ी गहरी नीली आँखों से टुकुर-टुकुर ताकती रहती। बीच-बीच में शरमाकर मुस्कराती। अवतारे की ही उम्र की थी, पर समझ उससे ज्यादा होगी, जभी न अवतारे की माई कहती कि लड़कियाँ जल्दी सयानी हो जाती हैं। यों अवतारे को शुभी सयानी कभी नहीं लगी। बात भी कुछ खींचकर अलग ही लहजे में करती थी। माई कहती, गाँव-जवार के लोग ऐसे ही गँवारू ढंग से बोलते हैं। पर अवतारा यहाँ माई की बात कभी स्वीकार न कर पाया। सयानी न सही शुभी, पर उसकी बातें सुनकर अवतारे को जो अच्छाबल के झरनों की याद आती थी ? उसके जल्दी-जल्दी कदम बढ़ाने और बार-बार गर्दन मोड़कर दाएँ-बाएँ देखने से किनारों पर फुदकती बतखें जो याद आती थीं ? उसका भला गँवारपन के साथ क्या सम्बन्ध था ?

और उसने जो रूपा दी की बात पर बिना मतलब के टिप्पणी की थी, वह भी क्या गँवारपन था ? रूपा दी ने अवतारे से जवा भैया को कहने के लिए जो बात कही, शुभी खिक्-खिक् हँसती हुई बोली, "येऽ ! ये बेचारा क्या कह पाएगा..."

अवतारे को विचित्र-सी अनुभूति हुई, न गुस्सा आया न बुरा लगा, अच्छा भी नहीं लगा। एक चुनौती की तरह शुभी के शब्द कान में गूँजे, 'येऽ, ये बेचारा क्या कह पाएगा...'

घर जाकर पहला काम उसने यही किया, जवा भैया को रूपा दी की बात बता दी, हालाँकि बोलते-बोलते कई बार आवाज उसके गले में फँस-सी गई थी।

जवा अवतारे से रूपा का सन्देश सुनकर बौखला गया। उसने जबरदस्त मान-हानि महसूस करते अवतारे को फटकार दिया कि अगर वह दुबारा उस कमीनी के घर चला गया तो जवा उसकी टाँगें तोड़कर रख देगा।

अपनी टाँगों की सलामती माँगते हुए अवतारे को उस वक्त समझ में न आया कि उसका कसूर क्या था। बल्कि शाम को वह कुछ अधिक ही उलझ गया, जब जवा भैया गुस्सा भूलकर, अपने अटपटे गले और लटपटाती आवाज से 'क्राल कूरी' गाने लगा। लकड़ी की मुँडेर पर दोनों हाथों के अँगूठे और दो उँगलियों से धा-धिन ता-ता बजाता स्वर में दर्द उड़ेलकर गाता रहा, 'क्राल कूरी, माल करयय कोसमन...' (ओ कुम्हार की बेटी ! तेरे लिए मैं फूलों के गजरे गूँथ दूँगा)।

अवतारे ने उचककर रूपा दी के घर में झाँका था। एकाध बार नीली चुन्नी की झलक-सी बरामदे में दिख गई थी। सिर्फ झलक भर ही। जाहिर है रूपा दी को बालों में फूलों के गजरे गूँथने, पहनने का चाव न था। होता तो खिड़की के पास थोड़ा रुक जाती। जवा भैया को देखकर तनिक मुस्करा देती, जैसे कुन्दन भैया को देखकर मुस्कराती है।

पर जवा भैया भी जल्दी हार माननेवाले कहाँ हैं ? उन्होंने सुरताल बदलकर हिन्दी

गाना चालू किया–'इस धरती के छोड़ के सारे, झूठे बन्धन तोड़ के प्यारेऽऽऽ, आना ही होगा...ओऽऽऽ।'

अब ? रूपा दी जालीदार खिड़की के पास पल-भर रुकी और 'आक थू' करके जवा भैया की नाक के ऐन सीध में थूका और फटाक् की आवाज के साथ खिड़की बन्द कर दी।

अवतारा सहम गया था। जवा भैया क्या रूपा दी की बदतमीजी चुपचाप सह लेगा ?

जवा भैया की इस 'जबरदस्त इन्सल्ट' के बाद अवतारा रूपा दी के घर गया था, सो वह कसूरवार था। और अवतारे के भेजे में ये बात आ गई। तभी वह चुपचाप भाई का गुस्सा झेल गया।

लेकिन रात-भर उसे नींद नहीं आई। क्यों कहते हैं लोगबाग रत्नी चाची को चुड़ैल और कमीनी और पता नहीं क्या-क्या ! इतनी मीठी बात करनेवाली कोई चाची है पूरे मुहल्ले में ? इतनी सुन्दर, इतनी ठसकदार और इतनी बहादुर ? उसने मलख भैया से इस प्रश्न का उत्तर पूछा भी था।

मखन भैया यों तो सीधा है। खिड़की पर बैठकर वह गाने नहीं गाता क्योंकि बापू उसे अर्जुननाथ अर्जीनवीस के पास काम करने भेज देता है। कोर्ट-कचहरी के लिए दो-तीन अर्जियाँ लिखने का काम उसे मिल ही जाता है। उसकी लिखाई सुन्दर है, मोतियों-जैसी। उसने अवतारे की जिज्ञासा का समाधान करते हुए बुजुर्गाना अन्दाज में कहा, "देख अवे, तू अभी छोटा है, वह सब नहीं समझेगा। पर रत्नी चाची है बुरी औरत, वह पराए मर्दों को घर में बुलाती है।"

"फिर ?"

"फिर क्या ! बुरे काम करती है।"

"बुरे काम ? कैसे बुरे काम ? चोरी करती है ? मार-पीट..."

मखन भैया ने अवतारे की अतिरिक्त जिज्ञासा का समाधान इस बार एक कड़क तमाचा दिखाकर किया, "बाल की खाल मत उतारा कर। बात तो समझता नहीं, फोकट में भेजा चाटता है। कह दिया न, बुरी औरत है। बस, इतना काफी है। जा, अब अपना काम कर।"

आधी रात, सबके सोने पर वह हल्के पाँव से उठा, पंजों के बल चलकर खिड़की तक आया और रत्नी चाची के घर में झाँकने लगा। रत्नी चाची के बैठक में बिजली का लट्टू जल रहा था।

दरवाजा अधखुला था, चाची की छापल साड़ी का परदा एक तरफ सरकाया हुआ। रत्नी चाची को ताजी हवा अच्छी लगती है। वह कहती है, 'बन्द कमरे में मेरा दम घुटता है।' तभी तो भीतर से कोई खास आवाजें नहीं आ रहीं। एकाध बार किसी की परछाई दरवाजे के पास डोली, धीमी-सी हँसी खनकी, ज्यों कई छोटे-छोटे घुँघरू छन-छन बज उठे हों। रत्नी चाची की ही हँसी थी वह। अवतारा पहचानता है। पता नहीं कौन था

भीतर ? रूपा दी तो नहीं थी क्योंकि परछाई का लम्बोतरा सिर और लम्बी-लम्बी बाँहें रूपा दी की नहीं हो सकती थीं। कमरे से बड़ी भीनी-भीनी सुगन्ध आ रही थी। पता नहीं वह सुगन्ध सचमुच ही अवतारे तक पहुँची या वह उसका भ्रम था। उसे लगा, रत्नी चाची वहाँ कमरे में पूजा कर रही थी। ढेर-सी अगरबत्तियाँ, गुग्गल, धूप पूरे वातावरण को महका रही थी। बड़ा पवित्र-सा वातावरण था, शान्त, चुप, और बीच-बीच में रत्नी चाची की घुँघरुओंवाली छनकती हँसी !

अवतारा अभिभूत था। बड़ा रहस्यमय-सा लगता था रूपा दी का घर। पर वह ज्यादा देर खिड़की पर खड़ा न रह सका। उसे माई के कमरे से कुछ खटपट की आवाज सुनाई पड़ी। मुँह मोड़कर उसने देखा और उसकी धड़कन धक्-से रह गई। माई ! उसकी माई जालीदार खिड़की के साथ आँखें सटाकर रत्नी चाची के घर ताक रही थी।

अवतारा बिल्ली के पाँव चलकर अपने बिस्तर में घुस गया। शुक्र है, माई ने नहीं देखा। पर माई क्यों जाली की खिड़की से आँखें सटाए रत्नी चाची के घर में झाँक रही थी ? उसे तो चाची के नाम से ही चिढ़ छूटती है। अवतारा सोचता-सोचता सो गया। उस उम्र में वह ज्यादा सोच भी नहीं सकता था। यह तो वह बहुत बाद में समझ पाया कि दूसरे के भोग को चोरी-छिपे देखने से ईर्ष्या के साथ एक अचीन्हा सुख भी मिलता है। परन्तु माई के साथ इस समझ को जोड़ने का साहस वह कभी न कर सका।

उस रात को उसे बड़े अजीब-अजीब सपने आए। एक बहुत ऊँचे बादलों के सिंहासन पर रत्नी चाची सफेद सिल्क की साड़ी पहने बैठी हैं। उसके सिर पर सफेद फूलों का ताज है। उसका चमचमाता सिंहासन आकाश में हिण्डोले की तरह धीरे-धीरे झूल रहा है। आसपास नीला-नीला धुआँ फैला है, अगरबत्तियों का सुगन्धित धुआँ। चाची धीमे-धीमे पाँव को झुलाती मुस्करा रही है। दूर-दूर तक कोई नहीं है। लेकिन बादलों के बीच जगह-जगह आँखें जड़ी हुई हैं, आँखें, बेशुमार आँखें, चीलों और गिद्धों की-सी तीखी आँखें। रत्नी चाची को डर नहीं लगता। अवतारे को तो डर से कँपकँपी छूटने लगी है। पर चाची तो पैरों को धीमे-धीमे झुलाती मुस्करा रही है।

सुबह अवतारे की आँखें खुलीं तो हक्का-बक्का चाची के घर में झाँकने लगा। कैसा सपना था ? चमचमाते सिंहासन पर बैठी रत्नी चाची और ढेर-सी भेदती आँखें। लेकिन चाची के घर में कोई सिंहासन नहीं था। सबकुछ वैसा ही, जैसा वह रोज देखा करता है। वही नीम अँधेरा चौका, वही जाफरीवाला अधमैला दालान और उससे लगा छापल साड़ी के बने परदेवाला चाची के बैठने का कमरा।

अवतारे के पेट में बात पचती नहीं थी तब। उसने जाकर रूपा दी से पूछ ही लिया, "रूपा दी, तुम्हारे घर में रोज रात को देर तक बिजली का लट्टू क्यों जलता रहता है ?"

"मैं जो पढ़ती हूँ देर तक।" रूपा दी ने तो पहले टालनेवाली बात की।

"रत्नी चाची भी पढ़ती है रात देर तक ?" अवतारा जानना चाहता था। क्यों और क्या, वह तो शायद उसे खुद को भी मालूम न था।

रूपा दी ने अवतारे को भीतर तक देखा और धीमे-से बोली, "न, वह नहीं पढ़ती।"

"पूजा करती होंगी।" भोलूराम, बिल्कुल !

"पूजा तो सुबह-शाम करती हैं।"

"रात को बिजली का लट्टू ?" बात बुलवाकर ही रहेगा।

रूपा ने अवतारे के पास आकर धीरे-से कहा, "वो मेरे पिताजी आते हैं न कभी-कभी। तभी !"

"तुम्हारे पिताजी ?" अवतारे के अल्पज्ञान में श्रीवृद्धि हो गई, बड़े अप्रत्याशित ढंग से।

"पर माई कह रही थी कि तुम्हारे पिताजी बहुत दिन पहले..."

रूपा दी के मुँह पर परछाईं-सी डोली। दुःख, पीड़ा, संकोच ? अवतारे को पता न चला फिर भी उसके नाजुक मन को कुछ टीस गया।

"जाने दे रूपा दी। मैं अब नहीं पूछूँगा। मैंने तुम्हारा दिल दुखाया।" क्षमायाचना-सी करते हुए अवतारा उठने लगा।

"नहीं रे," रूपा दी ने हाथ पकड़कर बिठाया। "तू मेरा दिल नहीं दुखाता। तू तो सीधा-सच्चा है। मुझे अच्छा लगता है। बैठ जा ठीक से, मैं सब बताती हूँ।"

तब रूपा दी ने घर की सभी बातें बताई थीं। दीवान साहब उसके घर बहुत दिनों से आया करते थे। ऊँचे पूरे कद्दावर दीवान, मुँह पर अनोखा तेज, चाल में रईसी की ठसक ! जब वे काली अचकन चकाचक सफेद चूड़ीदार और चमकती गुरगाबी पहनकर गली से गुजरते, तो 'अली हरमुनिये' से लेकर 'महीपसिंह अमृतसरवाले' तक हाथ का काम रोक उन्हें एक नजर देखना और दुआ-सलाम करना न भूलते।

यों खिड़कियों-दरवाजों की संधों में झाँकती बीसियों चंचल आँखें दीवान साहब की पदचापों को टोह लेतीं, कई ललनाएँ तो चूल्हे पर चढ़ा भात भूलकर घंटों दीवान साहब की प्रतीक्षा में पलकें बिछाए रहतीं। बाद में भले ही जले हुए कराडे खाते वे रत्नी को कोसना न भूलती हों। पर दीवान साहब की झलक पाने का ईर्ष्या-भरा सुख वे छोड़ न पातीं। अब अन्दर की बात अन्दरवाले जानें, बाहरवाले आदाब, सलामअलैकुम और नमस्कार का अदब भूलते नहीं थे।

भीतर की बात के बारे में हम इतना जानते हैं कि मर्द लोग जहाँ इस स्थिति का मजा लेते, दो-चार मिल बैठते तो एकाध इशारे और दो-चार कहकहे लगाकर अपनी रोजमर्रा की ऊब मिटाते, वहीं, महिलाएँ काम से फुरसत पाते ही, गोल घेरों में मण्डलियाँ बना-बनाकर चर्चे छेड़ने लगतीं।

"मालूम है आज क्या हुआ गौरी बहन ! आज तो रत्नी के घर सौगात आई है। देखा था मैंने बड़ा-सा टोकरा उठाए एक छोकरे को रत्नी के घर में घुसते हुए।"

"टोकरे में ? क्या था भला ?"

"वो तो मालूम नहीं अन्दर क्या था पर ये-ये बबूगोशे और डबल गिलास के गुच्छे किनारों से नजर आए। दीवान के बगीचे के फल-फ्रूट होंगे। अपनी लैला को न खिलाएगा तो खुद के गले से कैसे उतार पाएगा।"

"वो तो रोज की बात हुई काकी। मैंने तो कल दीवान को दो मुर्गे बाँधकर बैग में लाते, खुद अपनी इन्हीं आँखों से देखा।" गौरी ने अँगुली-अँगूठा दो आँखों पर रखते ज्यों भेद-भरी बात कही।

"मुर्ग ? मुर्ग खाती है रत्नी ? ऐसी म्लेच्छ हो गई है अब ?" काकी की आँखों में हिकारत भर गई।

"भई, यों तो बड़ा पूजा-पाठ करती है ! महीने में पाँच-सात व्रत-उपवास तो नियम से रखती है..."

"तूने देखे होंगे उसके उपवास ?" अरुन्धती कभी भी रत्नी की प्रशंसा पचा नहीं पाती।

"सच काकी, निर्जला एकादशी का व्रत रखती है। पूरा दिन पानी तक नहीं पीती। कहती है, यही व्रत रखने से गणिका तर गई थी।"

"तभी तो।" मुहल्लेदारनियाँ होंठ सिकोड़, कुहनियाँ जोड़ खिक्-खिक् हँसतीं, "रात को वैसे-वैसे काम और दिन को व्रत-अनुष्ठान !"

"तभी तो क्या," अरुन्धती इस प्रसंग में रस न ले पाती, उसका स्वभाव ही अपने काम-से-काम रखने का है। फिर धर्म की हानि होते देख वह चण्डी बन जाती है, "ऐसी-ऐसी कुलच्छनियाँ उपवास रखेंगी तो भला कैसे किसी का श्रद्धा-विश्वास रहेगा धर्म-कर्म में ?"

"तब भी रत्नी फलती-फूलती है दिन-पर-दिन। काकी, यह तो तुम भी देखती हो। क्या निखर आई है इस बुढ़ापे में भी। है न कलजुग ?"

"कलजुग ही है, महाप्रलय के दिन आ रहे हैं, और क्या, धरती पापों का बोझ कब तक सहेगी ?..."

बात रत्नी के कलजुग की तरफ मुड़ती और तब तक स्कूलों-पाठशालाओं से बच्चे आ धमकते। बस्ते, स्लेट पटकने, चीखने-चिल्लाने, 'खाना दो माई', 'भूख लगी है काकी', 'जल्दी करो देदी' आदि-आदि आवाजें सप्तम पर पहुँचतीं। लगता, कहीं फायर-ब्रिग्रेड की घण्टियाँ दनादन बजने लगी हैं। महिला मण्डल साइरन सुनकर यों छितर जाता ज्यों किसी नटखट बच्चे ने मधुमक्खियों के छत्ते को ढेला मारकर तितर-बितर कर दिया हो।

परन्तु रूपा ने अवतारे से कुछ भी न छिपाया।

"हाँ, अवे ! वह मेरे पिताजी हैं। माँ ने उसके साथ विवाह कर लिया है।"

विवाह की बात लोगों को नहीं मालूम, रत्नी ने बताने की जहमत भी नहीं उठाई। हाँ, जिस बार उसने घर में छोटा-सा हवन रचाया और दीवान के साथ बैठकर यज्ञ में होम डाला, लोगों ने देखा और मन-ही-मन अटकलें भी लगाईं। रत्नी सभी मुहल्ले को स्वयं जाकर न्यौत आई थी। हवन-यज्ञ के नाम से कोई ब्राह्मण इन्कार भी करे तो कैसे ? सभी ब्राह्मण मण्डली जुट गई। अहल्ले-मुहल्लेवालों के मुँह बन्द थे पर मन में हजारों जिज्ञासाएँ कुलबुल-कुलबुल कर रही थीं। लोगों ने रत्नी और दीवान को साथ बैठकर

आश्चर्य से देखा, मन-ही-मन क्रोध से सरापा, पर फिर भी मुस्कराकर श्रद्धा से नैवेद्य ग्रहण किया। क्या करते, संस्कारों के विवश हैं लोग। हवन के नैवेद्य को ठुकराया नहीं जा सकता। रत्नी तो चहक रही थी उस दिन।

यह बात मुहल्लेदार जानते हैं, अवतारा नहीं जानता। उसने रूपा दी से एक ही बात पूछी, "तुम्हारे पिताजी हैं तो फिर तुम्हारे साथ क्यों नहीं रहते ?"

रूपा ने कुछ सोचते हुए कहा, "ऐसा नहीं हो सकता अवे, बहुत-सी ऐसी बातें हैं जो होनी चाहिए पर हो नहीं सकतीं। उनके घर-बार है, पत्नी है, बच्चे हैं..."

इससे आगे अवतारे ने नहीं पूछा। पूछता तो अपनी कूढ़मगजी का सबूत पेश करता या हो सकता है पूछता भी, तो भी रूपा दी उत्तर नहीं दे पाती। कितनी भी बुद्धिमती होने दो, सभी बातें थोड़ी समझा सकती है ?

चार

सभी बातें समझाई नहीं जा सकतीं। यह शिकायत दयाराम मास्टरजी को भी है। यद्यपि वो पढ़े-लिखे विद्वान व्यक्ति हैं। उनका शब्दकोश भी खासा बड़ा है। फिर उन्हें बात कहने का ढब है। अपनी मिली-जुली हिन्दी-संस्कृत, फारसी-उर्दू-अंग्रेजी भाषा में विभिन्न प्रचलित-अप्रचलित मुहावरे जोड़ और बोलते समय विभिन्न मुद्राएँ बनाकर, अँगुलियों से लेकर आँखों-भौंहों तक को भरतनाट्यम की मुद्राओं में नचाते, वे अपनी बात को असरदार बनाने की कला जानते हैं। देश-प्रदेशों के उदाहरण भी उन्हें कम याद नहीं हैं। उम्र-भर पढ़ने-पढ़ाने का ही काम किया है न !

फिर भी उन्हें इस बात का मलाल है कि वे अपनी बात न बच्चों को समझा पाते हैं और न बड़ों को।

दयाराम मास्टरजी की बैठक में अक्सर मजलिसें जमती हैं। इनमें कभी ताश-पत्तों की, या शतरंज की बाजी भी बिछती है, पर ज्यादातर गप्प-गोष्ठियाँ ही होती हैं। यों अर्जुननाथ अर्जीनवीस की बैठकों में भी गलीवाले इकट्ठा होते हैं। नदी-किनारे घर है उनका, वितस्ता की ठंडी हवा आती रहती है, पर वहाँ वह बात नहीं, जो दयाराम मास्टर के घर में है। 'इमरजेन्सी' के लिए, समझो कभी-कभार लोग मिल बैठे वहाँ। बच्चों-कच्चों का झंझट नहीं है न ? लेकिन इससे क्या ? अर्जुननाथ इतना मूजी है कि घर में हुक्का तक नहीं रखता। तम्बाकू के लिए दो आने खर्च जो करने पड़ेंगे। मजलिस जमेगी तो हुक्का तो चाहिए ही चाहिए। अब उठो खुद ही, पास-पड़ोस से हुक्का लेकर आओ। बच्चे उधर का रुख करने से भी कतराते हैं, लच्छी काकी की बात और है, पर अर्जुननाथ ? तौबा !

अर्जुननाथ के घर बात करते गला भी खुश्क हो जाए तो मिलेगा पानी का एक गिलास। बहुत जिगरा करेंगे अर्जुननाथ तो पत्नी को दो प्याले चाय बनाने को कहेंगे,

वह भी इस बात का खास खयाल रखेंगे कि कहवे में एक से ज्यादा इलायची तो नहीं पड़ी। अब आप ही बताएँ, एक कानी इलायची से कहवे में क्या खुशबू आएगी ? खाक ? गली में एक ही अनोखा आदमी है जिसे अपनी इज्जत-आबरू से भी ज्यादा प्यार पैसे-टके से है।

"बेचारे अर्जुननाथ का भी क्या दोष ? पैसा मुट्ठी में भींच के रखता है। मुट्ठी खोलता है तो पसीने से सने पैसे-टके को देखकर रुआँसा हो जाता है। लगता है पैसा रोता है..."

महीपे को अर्जुननाथ से पूरी सहानुभूति है। "रोएगा ही पैसा बरखुरदार, अर्जुन भाई के हाथ से जाएगा तो दर-दर भटकेगा साला। कितना तो सँभालकर खातिर करते हैं पंडित भाई।" अनवर मियाँ भी नेकनीयती में बन्द जोड़ देता है।

लेकिन फिर भी यह सच है कि बात मास्टरजी के घर ही बनती है। बच्चे भी बेझिझक ढुक आते हैं। हीमाली क्या खुशबूदार बादाम-इलायचीदार चीनीवाला तलख कहवा बनाती है। सूँघों-भर तो दिमाग तरोताजा हो उठता है। बच्चों को भी शीरी, खजूर, अखरोट, अब जो भी चीज घर में हो दो-चार दाने बाँट देती है। तभी वे भी फुदक-फुदककर छोटे-मोटे काम कर देते हैं। कभी हुक्का भरेंगे, कभी चिलम में फूँकें मारेंगे। महकती चिलम की सुरूर-भरी गन्ध में तो बात जमेगी ही।

यार लोग मान जाते हैं कि मास्टरजी का दिमाग इस महकते कहवे और खुशबूदार हुक्के के दम की बदौलत ही चुस्त-दुरुस्त रहता है। अक्ल इतनी जहीन कि कब्रों में जज्ब मुर्दों की सालों पहले कही बातें भी ज्यों-की-त्यों याद रहती हैं। राजाओं के राज्य के जमाने की बात पूछो तो मास्टरजी बताएँगे, अंग्रेजी हुकूमत की बात पूछो तो मास्टरजी बताएँगे, बड़े-बड़े जंगों की रहस्यपूर्ण गुप्त जानकारी चाहो तो मास्टरजी के पास जाओ। दुनिया के बड़े-बड़े राजाओं से लेकर उस मोची तक की बात वे जानते हैं जो एक दिन के लिए राजा बना और अपनी औकात भूल न पाने की मिसाल कायम कर गया, यानी कि जिसने चमड़े का सिक्का चलाया।

राजनीति ऐलान गली का बेहद प्यारा शौक है, खब्त की हद तक। खा-पीकर डकारते हुए, घूमते-घामते पहुँच ही जाएँगे खरामा-खरामा, चार-छह जने मास्टरजी की बैठक में। वे भी दरवाजा खोलकर बैठे रहते हैं रात के दस बजे तक। दरअसल उनकी भी जबान खुजलाती है बातचीत करने के लिए। दरवाजे पर बूट-चट्टियों की खट-पट सुनी तो भीतर से ही हाँक लगाते हैं, 'आओ भाई अर्जुननाथ ! सलाम अनवर मियाँ ! प्रणाम कण्ठ काका ! कैसे हो भई महीपसिंघा। संसार भाई भी हैं। बड़ा शुभ दिन है। अरे, हकीमसाहब ? सलामअलैकुम, आज इस तरफ रास्ता कैसे भूल पड़े ?'

हुक्के की नय को एक हाथ से दूसरे हाथ तक यों एहतियात से घुमाया जाता है जैसे कि मखाब का थान हो। अनवर मियाँ नय को मुँह नहीं लगाते, हाथ की गुलक बनाकर चिलम पकड़ते और कश खींचते हैं। कारण जो भी हो, वह अदब का खास खयाल रखते हैं। रखना ही पड़ता है तभी चार जनों में अपनी भी इज्जत होती है। यों वे कहते हैं कि हुक्के का सरूर नय से कश खींचने में नहीं, चिलम से सीधे सुट्टे खींचने

में ही आता है।

चार-छह जने जुटते ही बातों का दौर बिना भूमिका बाँधे चल पड़ता है।

"भइया, हब्बा कदल तक गया था आज। उधर लोगों में बड़ी खलबली-सी मची देखी। कुछ 'पिलबिसाइड' की बात फिर चल निकली है।"

"माहौल हमाम की तरह तप रहा है।" अनवर मियाँ शुरू करते तो महीपा बात की रास अपने हाथ में लेता।

बात 'पिलबिसाइड' से शुरू होकर आम-आदमी के अधिकारों की तरफ चल पड़ती।

"अचानक पिलबिसाइड की बात क्यों उठी ? कहीं दाल में कुछ काला है जरूर।" कण्ठ काका सोच की मुद्रा में भारी पग्गड़वाला सिर दाएँ-बाएँ हिलाने लगते।

"भई, सही ढंग से सोचो तो ऐसी बात अब उठनी नहीं चाहिए। क्योंकि हमने कबाइली हमले के वक्त ही भारत के साथ 'एक्सेशन' किया था।" दयाराम मास्टरजी वादी का इतिहास खोलकर दुहराते। "छब्बीस अक्तूबर उन्नीस सौ सैंतालीस का दिन था वो।"

"वह वक्त ही बड़ा खराब था, नहीं तो महाराजा बहादुर, जिसने हमेशा अपनी प्रजा की सुख-सुविधा का ध्यान रखा, प्रदेश छोड़कर रातों-रात भाग जाते ?"

"हाँ, जनता को बीच मँझधार छोड़कर !"

"बहुत अशुभ ग्रह थे प्रदेश के।" संसारचन्द ज्योतिष के आधार पर ग्रहों का प्रभाव समझाते और महाराजा की आन पर आँच न आने देते।

"सुना होगा आपने भी कि उन दिनों खीरभवानी में जलकुण्ड का रंग काला स्याह हो गया था। महाप्रलय का संकेत था वह।"

"महाप्रलय ही तो।" अर्जुननाथ जोड़ देते, "देर ही क्या थी ? कबाइली तो एक तरफ बारामूला तक पहुँचे थे, दूसरी तरफ शालीटेंग तक खालिस शहर ही तो बचा था।"

"ये तो वे हरामजादे जर-जोरू के चक्कर में मार खा गए। कुफ्र हो खुदा का उन दोजख के कीड़ों पर, सीधे शहर पर चढ़ आते तो, खुदा-न-खास्ता, आज हालात कुछ दूसरे ही होते।" अनवर मियाँ खाँटी बोली में बात करते हैं।

कबाइली आक्रमण की बात चलती तो सभी अपने देखे-सुने अनुभव दूसरे को सुनाने के लिए उतावले हो उठते।

"अपने जियालाल के यहाँ शादी थी उस दिन। मुझे याद है, मेहँदी-रात का खाना चल रहा था। कोई सौ-डेढ़ सौ के करीब लोग पंगतों में बैठे खाना खा रहे थे कि सुन्दरलाल की बहू बारामूला से आकर सीधे शामियाने में घुस आई। उसकी हालत देखकर ही दहशत होती थी, साड़ी कहीं खिसकी हुई, चोली के बन्द इधर-उधर जुड़े हुए, बाल यों नुचे-खुले, ज्यों किसी ने झोंटा पकड़कर खींचा हो। नंगे लहूलुहान पैर। आकर पंगत के बीच खड़ी होकर चिल्लाने लगी, 'रूप रानी, तुम लोग खुशियाँ मनाओ, दावत उड़ाओ, क्या पता कल सुबह देखनी तुम्हारी किस्मत में होगी या नहीं। खूब तुम्बक-नारियाँ बजाओ, कबाइली सुबह तक यहाँ पहुँच जाएँगे...बारामूला में खून-खराबा

हो रहा है। औरतों की इज्जत लूटी जा रही है।

"बस। फिर क्या था। लंगर में उबलती देगें आँच पर धरी-धरी जल गईं, लोग-लुगाइयाँ भरी थालियाँ छोड़ नंगे पैर अपने-अपने घरों को भाग गए। दस मिनट में भरा शामियाना खाली हो गया। वह हाय-हाय मची कि पूछो मत। बेचारे जियालाल का परिवार एक कमरे में यों चुपचाप इकट्ठा हो गया, ज्यों घर में ताजा मौत हो गई हो। क्या करें, सभी सोच रहे थे। किसी की बेटी मुहरा में, किसी का भाई बारामूला में। ऐसे में जिया की बेटी की शादी की बात कैसे सोची जा सकती थी ? मेहँदी लगी लड़की अपने भाग्य को रो रही थी। स्त्रियाँ सहमी हुई थीं और पुरुष लोग प्लान बना रहे थे। कबाइली आएँगे तो क्या करें ? स्त्रियों का धर्म भ्रष्ट नहीं होने देंगे, चुपचाप संखिया खिला देंगे। पुरुष तो मर-मिटने को तैयार हो ही गए थे। कुछ जवान गबरू गहनों की पोटलियाँ बाँध कूच करने को तैयार हो गए थे, पर जाते कहाँ ? चारों तरफ तो दुश्मनों का घेरा था।"

"शेख साहब रातों-रात निर्णय न लेते तो बच जाता बाकी कुछ ? यह सरसब्ज जमीन हमारी राख न हो जाती ? कसर भी क्या रह गई थी ? अपना वह सोमा था न, जिया का साला, बड़े दर्दीले सुरों में सूफियाना कलाम सुनाता था। वही बारामूले पर हमले की खबर सुनकर नंगे पैर भागा। उसकी छोटी बेटी रानी रह गई थी ससुराल में उधर। दो दिन पैदल भागता रहा। तीसरे दिन कस्बे में घुसते ही किसी ने उस बेचारे को गोली से उड़ा दिया।"

काका निःश्वास भरकर बोले, "तुम एक सोमे की बात कर रहे हो। उन आततायियों ने तो पूरे-के-पूरे परिवारों को पंक्तियों में खड़ा करके भून दिया और माँ-बहनों के साथ जो हुआ वह भगवान सात जन्मों में भी न दिखाए।"

"बच्चे-बाले क्या समझते, कौन-सी कयामत आ गई है।" अनवर मियाँ ने जोड़ा, "छोटी पुची बबा की बाँह खींच-खींच मनुहारें करती थी–'बबा ! काकनी से कहो हमें तुम्बकनारी दे, हम छकरी गाएँगे, बहना की शादी है न ?"

दयाराम मास्टरजी तब शेख साहब का गुणगान करते, "सौ साल जिएँ शेरे काश्मीर। काश्मीर का बच्चा-बच्चा ऋणी है इस बहादुर देशभक्त का। खुद भगवान विष्णु शेख साहब का रूप धरकर आए उस विपत्ति के समय।"

बात फिर कबाइली आक्रमण से शेख साहब की ओर चल पड़ती। उनके शौर्य, सूझबूझ और संघर्ष की।

"शेख साहब ! नहीं, शेरे काश्मीर ! राजाओं के शासनकाल से ही उन्होंने आम आदमी के हक के लिए आवाज उठाई थी।" दयाराम मास्टरजी विभोर होकर कहते, "ये शेख साहब, जो 1948 में काश्मीर का प्रधानमन्त्री बना, मालूम है, इसने एक छोटे-से रीडिंग रूम से, बहुत पहले, राजनीतिक गतिविधियाँ शुरू की थीं।"

"हाँ ! 1931 ई. में जून-जुलाई का महीना था, जब लोकराज्य की माँग लेकर जनता शासक के विरुद्ध खड़ी हो गई थी।" संसारचन्द कुछ सोचते हुए बोले, "मुझे वह दिन

खूब याद है। उस दिन जवाहर की माँ को सात महीने चढ़े थे और दही-रस्म होनेवाली थी। क्या हंगामा मचा था। ऑल इण्डिया मुस्लिम कान्फ्रेन्स के सिलसिले में खानकाही मुहल्ले में मीटिंग हुई थी। एक अब्दुल कादिर पठान हुआ करते थे, उन्होंने क्या धुआँधार भाषण दिया।"

"बाद में उसे जेल भेद दिया गया। दरअसल उस तरह की मीटिंगों से प्रदेश में अमनो-अमानत को खतरा था। वह गलत बात थी, इस बात का अहसास शेरे काश्मीर को हुआ, तभी न बाद में मुस्लिम कान्फ्रेन्स को 'नेशनल कान्फ्रेन्स' में बदल दिया गया।

"हाँ भई, जहाँ हिन्दू-मुसलमान पानी में नमक की तरह घुल-मिल रहते हों, वहाँ भेद-भाव की कान्फ्रेन्स-कूनफ्रेन्स कहाँ टिकनेवाली थी ? देखा तो था क्या हुआ, इधर मुस्लिम कान्फ्रेन्स के सिलसिले में भाषणबाजी हुई, उधर शुपैयाँ में सीताराम पटवारी को बदमाशों ने काट डाला।"

"1938 ई. में नेशनल कान्फ्रेन्स बनी।" दयाराम मास्टरजी खून-खराबे की बात दबाते हुए बोले। जायज भी यही था। लोगों का क्या, भावुकता में यह भी कह देंगे, फलाँ का उसमें हाथ है, फलाँ ने इस वजह से यह काम किया, बेकार। चार जनों के बीच में मजहब और धर्म को लेकर बहस-मुबाहसा ! नहीं तो क्या दयाराम मास्टरजी नहीं जानते, सीताराम पटवारी की क्या दुर्दशा कर दी थी, मजहब के दरिन्दों ने ? उसका साला जब सीता-राम का शव लेने गया तो पोटली में गोश्त के कुछ टुकड़े लेकर ही लौट आया था।

जाहिर है मास्टरजी भीतर-ही-भीतर दृश्य याद कर दहल गए पर मजलिस में उन्होंने बात जारी रखी, बात वे धर्म की करते हैं, असूलों की करते हैं, तभी तो शेख साहब का बखान करते उनकी जुबान नहीं थकती।

"शेख साहब पर नेहरूजी और गांधी बाबा का बड़ा प्रभाव पड़ा मास्टरजी।" महीपे ने प्रसंग आगे बढ़ाया।

"हाँ, राष्ट्रीय आन्दोलन का खासा प्रभाव पड़ा उन पर।"

"वो कौन-सा साल था जब 'नया काश्मीर' का नारा लगा था मास्टरजी ? जब जिन्ना साहब ने शेख साहब को मुस्लिम लीग से जुड़ने की दावत दी थी, और शेख साहब ने साफ इन्कार कर दिया था।" अनवर मियाँ भी मास्टरजी के साथ रहते राजनीति की बातों में रस लेने लगे थे।

"वो कोई 1944 के आसपास। तब तक भारत स्वतन्त्र नहीं हुआ था।"

"1948 से तो वे मुल्क के नेता ही बन गए। तब से तो खूब तरक्की हुई अपने मुल्क में।"

आगे फिर बातों का कोई अन्त न था। शेख साहब ने गरीब किसानों में जमीन मुफ्त बाँटी। वर्षों पुरानी जमींदारी का खात्मा किया। काश्तकारों को ही जमीन दी गई। मुफ्त शिक्षा यानी 'फ्री एज्यूकेशन' का सपना पूरा करने में जुट गए वगैरह-वगैरह...

जाहिर है कि शेख साहब की गौरव-गाथा गाते महाराजा बहादुर का पलड़ा हल्का

पड़ जाता। लेकिन मुहल्लेवालों में एक जबरदस्त खूबी है, वह यह कि वे किसी को नाराज करने में विश्वास नहीं करते। तराजू एक तरफ ज्यादा झुक जाए तो उसकी डण्डी थाम लेते हैं, करना ही था उन्हें यह। धर्म की बात थी कि नमक उन्होंने तब तक महाराजा बहादुर का ही खाया था। गलीवाले 'एहसान फरामोश' नहीं हो सकते, बाकी चाहे जो भी हों, आखिर इन्सान की औलाद हैं। खोट-कमी कुछ-न-कुछ तो रहेगी ही।

"समय का फेर ! ग्रहों का चक्कर ! कहा न मैंने। समय का फेर ही था कि राजा रामचन्द्र को चौदह वर्षों का वनवास भोगकर कष्ट उठाना पड़ा। सिया सुकुमारी को अग्नि-परीक्षा के बाद भी धरती की कोख में समा जाना पड़ा। और सत्यवादी हरिश्चन्द्र को चाण्डाल का काम करना पड़ा..."

संसार भाई रामायण के दो-एक आख्यान सुनाकर बात की पुष्टि करते। तब कण्ठ काका को महाराजा प्रतापसिंह के प्रताप की याद आती। यों वे छोटे थे उस समय। पर उनके पिताश्री बार-बार महाराजा प्रतापसिंह का यशोगान गाया करते। बड़े न्यायशील राजा थे। कर्ण की तरह दानी।

कण्ठ काका की बातें ऐतिहासिक कम और काल्पनिक ज्यादा होती थीं। पारम्परिक आख्यानों से जुड़ी गौरव-गाथाएँ होती थीं वे। बात के माध्यम से वे कोई सन्देश देना जरूरी समझते थे। महाराजा प्रतापसिंह के बड़े भक्त थे।

"कहा न मैंने बड़े दानी प्रतापी राजा थे वे। जैसा नाम वैसे गुण। टोकरियाँ भर-भर सिक्के दीन-दुखियों, गरीब-गुरबात में बाँटा करते...शनि-मंगल को, अपने हाथों से। हाँ, कोई भूलनेवाली बात है यह ? राजा की चरण-रज लेने लोग रास्तों पर लेट जाते। क्या था वह राजा-महाराजाओं का समय भी ! पर्व-त्यौहारों पर महाराजा जरूर मन्दिरों में माथा झुकाने आ जाते। ज्येष्ठ अष्टमी को तुलामुला, नवरेह को हारी पर्वत, श्रावण पूर्णिमा को शंकराचार्य मन्दिर, यहाँ तक कि विनायक चतुर्थी को अपने गणेश मन्दिर भी पधारा करते।"

"जब नावों में जुलूस निकलता तो वितस्ता की छाती पर सजी-धजी दुल्हनों-सी नावें इतराने लगतीं। नदी के आर-पार क्या रंगीन ड्योढ़ियाँ बनाई जातीं।" अनवर मियाँ अतीत की स्मृतियाँ कुरेदते निहाल हो जाते, "अब वो बात कहाँ संसार भाई ? क्या समाँ बँधता था। हवा में चुन्नटदार रंगीन पर्दे दूर-दूर तक फरफराते नजर आते, वितस्ता दुल्हन बन जाती। और वो नावों में रँगे हुए चप्पों की तरन्नुम-भरी छुलक-छुलक ! वाह ! मीलों लम्बा जुलूस रंगीन रेशमी ड्योढ़ियों और 'वेलकम' स्वागतम् के बीच से यों फिसलता ज्यों छोटे बच्चे फिसलपट्टी पर फिसल रहे हों..."

"और वो महाराजा के जन्मदिन पर सभी गैजेटिड ऑफिसर बधाइयाँ देने गुपकार महल में पहुँच जाते। वह भी क्या भूलने की बात है ? लोग ढोंगों, शिकारों में पिकनिक मनाते एक दिन पहले ही घरों से निकल पड़ते। डल झील पर मेला लग जाता। वाह ! ढोंग में रसोइए, खानसामाने, न तो घरों की बहू-बेटियाँ, जिसकी जैसी औकात हो, लजीज-लजीज पकवान बनाते। झील में खिले बड़े-बड़े खिलवतरों पर खाना भी क्या

लज्जत देता था मास्टरजी। हम भी तो कई बार आपके साथ गुपकार तक गए हैं।" अनवर मियाँ यद्यपि गैजेटिड अफसर कभी न रहे, पर दयाराम मास्टरजी के साथ वे कई बार इस खुशी के नायाब मौके में शामिल हुए थे।

मास्टरजी की आदत थी अपने मुहल्ले के चार-छह दोस्तों को साथ लेकर ही चलते। झील डल से गुजरते हुए एक तरफ हारी पर्वत दिखाई पड़ता, दूसरी तरफ शंकराचार्य पर्वत। यों तो अनवर मियाँ हारी पर्वत की मस्जिद में नमाज के लिए कभी-कभी जाते थे। महीपा भी गुरुद्वारे में मत्था टेकने जाता। हारी पर्वत पर मन्दिर, मस्जिद, गुरुद्वारा तीनों जो बने हैं, पर यह बात मास्टरजी ने ही बताई कि यह किला मुगल बादशाह अकबर ने बनवाया था।

अर्जुननाथ अर्जीनवीस जब अफसरों को जरी-अतलास के चमचमाते कोटों के ऊपर लाल हुडवाले काले गाउन पहनकर देखता, तो उसके जी में कसक-सी उठती, क्यों उन्होंने भी एम.ए., बी.ए. न किया और कोई अच्छी-सी नौकरी पाई। तब क्या वे भी इस मुबारक मौके पर जरी-अतलास का कोट और सिर पर केसरी रंग का साफा पहन, कमर में तलवार लटकाए महाराजा बहादुर के दरबार में बधाई देने पहुँच न जाते ? गली में एक मास्टरजी ही हैं जिनके पास अभी भी साटन की अचकन और लाल हुडवाला काला रेशमी गाउन रखा हुआ है। पर अब राजाओं का जमाना नहीं रहा। अचकन कभी कोई बेटे की शादी पर ले जाता है तो गाउन एम.ए., बी.ए. की सर्टीफिकेट लेते वक्त। बस, बाकी साल-के-साल नैपथलीन की गोलियों से महकते ट्रंक में सभी चीजें पड़ी रहती हैं।

काका तो अनहोनी, अविश्वसनीय घटनाएँ भी यों रस ले-लेकर सुनाते ज्यों वे आँखिन देखी कह रहे हों।

"यों मैं छोटा ही था तब, कहा न मैंने, मेरे लालाजी किस्से सुनाया करते थे। दानी-प्रतापी राजाओं पर जनता को अपार श्रद्धा थी। श्रद्धा की ही बात बताता हूँ, तुम लोग भले विश्वास न करो पर सुना है, ढाके की महीन मलमल के दो-एक गज के लिए रोज श्रद्धालुओं की भीड़ जमती थी राजमहल के बाहर।"

"दो गज मलमल के लालच में ?" महीपा बात करेगा तो सोच-विचारकर थोड़े करेगा ?

"मूरख ! लालच नहीं श्रद्धा कहो, श्रद्धा !" कण्ठ काका को डाँटने का अधिकार है, बुजुर्ग हैं न।

"मालूम है उस मलमल का क्या उपयोग होता था ?"

सुननेवाले उजबक से देखा करते, "नहीं तो।"

"राजा के नित्य कर्म से निबटने के बाद, दो खास नौकर, गीला बदन पोंछने के लिए राजा के आगे-पीछे खड़े हो जाते, और वह महीन मलमल का टुकड़ा जरा-सा उनके नीचे से सरका देते। बस ! इसी कपड़े को पाने के लिए लोगों में होड़ लगी रहती। ऐसी भक्ति थी लोगों में।"

कण्ठ काका की बातों पर बड़े लोग मुँह बन्द कर संजीदगी से सिर हिलाते, या आँखें चुराते; पर छोटा अवतारा या शामू पास होते तो खी-खी कर हँस पड़ते, श्रद्धालुओं की बेतुकी भक्ति पर। कण्ठ काका नाराजगी में भौंहे उठाकर, कन्धे पर रखी तौलिया का गोला बनाकर एकदम बच्चों के सिर पर मारा करते, 'हँसता है, शैतान कहीं का। ठहर, इधर ही खबर लेता हूँ तेरी...'

बच्चे मुँह पर हाथ रखकर 'यह जा वह जा' और कण्ठ काका फिर मजलिस की ओर रुख करते।

"अब बात सच है या झूठ, न मैं यह जानता हूँ, न इसकी सच्चाई को प्रमाणित करने की जरूरत समझता हूँ, आज लोग यों भी इस बात पर विश्वास नहीं करेंगे, यदि करें भी तो 'सामन्ती करतूतों' और शोषण आदि-इत्यादि पर दस जली-कटी सुनाएँगे। पर यह सच है कि उस जमाने में भगवान के बाद राजा पर ही श्रद्धा रखते थे लोग और वे थे भी श्रद्धा के पात्र ! अब की बात तो खैर, जाने दो।"

"अजी, कहाँ जमीन, कहाँ आसमान !" महीपा अपने ज्ञान का कुछ अंश उपस्थितजनों के सामने प्रस्तुत करने ही लगता कि भीतर मास्टरजी के जनानखाने से जोर-जोर से रोने की आवाजें सुनाई पड़ने लगतीं। मास्टरजी गप्पें भूलकर बेचैनी से पहलू बदलते हुक्के के कश खींचने लगते। काल्पनिक सत्य के रंगीन विगत से क्रूर यथार्थ में घसीटे जाने का निर्मम विधान उन्हें हतोत्साहित कर देता। उपस्थितजन अवश से एक-दूसरे को देखने लगते कि पहले कौन उठता है, और चलने की तैयारियाँ करने लगते।

अनवर मियाँ 'अच्छा मास्साहब ! टाइम काफी हो गया।' कहकर महीपसिंघे से सम्बोधित होते, 'चलो बिरादर, सतवन्त भाभी दरवाजे पर बेलन लिए खड़ी होगी...'

अनवर मियाँ माहौल को उदासी से बाहर खींचने की कोशिश करते और दोस्तों के साथ बाहर आ जाते। लेकिन गली के मोड़ पर मुड़ते वे भी उदास हो जाते।

महीपा लम्बी साँस भरकर गुरु को याद करता, 'नानक दुःखिया सब संसार।'

संसारचन्द 'शरणागत दीर्नात...' बुदबुदाते दाएँ मुड़ जाते। कण्ठ काका और हकीम साहब कुछ दूर तक साथ चलते मास्टरजी की बेटी के विषय में बात करते। हकीम साहब गप्प-गोष्ठियों में जरा कम ही शामिल हो पाते, क्योंकि उनकी दूकान पर रात-गए तक मरीजों की भीड़ जुटी रहती। यों भी किसी के घरेलू मामले में वे बहुत ज्यादा दिलचस्पी न रखते थे। फिर भी मास्टर साहब के जनानखाने का रुदन उन्हें परेशान कर जाता। वे कण्ठ काका से पूछे बिना न रह पाए, "मास्टर भाई के घर में क्या कोई मरीज... ?"

"हाँ, मरीज ही समझो भाई।" कण्ठ काका भी लड़कीवाले हैं और फिर सबके हिस्से में अपने-अपने दुख हैं वे बात संक्षिप्त करने के इरादे से माथा छूकर कहते हैं, "प्रारब्ध की बात, और क्या ?" लड़की अच्छी-भली थी, खूब गुणवन्ती पढ़ी-लिखी, विदुषी। मास्टर भाई के कर्म खोटे थे। इधर बेटी का ब्याह रचाया, उधर उसका दिमाग चल गया।

दो दिन न रुकी ससुराल में। यों चुपचाप पड़ी रहती है। कभी खाती है, कभी भूखी रहती है, गुमसुम ! परन्तु कभी-कभी अकारण सुबक-सुबककर रोने लगती है।"

पाँच

यों गली के अनवर मियाँ उन दानिशमन्दों में से हैं जो उड़ती चिड़िया के पर गिन सकते हैं, ईंट में अपना चेहरा देख सकते हैं, यानी कि उसका आईने की तरह इस्तेमाल कर सकते हैं। उनका तकियाकलाम है, 'मियाँ, जो तुम आईने में देखोगे, वह बन्दा ईंट में झाँककर दिखा देगा।' पूरे शहर का दुःख-दर्द अपने सीने में महसूस करते हैं, तभी गली में उनकी कद्र होती है, इज्जत होती है। भला मास्टरजी का दुःख उनसे कैसे छिपा रहता ?

अनवर मियाँ खूब जानते हैं कि मास्टरजी का दुःख दुहरा है, एम.ए. पास लड़की, जहीन, तेज-तर्रार, भरी जवानी में मुरझा गई। मास्टरजी हठ में न पड़ते तो शायद बेटी सुखी होती। क्या करे तकदीर के लेखे का कोई ? बेटी एक कम पढ़े लड़के के इश्क में पड़ गई। मास्टरजी को गवारा होता ? सोचा, किसी लायक लड़के से शादी करेंगे तो सबकुछ भूल-भालकर गृहस्थी में रच-बस जाएगी, जैसा अक्सर लड़कियों के साथ होता है। मास्टरजी ने पहले ही अच्छे खानदान में बात पक्की भी की थी। जबान दी थी। पर लड़की लाख कोशिश करने पर भी इश्क के मर्ज से उबर न पाई।

बस, मुँह बन्द किए पड़ी रहती, हैरानी से हर आते-जाते को घूर-घूरकर देखती रहती, ज्यों किसी खोई चीज को तलाशने की कोशिश कर रही हो। ससुरालवालों ने लड़की के रंग-ढंग देखकर एकदम पिता के हवाले कर दिया, "लो जी, सँभालो अपनी अमानत को ! यह गूँगी-बहरी लड़की हमारे घर-बार को क्या खाक सँभालेगी ?" लड़के को दूसरी जगह ब्याह डाला।

अब मास्टरजी की बेटी बैठी है मास्टरजी के सीने पर। घंटों गुपचुप सड़क निहारेगी या दर्दभरे गीत गुनगुनाती रहेगी। दर्द ने आवाज में क्या सोज भरा है कि सुननेवाले का दिल छलनी हो जाता है। खिड़की से जब धीमी-धीमी आवाज सड़क तक आती है तो अनवर मियाँ कुर्ते की बाँह से आँखें पोंछ लेते हैं। कानों में सदा गूँजती रहती है। 'ब द्रायस शोक चाने, वलो माशूक म्याने।' 'कत्थू छुक नुन्दबाने, वलो माशूक म्याने।' (ओ मेरे प्यार, मैं तुम्हारे प्यार में भटक रही हूँ, तुम कहाँ हो ? मेरे पास आ जाओ।)

अनवर मियाँ आकर कभी सिर पर हाथ फेरते हैं। खाना खाने के लिए मनाते हैं।

'मुझे तेजे के पास ले चलोगे न ?' कहकर पगली झट तैयार हो जाती है, 'कैसा है मेरा तेजा ? मेरी चिट्ठी उसे पहुँचा दोगे न ?'

अब पत्थर का भी कलेजा हो तो हिल ही जाता है ये जिगर की हूकें सुनकर। तेजा तो घर-गृहस्थी बसाकर पंजाब चला गया। वहाँ होता तो कोई उस तक सन्देश पहुँचाता,

न पहुँचाता, अनवर मियाँ जरूर एक बार कोशिश करके देख लेते, लेकिन अनवर मियाँ यहाँ पर लाचार है। लड़की को उसने गोद खिलाया है, इसलिए ज्यादा दुखी है।

यों भी गली में अमन बनाए रखने में वह कभी पीछे नहीं रहते। जहाँ कहीं झगड़ा-फसाद हो, मामला उलझ गया हो, किसी की बेटी भाग गई हो, सास-बहू में बनती न हो, या घरों में बँटवारे की बात उठी हो, अनवर मियाँ को सलाह-मशविरे के लिए जरूर बुलाया जाता। वो भी गलीवालों के घरेलू मामलात में टाँग अड़ाना अपना हक समझने लगे थे। ऐसा अपनापन था मुहल्लेवालों के साथ।

अवतारा तो अनवर मियाँ के घर जाकर कभी-कभी सलामे के प्याले से 'शीरचाय' भी पीकर आता। सलामा दोस्त था, अवतारा क्या कर सकता था, दोस्त को मना थोड़े किया जा सकता है ? लेकिन माई को पता चले तो जन्म-मरण के विशेष अवसरों के लिए सुरक्षित गंगाजल से उसका मुँह न धुला दे ! और बापू को ? तौबा ! वे तो बात ही डण्डों से करते हैं। धर्म भ्रष्ट करनेवाली महाभूल को क्षमा करना वह नहीं जानते।

वैसे मानते वे भी हैं अनवर मियाँ को। घर पर आएँ तो उन्हें साग्रह चाय पिलाते हैं। पर उनका प्याला अलग से आले में रखा जाता है। खासू में वह चाय नहीं पी सकते। समावार से ऊँची धार बनाकर चाय प्याले में उँड़ेली जाती है। कहीं समावार प्याले से छू जाए तो अरुन्धती को पूरा समावार राख-मिट्टी से माँज-माँजकर फिर से चमकाना न पड़े ? अनवर मियाँ देखकर मुस्कराते हैं, बुरा नहीं मानते। सलामा उनके घर चाय नहीं पीता। वह उद्दण्ड है। अनवर मियाँ कहते हैं, "नए जमाने की पौध है मियाँ ! किताबों ने खोपड़ी में जाने क्या-क्या सही-गलत फितूर भर दिया है। हमने तो भई जिन्दगी के तजुर्बों से ही सीखा, मोटी-झोटी किताबें नहीं पढ़ीं। और फिर सबका अपना-अपना दीनोईमान है, अपना-अपना खयाल है।"

अपने धर्म के विषय में अनवर मियाँ कहते हैं, "मेरा धर्म इन्सान का धर्म है भाई ! मैं बड़ी-बड़ी बातें नहीं जानता।" अनवर मियाँ शिया मुसलमान हैं। मुहर्रम में ताजिये के पीछे उनका पहला नम्बर होता है, यह बात दूसरी है कि वे जन्माष्टमी पर श्रीकृष्ण का पालना बड़े चाव से बनाते हैं। हरे लाल साटन की कतरनें श्रीकृष्ण का झूला सजाने के लिए महीना-भर पहले ही बटोरते हैं, और झाँकीवाले दिन माँगनेवालों में खुलकर बाँटते हैं।

उकसानेवाले भी गली में मौजूद हैं। महीपा भी कम नहीं है, दूर क्यों जाएँ। एक बार अनवर मियाँ की नब्ज टटोलने की खातिर कह ही दिया, "संसारचन्द के घर में तुम चाय क्यों पीते हो अनवर मियाँ ? जब वह सुच्चा-झूठा मानते हैं तो तुम अपनी इज्जत क्यों खराब करते हो ?"

अनवर मियाँ उत्तर में हँस पड़े थे। हँसी उनकी बड़ी मोहक है। हँसने में दाढ़ी ऊपर-नीचे हिलती है तो अल्लादीन से नजर आते हैं, ज्यों अभी कोई करिश्मा करेंगे। बोले, "इज्जत की बात इसमें कहाँ से टपक पड़ी मेरे भाई ? वे लोग मानते हैं, प्यार से बुलाते हैं, बात करते हैं। चाय-पानी पीने से धर्म का क्या ताल्लुक ? मैं अपने घर

में अपनी इबादत करता हूँ वो अपने घर में अपना पूजा-पाठ। घड़ी-दो घड़ी मिल-बैठकर हम अपना सुख-दुःख बाँट लेते हैं। यह हमें भी अच्छा लगता है, उन्हें भी। फिर पीढ़ियों से घरों में आना-जाना है। पंडित काकी इसरार करके चाय पिलाए तो भला इन्कार क्यों करूँ।"

अवतारे ने तब सहमकर अनवर मियाँ को देखा था। अगर अनवर मियाँ यह बता दें कि अवतारा भी कभी-कभी उनके घर चाय पीता है तो ?

लेकिन अनवर मियाँ और महीप चाचा जल्दी ही एक प्रसंग से ऊबकर दूसरे पर आ गए। उनके पास गुफ्तगू करने के लिए बेशुमार विषय थे। अब वे रत्नी चाची की बात करने लगे थे।

रत्नी चाची के विषय में अनवर मियाँ अक्सर कहा करते थे कि वह एक जरूरतमन्द औरत है। उसने जमाने-भर का दुःख व सितम देखा है, मौत की खौफनाक वारदातें सही हैं। उसके साथ हमें हमदर्दी होनी चाहिए।

"हमदर्दी ? ऐसी-वैसी औरतों के साथ ?" महीपसिंघा तो रत्नी चाची के पीछे हाथ धोकर ही पड़ा था।

"अमाँ यार, ऐसी क्या और वैसी क्या ? मान लो तो है दमदार औरत, न मानो तो भी क्या फर्क पड़ता है ? है तो लुगाई ही। जैसी भी है अपने घर में है। ऐसे तो उसमें कोई सुरखाब के परोंवाली बात नहीं कि लोग-बाग उसके पीछे फालतू में अपना दिमाग खर्च कर लें।"

महीपसिंघा से उन्होंने कहा, "भाई मेरे, रत्नी भाभी रात में किसी को भी बुलाए। तुम्हारे सीने पर साँप क्यों लोटता है ?"

महीपे को बात थोड़ी चुभती है, "साँप लोटनेवाली बात खूब कही अनवर भाई। अरे, यहाँ तो पैर के अँगूठे में खुरक भी नहीं होती, मगर तुम्हीं सोचो जरा, आसपास बहू-बेटियाँ हैं, उन पर क्या असर पड़ेगा ?"

"लाहौल विला कूवत ! तुम बड़ी दूर की कौड़ी ले आए। यह क्यों नहीं कहते बादशाहो कि तुम्हें घास नहीं डालती, इसलिए दिल जलता है..."

मैंने कहा न, "गली में अनवर मियाँ की धाक है। लोगबाग उनका लिहाज करते हैं। इसीलिए कभी उनकी कड़वी-तीखी बात भी सुनी-सही ज़ाती है, वे भी चाहे दूध के धुले न हों। दूध का धुला कोई मानुस हो भी कैसे सकता है।"

संसारचन्द पुरोहित कहते हैं, "मनुष्य में कोई-न-कोई खोट रहेगा ही भई। न रहे तो वह भगवान न बन जाए ?"

दयाराम मास्टरजी जोड़ देते हैं, "संसार भाई, परफैक्ट तो भगवान भी नहीं है। अब देखो उसने सृष्टि बनाई, आदमी बनाए, रंग-बा-रंग ! कोई खूबसूरत, हृष्ट-पुष्ट, तो कोई जन्म से ही अपाहिज, विकलांग ! परफैक्ट होता भगवान तो परफैक्ट दुनिया न रचता ? एवरी टाम, डिक एण्ड हैरी वुड बीन परफैक्ट देन।"

ज्यादा लम्बी-चौड़ी दलीलों में न जाकर इतना कहना काफी होगा कि अनवर मियाँ

में भी छोटी-बड़ी खामियाँ हैं, जिसे महीपे के शब्दों में कहो तो "अनवर मियाँ खूबसूरत लौण्डों के कपड़े फिरी में सिल देता है। वो साले भी तो वक्त-बेवक्त घुसे रहते हैं उसके दामन में।"

परन्तु हीमाली अनवर मियाँ की प्रशंसिका है, भक्त ही समझो। पति से कहती है, "देखो न, अनवर मियाँ भी किसी योगी-महात्मा से कम नहीं है। सबिया बेचारी सलामे को दुनिया में लाकर आँखें मूँद गई। उम्र भी क्या थी अनवर मियाँ की उस वक्त ? यही ना चालीस के आसपास ! सेहत भी ऐसी कि मुश्किल से तीस-बत्तीस के लगें। मुँह खोलकर जरा अपनी मर्जी जताते तो कितने गरजमन्द पिता अपनी खूबसूरत बेटियाँ लाकर घर में डाल देते, पर निकला वह बात का पक्का। एक बार कहा, "शादी के झंझट में न पड़ूँगा। सलामे को सौतेली माँ के आसरे न छोड़ूँगा। सो बुढ़ापे तक बात निभा दी।"

"हाँ, कौल का पक्का है अनवर मियाँ, नाडे का सुच्चा !" महीपा मास्टरजी की तरफ मुस्कराकर दाईं आँख जरा-सा दबा देता।

मास्टरजी महीपे की बात को पचा भर लेते हैं। ऐसी बातों को वे बढ़ावा नहीं देते। फिर पत्नी के सामने तो बेहद आदर्शवादी पति हैं। अब आप खुद ही दूसरे के गिरेबान में ताक-झाँक करेंगे तो पत्नी को क्या दोष दे सकते हैं ? स्त्रियों के पेट में यों भी बात जरा कम ही पचती है। कुछ कहो तो पता नहीं किस-किसके सामने, किसी से न कहना, कहते हुए बात दुहराती फिरेंगी। और बात, 'किसी से न कहना बहन,' के लेबल के साथ पूरे मुहल्ले में ढिंढोरे की तरह पिट जाएगी।

इसी कारण मास्टरजी बात का समापन करने की मुद्रा बनाकर कहते हैं, "जो भी कहो भाई, अनवर मियाँ में खूबियाँ हैं बहुत। उनमें ग्रेट क्वालिटीज हैं..."

सच भी है। अनवर मियाँ कभी किसी ऐरे-गैरे के जाती मामलात में बिला वजह नहीं पड़ते। हाँ, उन्हें सलाह-मशविरे के लिए बुलाओ तो हमसायों की मदद करने में कभी पीछे नहीं रहेंगे। पैसे-धेले से उतनी नहीं, उतनी औकात नहीं है बेचारे की, पर बातचीत, बीच-बचौवल और मनुहार-गुहार से दूसरों की उधड़ी सिल देते हैं।

लोग-बाग कहते हैं, "भई अनवर मियाँ, तुम्हारे पास जाने क्या जादू है कि लोग तुम्हारा कहा टालते नहीं।"

"जादू-वादू क्या भई !" अनवर मियाँ नम्रता दर्शाते हैं, "यह तो आप लोगों का प्यार है, जो मुझे इज्जत बख्शते हो, फिर मेरी मीठी बात से किसी का काम सधता है तो मुझे भी खुशी होती है। बाकी लेन-देन में खरे-खोटे का हिसाब तो ऊपरवाले से मुलाकात पर ही होगा..."

अनवर मियाँ पेशे से दर्जी हैं, मगर मजाल है किसी की जो उन्हें दर्जी कहकर पुकारे। गली का एक अदब है। उन्हें अनवर मास्टर के नाम से ही सम्बोधित किया जाता है।

यह सच है कि दयाराम मास्टरजी जब अनवर दर्जी को अनवर मास्टर के नाम से

पुकारे जाते देखते सुनते हैं तो उन्हें थोड़ी खुन्दक तो चढ़ती ही है। जाहिर भी है, कहाँ दयाराम मास्टरजी, एम.ए.बी.टी. बनारस हिन्दू यूनिवर्सिटी, गोल्ड मेडेलिस्ट, जो उम्र-भर गैजेटिड ऑफिसर रहकर सम्मान के अधिकारी रहे, गली के मुट्ठी-भर ज्ञानी-गुरुजनों में जिनको गिना जाता है, और कहाँ दिन-भर मशीन पर झुका किट-किट किट-किट कपड़े काटता-सीता, नाक की नोक पर चश्मा धारण करनेवाला अनवर दर्जी ? जिसके लिए काला अक्षर भैंस बराबर है, उसके साथ दयाराम मास्टरजी की कोई तुलना हो सकती है ?

अनवर दर्जी के बाप ने दो-चार किताबें पढ़ी थीं, मजहबी किताबें, बेटा और चार-छह पढ़ गया। कुल जमा आठ क्लास और काम के नाम पर वही मशीन पर झुके-झुके लोग-लुगाइयों के कमीज, जम्पर, पेटीकोट सिलना। लिहाज-मुरौव्वत अपनी जगह पर ठीक है लेकिन शिक्षा-दीक्षा का भी कोई मोल-महत्त्व है न ?

"जी हाँ, जी हाँ, आप सही फरमा रहे हैं।" मजाल है किसी व्यक्ति की जो दयाराम मास्टरजी से फोकट में वैर मोल ले ? मान लो कल को बिट्टू-टिटू को ट्यूशन की जरूरत पड़ी तो कहाँ मास्टर ढूँढ़ते फिरेंगे, इस महँगाई के जमाने में ? जहाँ अपना पेट भरना ही दूभर हो रहा हो वहाँ मास्टरों की तगड़ी फीस कहाँ से जुटेगी ? मास्टरजी अपना समझकर पत्रम्-पुष्पम् में ही गुजारा कर जाते हैं, सो भी रिटायर होने के बाद से। पहले तो कभी एक पैसा नहीं लिया। यह बात भी सोचनेवाली है !

गली के लोग सोच-विचार बहुत करते हैं। करना ही पड़ता है, तभी तो बिरादरी निभती है। एक-दूसरे के सुख-दुख, ऊँच-नीच में आगे आना ही पड़ता है। अब इन्हीं मास्टरजी की बात लो। ऐसे तो अनवर मियाँ से कोई लाग-लपेट नहीं, पर किस व्यक्ति में अपने रुतबे का थोड़ा बहुत गुमान नहीं होता ? सामने पड़ने पर दुआ-सलाम होती है, तब भी यह सच है पहल अनवर मियाँ को ही करनी पड़ती है। न करे, तो मास्टरजी भी सामने से यों गुजर जाएँ जैसे अनवर मियाँ तिनके या सुईंनुमा चीज हों जो ढूँढ़ने पर ही नजर आ जाएँ। पर हमने कहा न कि मुसीबत में मास्टरजी का साथ न देते तो मास्टरजी जेल में बाकी बची सजा गुजार रहे होते। इस लिहाज से अनवर मियाँ के अहसानमन्द हैं मास्टरजी। इसे वे अब मानते भी हैं, तहेदिल से।

क्या कयामत का दिन था वह। याद आते ही रोंगटे खड़े हो जाते हैं। घनघोर घटाटोप ! आसमान तीन दिन से भरा बैठा था, काले धुआँते बादलों का घमासान लिए, चैत का महीना था। उसी साल नवरोज के दिन थक्कों के थक्के बर्फ पड़ी थी। जरा-सी धूप निकलती तो गलियाँ-बाजार कीचड़ के परनाले बनकर बह जाते। उन्हीं दिनों बच्चों का परीक्षाफल निकलनेवाला था। मास्टरजी बेटे कुन्दन की साल-भर की पढ़ाई का जमा हासिल मालूम करने के लिए हव्वा कदल पर लगे लाउडस्पीकर से नतीजा सुनने के लिए चले गए थे। यों तो समाचार-पत्रों में भी परीक्षाफल आ जाता, पर दूसरे दिन तक धैर्य रखना भी तो सम्भव नहीं होता, रात-भर दिल में धुकधुकी होती रहती है, बच्चों के साथ उनके माता-पिता की भी !

घरों में माँओं ने चाय-पानी की पूरी तैयारियाँ कर रखी थीं। आखिर इन्टर का नतीजा निकलनेवाला था। फर्स्ट डिवीजन, नहीं तो सेकेन्ड डिवीजन भी आ जाए तो आदिदेव श्रीगणेश को लड्डू का प्रसाद चढ़ाएँ, नाते-रिश्तेदारों, पड़ोसियों, खैरखाहों को चाय-पानी पिलाएँ। ऐसा तो हमेशा से होता आया है। पिता लोगों की चिन्ताएँ कुछ अलग किस्म की थीं। इन्टर के बाद कहाँ ट्रेनिंग के लिए दरखास्त दी जाए, यह तो नम्बर देखकर ही तय किया जा सकता है... सरकार जहीन लड़कों को आर्थिक सहायता भी देती है, पर अपने पूत की तकदीर में भी हो तभी न। इधर ब्राह्मण-वर्ग बेटों की उच्च शिक्षा पर जोर देने लगा था। अंग्रेजी में बी.ए. एम.ए. करवाना तो पिता लोग अपना धार्मिक दायित्व मानने लगे थे। चाहे बाद में बेटा किसी गुमनाम दफ्तर में बैठा उम्र-भर बाबूगीरी ही करता ! पढ़ाई के मामले में लार्ड मैकाले की इच्छा भारत के किसी अन्य प्रान्त ने पूरी की हो या न की हो, पर यहाँ के लोगों ने बाबू पैदा कर ही लिए थे। सफेद स्टारची कालर पहननेवाले दफ्तरी बाबू ! हाँ, इधर अब इन्जीनियरी, डाक्टरी की तरफ भी लोगों का ध्यान जाने लगा था।

मास्टरजी के बड़े लड़के कुन्दन ने भी इन्टर की परीक्षा दी थी। यानी पूत की अग्नि-परीक्षा का दिन था। कुन्दन सुबह से ही कमरे में कैद हो गया था। माँ ने बेटे को गुमसुम देखकर कहा भी कि कहीं थोड़ा घूम-फिर आए। यार-दोस्तों से मिल आए। थोड़ी दिलजमाई हो जाएगी। पर कुन्दन 'तबीयत ठीक नहीं' कहकर कम्बल ओढ़कर पड़ा रहा। दरअसल उसके पर्चे ठीक नहीं हुए थे। गणित का तो बिल्कुल बिगड़ गया था। अप्रत्याशित को सूँघकर वह जान गया था कि बाबूजी, जो चाव से परीक्षाफल सुनने गए हैं, लौटकर तूफान उठानेवाले हैं। माँ समझ गई दाल में कुछ काला है। सुबह से उसकी दाईं आँख भी फड़क रही थी। उसने मन-ही-मन सिद्धिदाता को स्मरण किया, खानकाह के पीर साहब को 'नियाज' का वादा किया और फड़कती आँख का अपशकुन मिटाने के लिए लकड़ी की बारीक सुईनुमा तीली आँख के पपोटे के ऊपर थूक से चिपका दी। पर आँख बेहूदी थी कि फड़कती ही जा रही थी। होनी को जो आगत का इशारा देना था। आप समझो न समझो, यह दीगर बात है।

मास्टरजी घर लौटे तो उनका अबरक माँड से चमचमाता कड़क साफा ज्यों सिर पर ही उलझ गया था। आँखों से अवश क्रोध फूटा पड़ रहा था। जाहिर है हाथ, लड़के पर चार-छह डण्डे बरसाने के लिए चुनचुना भी रहे थे। 'कहाँ गया साहबजादा ?' कहते ही जब मास्टरजी ने घर में प्रवेश किया, तो पत्नी ने महाभारत की गन्ध सूँघते उन्हें टोक दिया। 'बाहर गया है,' कहकर उन्हें पल-भर दम लेने के लिए थोड़ा विवश भी कर दिया।

"आखिर क्या बात है ?" कुछ देर रुककर उसने बड़े साहस से पूछा।

"बात क्या होगी। मेरे नाम पर बट्टा लगा गया। सात पीढ़ियों के नाम पर कालिख पोत गया..."

मास्टरजी लम्बी भूमिका के बाद माथे पर हाथ मारकर बोले कि उनका बेटा इन्टर

में कम्पार्टमेन्ट लेकर आया है।

माँ को कष्ट तो बहुत हुआ पर वह चुप गूँगी बनी रही। उसके चमचमाते समावार में पानी खौल रहा था। गरम-गरम कुल्चे-कत्लम टोकरी में तौलिए से ढके हुए थे। वह सोच रही थी कि पति के आते ही पड़ोसिनों को आवाज लगाकर चाय पीने के लिए न्यौतेगी।

लेकिन उसने धैर्य से काम लिया। लड़का बड़ा हो रहा है। कई दिनों से बड़ा गुमसुम है। आप ही उदास है। उसे डाँट-पीटकर कुछ होने-हवानेवाला नहीं है। इसलिए बेहतर है कि इस समय चुप रहा जाए और रात को बेटे को ढंग से समझाया-बुझाया जाए।

लेकिन दयाराम मास्टरजी के लिए यह बहुत बड़ी दुर्घटना थी। उनके हाथ में इतनी ताकत तो थी कि अपने पढ़ाए निकम्मे-से-निकम्मे लड़के के दिमाग में इतनी समझ भर देते कि वह कम-से-कम पास तो हो जाता। कभी चार-छह नम्बर ज्यादा दे-दिलाकर उन्हें पास करवाते भी कि आगे परिश्रम करेंगे। मास्टरजी के शागिर्दों ने भी कभी उनका उठा सिर झुकाया नहीं। लेकिन इस अपने जिगर के टुकड़े ने, जिससे उन्होंने हजार आशाएँ बाँधी थीं, उसी ने एकदम उनकी खटिया ही खड़ी कर दी।

शाम तक बड़ी बेचैनी से मास्टरजी ने वक्त गुजारा, बार-बार कमरे में चहलकदमी करते रहे, बार-बार पहलू बदलते रहे। बार-बार सोचते रहे कि उनकी औलाद का दिमाग इतना कुन्द क्यों हो गया कि दूसरी बार वह इन्टर में रह गया ? 'हेरिडिटी' और 'एनविरानमेन्ट' पर हर कोण से सोचते उन्होंने बेटे की संगत को ही इस दुर्घटना के लिए उत्तरदायी ठहराया। शाम होते ही बेटे को कमरे में पकड़कर, खरी-खोटी बातों से खूब धुनाई की। माँ बीच-बचाव करती रही। अपने खोटे कर्मों की दुहाई देती रही। अपनी कोख-भाग को कोसती रही, पर मास्टरजी पर ज्यों भूत सवार हो गया था।

आखिर थक-चुककर सिरदर्द और हार्ट पलपिटेशन से त्रस्त मास्टरजी बिना खाए-पिए पड़े रहे। कुन्दन ने किसी मानसिक या शारीरिक कष्ट की शिकायत न की। बस, चुपचाप कम्बल से मुँह लपेटे सो गया। हीमाली ने छोटी बेटी विमला और बेटे चन्दन को ठंडा खाना परोस दिया और खुद भी मुँह में कौर दिए बिना पसर गई।

बड़ा सहमा-सहमा-सा वातावरण था मास्टरजी के घर उस दिन। बधाई देने के लिए तैयार गली की महिलाएँ साड़ी के छोर में पाँच रुपए का तुड़ा-मुड़ा नोट बाँधे, घर में उठती ऊँची आवाजें सुनकर मामला सूँघ गईं किसी ने खिड़की की झिरी, दरवाजे की सन्ध से देखा पर अधिकांश चुपचाप भीतर हो लीं। कुछ इस कारण कि बेचारे मास्टरजी का दिल दुख रहा होगा, कुछ इस डर से कि कहीं मास्टरजी ने देखा तो सोचेंगे कि मुहल्लेवाले उनकी जलती दाढ़ी पर हाथ सेंक रहे हैं।

अनवर मियाँ ने जरूर घर आकर मास्टरजी को तसल्ली दी। समझाया कि अल्लाह ताला की मर्ज़ी के आगे पेशानी झुका दो। कुन्दन से कहा कि आगे डटकर पढ़ाई करे और अव्वल आकर अब्बाजान की मुरादें पूरी करे...

"यह नामुराद खाक पूरी करेगा मेरी मुराद। ये तो नौटंकियाँ करता रहेगा।

उम्र-भर।" मास्टरजी दुख और क्रोध से विवेक खो बैठे थे, "छोड़ो अनवर मियाँ, मैं तो आज से इसकी उम्मीद ही छोड़ बैठा हूँ। दो साल से एक ही जगह डटकर बैठा है। क्या उम्मीद रखूँगा इससे ? पूत के पाँव तो पालने में ही नजर आते हैं।"

"अमाँ पूत के पाँव में ऐसी क्या खराबी है मास्टरजी, जो तुम यों उम्मीद का दामन छोड़ बैठे ? एक मौका और दो बच्चे को। भूल-चूक सुधार देगा अपनी। जमकर पढ़ाई करेगा।"

लेकिन मास्टरजी का उद्वेलन कम न हुआ, "हाँ, कर ली जमकर पढ़ाई। अभी से तो पर निकल आए हैं साहबजादे के। यार-दोस्तों से गप्पें लगाने, फिल्में देखने और जुल्फें सँवारने से फुरसत मिले, तब न जमकर पढ़ाई हो। एक मैं था, जो इसकी उम्र में अपनी पढ़ाई के साथ दो ट्यूशनें करता था और पिताजी का हाथ भी बटाता था।"

मास्टरजी जब-तब अपना अतीत याद करके बच्चों के सामने कुछ आदर्श-असूल रखने से चूकते न थे। पर उस वक्त कुन्दन अपने दुःख से ही लज्जित था। पिता की बातें सुनकर उसने दुहरा अपमान महसूस किया।

देखा जाए तो कुन्दन बड़ा चुप्पा-सा लड़का था। अपने काम-से-काम रखनेवाला। पिता को कम-से-कम शिकायतों का मौका देता था, पर पिछले वर्ष वह साइन्स में रह गया और इस वर्ष गणित में। इससे अधिक निराशा वह पिता को और क्या दे सकता है। उसका मन कहीं टिकता न था। रूपा के साथ जुड़ने के बाद, पिता ने जो कठोर रवैया अपनाया था, उसने भी उसे मानसिक रूप से क्लान्त और अनमना कर दिया था।

सुबह हीमाली ने जल्दी उठकर कुन्दन का दरवाजा खटखटाया। बेटा रात-भर भूखा रहा। सोचकर ही माँ का कलेजा दुःख रहा था। आखिर उसे भी तो फेल होने का दुःख होगा। क्या माता-पिता को ही बच्चों की असफलता से कष्ट होता है ? रात उसने पति को भी धीरज बँधाया।

दरवाजा कई बार खटखटाने के बाद भी न खुला। कुन्दन गहरी नींद में सोया था। वह थोड़ा घबराई भी कि पता नहीं क्या बात है, कुन्दन दरवाजा नहीं खोल रहा ? कहीं कुछ कर तो नहीं बैठा ?

मास्टरजी ने पत्नी को डाँटा, "तू तो सदा की मूरख रही। ये तो मेरे पल्ले पड़ी कि निभ गई। तुझे कम-से-कम इतना तो समझना चाहिए कि कुछ करनेवालों के पास दिमाग होता है, भला-बुरा, कुछ भी सोचने-बूझने का, जो तुम्हारे लाड़ले के पास नहीं है। उसकी जगह कोई दूसरा होता तो शरम के मारे रात-भर जागा रहता। लेकिन इनके ठाठ देखो, दोपहर तक घोड़े बेचकर सो रहे हैं साहब आराम फरमा रहे हैं..."

दोपहर भी ढल गई तो मास्टरजी के जहीन भेजे में ठोक-पीट होने लगी। आखिर गुस्सा कितनी देर टिका रहता ? एकाध बार दरवाजे की झिरी से चुपके-चुपके, पत्नी की नजर बचाकर, झाँक आए पर भीतर कुन्दन की फैली हुई टाँगों के सिवा कुछ भी नजर के घेरे में न आया। मास्टरजी का दिल अब बुरी आशंकाओं से डूबने लगा। दरवाजा तोड़ दे क्या ? मान लो लड़के ने सचमुच ही गुस्से में आकर कुछ कर-करा लिया

हो तो ? मगर वहाँ पर ऐसी तो कोई चीज भी नहीं थी ? कोई दवाई-अवाई तो वे बच्चों के हाथ लगने ही नहीं देते। अपने पास डिब्बे में बन्द करके रखते हैं।

भय और आशंका से मास्टरजी के आगे अँधेरा छा गया। टाँगे थरथराने लगीं। अप्रत्याशित को सूँघते ही चेहरे पर हवाइयाँ उड़ने लगीं। डाँटा तो उन्होंने ठीक, पर जवान लड़के पर हाथ नहीं उठाना चाहिए था। मगर मास्टर दयाराम करे भी क्या ? कलेजा तो उसी का जलता है जिसकी आस-औलाद नाकारा निकले। क्या ऐरे-गैरे की तरह तमाशबीन बनकर रह सकते थे ?

मास्टरजी ऊहापोह में पड़े रहे। बदहवास, क्या करें ? विवेक-बुद्धि ने ज्यों दामन झटक लिया। मन्द बुद्धि पत्नी ने ज्यादा साहस दिखाया। चन्दन को भेजकर अनवर मियाँ को बुलवाया। अनवर मियाँ जैसे भी हो, अल्लाह का नेक बन्दा है। कुछ सलाह-मशविरा देगा तो सहारा हो जाएगा।

अनवर मियाँ ने अनहोनी की गन्ध पाकर दरवाजे की चूलें निकाल ली। पुरानी लकड़ी के पट क्रीक-क्रीक की दर्द-भरी गुहार के साथ दो तरफ लटक आए और कमरे के बीचों-बीच बाँहें-टाँगें पसारे कुन्दन सोया पड़ा मिला। दीन-दुनिया से बेखबर ! मास्टरजी बिना दरवाजे की चौखट में जड़ा रह गया। स्तब्ध, मुँह से लहू की बूँद-बूँद निचुड़ी हुई, ज्यों किसी अदृश्य शक्ति ने शाप देकर पत्थर का बुत बना दिया हो। सदियों से एक ही जगह टिका हुआ प्राणहीन, ऊर्जाहीन पत्थर।

अनवर मियाँ कुन्दन के चेहरे पर झुक आया, नाक के पास चेहरा लाया, धड़कनों को टटोलने लगा। कुन्दन के माथे पर कोई शिकन न थी, शान्त स्निग्ध चेहरा। लम्बे बालों की घुँघराली लट माथे पर छितर आई थी। गोरे दूधिया चेहरे पर हल्की-सी ऐंठन ठहर गई थी जैसे बची-खुची तकलीफ अन्तिम बार चेहरे पर उभर आई हो ! यों वह गहरी नींद की मजबूत जकड़ में बच्चों-सा निष्पाप लग रहा था। सुख-दुःख, मान-अपमान से परे।

अनवर मियाँ ने दोनों हाथ माथे पर मारे और नमाज की अदा में कुन्दन के जिस्म के ऊपर झुक गया। मास्टरजी की पथरीली आँखों में हरकत हुई। सामने टेबल लैम्प का प्लग खुल गया था और उसमें से नंगे तार झाँक रहे थे। पत्थर के बुत से गरम पानी की धार बह निकली, खामोश, उबलती हुई धार, जो जिस धरती पर गिरती, अंगारे की तरह जलाकर राख कर देती, पर वह धरती पर गिरी नहीं, मास्टरजी के गालों से ढुलककर उन्हीं की छाती में जज्ब हो गई।

अनवर मियाँ एक तरफ मास्टरजी को सँभाल रहे थे, दूसरी तरफ इकट्ठा होते हजूम में किसी सयाने को पंडित के घर खबर करने का जुगाड़ कर रहे थे। लड़के की अन्तिम क्रिया के लिए थके बीमार कदमों से जुट गए थे।

जाहिर है, मुहल्लेवालों ने सहानुभूति जताई, दुःख प्रकट किया, आश्चर्य की मुद्राएँ बनाईं और प्रश्न भी पूछे।

"कल ही तो राधे की दूकान पर मुझे मिला था ?"

"रात देर तक मैंने भी कमरे में बत्ती जलाए बैठे देखा।"

"बीमार-वीमार भी तो नहीं रहा, फिर अचानक ही ?"

"हाँ मियाँ, अचानक ही।" अनवर मियाँ ने प्रश्न पूछनेवालों की जुबान बन्द करवा दी थी।

"मौत अचानक ही आती है मेरे भाइयो। पूछकर आती तो अपने जिगर के टुकड़े को आगे करने की बजाय मास्टरजी खुद अपनी जान हाजिर न कर देते ? आखिर बेटा था उसका। उसकी आस-उम्मीद। क्यों पूछ-पूछकर जिगर कौंच रहे हो माँ-बाप का ? एक्सीडेण्ट हो गया। बिजली का करेण्ट लग गया। मौत तो कोई बहाना ढूँढ़ती है..."

अर्जुननाथ अर्जीनवीस ने मखने से कहा, "मामला पुलिस-कचहरी का है। स्यूसाइड का केस है साफ। पुलिस से बचना आसान नहीं है। देखते जाओ..."

पंडित संसारचन्द ने भारी, साँस खींच ली, "विनाश काले विपरीत बुद्धि। बेचारे मास्टरजी की साढ़सती चल रही है। शनि के साथ भौम की युति है। बड़ा क्रूर योग है। मैंने पहले ही कहा था, कोई-न-कोई रंग दिखाकर रहेगा। उपाय भी बताया था। शनिवार को नियम से शनि मन्त्र एक सौ आठ बार पढ़े। पर मास्टरजी उपायों में विश्वास नहीं करता। अब तो भुगतेगा ही।"

अरुन्धती ने अवतारे को समझाया, "देखा अवे, क्या होता है मटरगश्ती करने से ? गँवा दी न जान अपनी ? कुछ मिला ?"

महीपे ने पाँचवीं कक्षा में पढ़ते रिण्टू से कहा, "देखो, कुन्दन जमकर पढ़ाई करता, तो बड़ा इन्जीनियर बनता, डाक्टर बनता, हवाई जहाज का पैलेट बनता..."

रत्नी हीमाली के पास गई और गले मिलकर रोई। कहा कुछ नहीं। घर आकर उसने रूपा से भी कुछ नहीं कहा। वह जानती थी, रूपा के जख्म भी गहरे हैं, उन्हें पुरने में वक्त लगेगा।

यों अनवर मियाँ भी मास्टरजी के कन्धे पर सिर रखकर जार-जार रोए थे उस दिन। लेकिन मास्टरजी पर उन्होंने कोई आँच न आने दी। पुलिस आई पूछताछ करने। किसी दुश्मन की कारस्तानी थी। मगर अनवर मियाँ चश्मदीद गवाह बन गए, और मास्टर-मास्टरनी को उम्र-भर के लिए गुलाम बना दिया।

"ये पुलिसवाले ! एक का घर जला, दूसरा नजारा देखने आया। वाह रे अल्लाह के बन्दो ! अरे, उसका जो नुकसान हुआ, वह कभी भरेगा ? जिगर में जो चाक हुआ, वह पुरेगा तुम्हारी तहकीकात से ?"

"एक पुलिस अपने अन्दर भी तो रहती है अनवर भाई। एक कठफोड़ा अपने भीतर भी तो टोंचता रहता है। उसका कोई क्या करेगा मेरे बिरादर ?"

अनवर मियाँ ने कुर्ते की बाँह से आँखें पोंछते मास्टरजी को तसल्ली दी, "सब होनी का खेल भैया ! सोच-सोचकर अपना दुःख ज्यादा न बढ़ाओ। बाल-बच्चों को डाँट-पीट तो होती ही रहती है। मैं क्या सलामे का तमाशा देखता हूँ ? अरे परसों ही जरा गली के छोरों से मारपीट की तो वो बिच्छू-बूटी छुआ आया कि तमाम पीठ पर फफोले उठ

आए। वो बुरा काम करे और मैं पराए आदमी की तरह आँख फेरकर चुप रहूँ ? ना भाई ना ! बोला उसी को जाता है जिसका दर्द हो जिगर में। अरे, इसी औलाद की खातिर कितनी रातें तुमने आँखों में काटी हैं ? सच को झूठ और अँधेरे को उजाला कहा है। अगर हाथ भी उठाया तो कौन कुफ्र हो गया ? दरअसल तुम्हारे साथ इतना ही लेन-देन था। यही समझकर तसल्ली करो।"

"लेन-देन इतना ही था तो कोई कितना भी सिर फोड़े, कुछ हो सकता है ? दाना-पानी उठ गया तो कोई अपना भण्डार खोल दे, तो भी कुछ बनेगा ?" माथे के बीचों-बीच अँगुली फिराकर किस्मत और भाग्य को सर्वोपरि मानकर अपने जख्मों पर आप ही फाहे रखनेवाले इसी गली में रहते हैं।

फिर भी यह सच है कि मास्टर दयाराम का अबरक-माँड से चमचमाता साफा उस दिन धूल में लोट गया था। मास्टरजी ने जब मटन जाकर लड़के की बारही कर ली, लौटकर साफा बाँधना सदा के लिए छोड़ दिया।

कुन्दन के साथ ही मास्टरजी के घर की रौनकें चली गईं। कुन्दन के यार-दोस्तों का हँसी-ठट्ठा, रात को देर तक कुन्दन की बाँसुरी के सोज भरे दिलों को चीरते सुर अब नहीं सुनाई पड़ते। मास्टरजी की बैठक में नियमित रूप से जमनेवाली गप्प-गोष्ठियाँ भी बन्द हो गईं। मास्टरजी कॉलेज से आते ही अपने कमरे में बन्द हो जाते, सभी राग-रंगों से विरक्त ! पत्नी से कभी-कभार कहते, "हीमाली ! कुन्दन ने जाने किस जन्म का बैर निभाया। मेरा मन गृहस्थ से ऊब गया है। सोच रहा हूँ हरद्वार जाकर गंगा के तट पर संन्यासी जीवन बिताऊँ। कुछ भी तो नहीं धरा है इन सांसारिक बन्धनों में ?"

गलीवालों की चिन्ता बढ़ने लगी। मर्द-मौतबर होकर मास्टरजी यों गम में घुलता रहेगा तो हीमाली जरूर किसी दिन चुपके से संखिया खा लेगी। टब्बर-टाबर सहमे-दुबके भला कब तक मातमदारी मनाते रहेंगे ? लेकिन मास्टरजी खुद ज्ञानी हैं, फिर पिता का जख्मी हृदय ! कौन समझाए, कैसे समझाए ?

अनवर मियाँ ने कण्ठ काका से मशविरा किया। काका बुजुर्ग हैं, धर्मात्मा, ज्ञानी और तिस पर जीवन-भर के अनुभव, ताप से तपी उमर। अनवर मियाँ ने हाथ जोड़े, "काका ! मास्टरजी को कुछ ज्ञान-ध्यान की बात सुनाओ। आखिर जिन्दगानी आगे पड़ी है, बाल-बच्चों को सँभालना है। कच्ची गृहस्थी है..."

काका दो महीने से शैया पर पड़े थे। वृद्ध शरीर, उस पर घुटनों में शाटिका की जानलेवा पीर। ठंड में घूमना-फिरना एकदम बन्द हो गया था। पर गली के समाचार आते-जातों से उन तक पहुँच जरूर जाते थे। उन्होंने अनवर मियाँ की बात पर गौर किया। वनमाली को आवाज दी। धुस्सा ओढ़ा, हाथ में लाठी ली और मास्टरजी के घर पहुँच गए।

हीमाली कण्ठ काका को देखकर सुबकने लगी। कण्ठ काका पत्थर तो नहीं थे, परन्तु गला खखारकर लरजती आवाज पर अंकुश लगा लिया, "हीमाली, पानी देना। और हाँ, बाद में तलख कहवा लेकर आ जाना। मैं बैठके में जा रहा हूँ।"

हीमाली कहवा लेकर आई तो काका ने दोनों को सामने बिठाया।

कण्ठ काका अपनी बात प्रायः किसी आख्यान या लोकोक्ति से आरम्भ करते थे। फिर उस आख्यान के सूत्र वर्तमान के साथ जोड़कर मतलब की बात पर आ जाते थे।

कुछ देर ध्यानमग्न बैठे रहने के बाद उन्होंने मास्टरजी को सम्बोधित किया, "दया, आज मैं तुम्हें छठे मनु चाक्षुष की कहानी सुनाता हूँ।"

मास्टरजी से थोड़ा हटकर हीमाली सिर झुकाए धरती पर बैठी थी, उसकी आँखों को ज्यों ढरका लगा था। आँसू रुक नहीं पा रहे थे। सिसकते स्वर में उसके कण्ठ से फूट पड़ा, "कहानियाँ ही रह गईं काका। कुन्दना तो रूठ गया... ?"

काका ने हीमाली के सिर पर स्नेह स्पर्श दिया, "मन पक्का कर लो बेटा। मोह-माया के जाल में फँसे प्राणी हैं हम। जितना ज्यादा मोह, उतना ज्यादा दुःख। तुमसे पहले भी कह चुका हूँ। सुनो, आँसू पोंछ डालो और कहानी सुनो। उसका इतना ही साथ था हमारे साथ। अकनन्दुन की कहानी नहीं सुनी ? ग्यारह वर्ष के बाद माता-पिता ने स्वयं ही उस जिगर के टुकड़े को काल के हाथों सौंपा न था ? और फिर कुन्दन बेटा एक चोला छोड़कर दूसरा चोला पहन चुका होगा। हम तो अपने स्वार्थ को रोते हैं।"

मास्टरजी ने काका के लिए चिलम भरी, और काका ने आख्यान शुरू किया।

"प्राचीन काल में एक महर्षि रहा करते थे, नाम था अनमित्र, पत्नी का नाम भद्रा। उन्होंने एक बड़े प्रतापी पुत्र को जन्म दिया, जिसे पूर्व-जन्म का ज्ञान तो था ही, भविष्य का भी पूरा ज्ञान था। एक बार माँ जब उसे गोद में खिलाकर बार-बार चुम्बन देकर स्नेह दिखा रही थी, बालक जोर-जोर से हँसने लगा। माँ ने आश्चर्य में पड़कर शिशु से हँसने का कारण पूछा तो बेटा बोला, 'माँ ! तुम्हारे इस स्नेह के अतिरेक पर मुझे हँसी आई। तुम नहीं जानतीं कि इस समय एक तरफ एक बिल्ली और दूसरी तरफ जातहारिणी मुझे हड़प लेने को तैयार है। ये स्वार्थवश मुझे अपना भक्ष्य बनाने के लिए यहाँ खड़ी हैं। उसी प्रकार तुम्हारा मेरे लिए यह प्यार भी स्वार्थवश ही है। अन्तर केवल इतना है कि ये मुझे अभी खा जाना चाहती हैं और तुम मुझसे बड़े होकर प्राप्त होनेवाले सुख-सुविधा की कामना करती हो। इस प्रकार दोनों मेरा उपयोग करना चाहते हो।'

"बेटे की बात सुनकर माँ को दुःख पहुँचा। उसने कहा, 'बेटा ! मैं सच्चे स्नेह के कारण ही तुम्हें प्यार कर रही हूँ। यदि तुम्हें मेरी भावना पर विश्वास नहीं तो मैं आज ही तुमसे प्राप्त होनेवाले सुखों का परित्याग करती हूँ।' यह कहकर माँ कमरे से बाहर चली गई।

"इधर ताक में बैठी जातहारिणी बालक को उठाकर राजा विक्रान्त के महल में सुला गई, वहाँ से रानी के नवजात शिशु को ले जाकर दूसरे घर में रख आई और उस बच्चे को खा गई। इधर राजा विक्रान्त अनमित्र के बेटे को अपना पुत्र समझकर पालन-पोषण करने लगे। बालक कुछ बड़ा हुआ तो आचार्य ने उपनयन संस्कार कराते हुए उसे कहा कि पहले अपनी माँ के पास जाकर प्रणाम कर आओ।"

"अनमित्र का पुत्र, जिसका नाम आनन्द रखा गया था, बोला, 'किस माँ को ?

जन्म देनेवाली माँ या पालन करनेवाली माँ को ?'

"बालक की बात सुनकर राजा-रानी को बड़ा आश्चर्य हुआ, दया ! होना ही था परन्तु तभी आनन्द ने उन्हें सभी रहस्य समझा दिया और कहा, "हे राजा ! संसार के सम्बन्ध ऐसे ही हैं। यहाँ मोह का कोई अवसर नहीं है। जीव जन्म लेता है और मनुष्यों का सम्बन्धी हो जाता है, पर मरते ही सब सम्बन्ध टूट जाते हैं। संसार के सभी सम्बन्ध क्षणिक हैं। उनमें स्थिरता नहीं है। हम अज्ञानवश ही मोह में पड़कर हर्ष और शोक मनाते हैं।"

"यह कहकर आनन्द ने राजा से वन में जाकर तपस्या करने की अनुमति माँगी। राजा विक्रान्त को जब मालूम पड़ा कि आनन्द मेरा असली बेटा नहीं है तो शीघ्र ही वन जाने की अनुमति दी। स्नेह में यहीं फर्क आ गया। सुन रही हो न, हीमाली ?"

"हाँ तो, आनन्द वन में जाकर घोर तपस्या करने लगा। उसकी तपस्या से प्रसन्न होकर ब्रह्माजी उसके पास आए और पूछा, 'हे बालक ! क्या कारण है कि तुम बाल्यकाल से ही तपस्या कर रहे हो ?'

"आनन्द बोला, 'हे भगवन् ! मेरी तपस्या का उद्देश्य है कि बन्धन के हेतुभूत जो मेरे कर्म हैं, उनका नाश हो जाए।'

"लेकिन दया, ब्रह्मा ने क्या उत्तर दिया, उसे ध्यान से सुनो। ब्रह्माजी बोले, 'हे वत्स ! अब तक प्राणी के पास कर्मों का संचय है, उसे कर्म करना ही है। उसे मोक्ष नहीं मिल सकता। तुम्हें छठा मनु बनना है। तुम अपने कर्म का पालन करो। तुम्हें मनु की मर्यादा-पालन करने से ही मुक्ति मिलेगी, वन में तपस्या करने से नहीं।'

"ब्रह्माजी के कहने पर आनन्द अपने कर्म में रत हो गए। गृहस्थ जीवन अपनाया। उनका नाम चाक्षुष पड़ा।"

कहानी समाप्त कर कण्ठ काका चुप होकर हुक्के के कश खींचते रहे। हीमाली-दयाराम मन्त्रमुग्ध से बैठे रहे। कमरे में खामोशी पंजे फैलाए ज्यों दम घोंटने की ताक में बैठी हो।

तभी शायद गली में खजियल कुत्ते को किसी शैतान छोकरे ने पत्थर मारा हो, क्याँऽऽ क्याँऽऽ की दर्द-भरी चीख सन्नाटे को चीर गई। कण्ठ काका ने कुछ चौंककर मास्टरजी को सम्बोधित किया, "इस कहानी में दो बातें हैं जो मैं तुम्हें बताना चाहता था। यों तो तुम प्रबुद्ध हो, समझ गए होगे। बेटी को बताता हूँ। एक यह कि बच्चों के प्रति स्नेह का अतिरेक यद्यपि स्वाभाविक है, पर उसका एक कारण हमारे उनसे भविष्य में सुख की आकांक्षाएँ भी हैं। ये आकांक्षाएँ हमारा स्वार्थ हैं। दूसरी बात यह कि कर्मों को भोगने के बिना कोई निस्तार नहीं। जीवन से भागकर किसी की मुक्ति नहीं।"

मास्टरजी बहुत दिनों से पत्थर हो गए थे। चुप, गूँगे, बहरे। काका की बातें सुनकर बच्चों की तरह फफककर रो उठे। काका ने आश्वस्ति की साँस ली।

छह

कुन्दन की मृत्यु से अवतारे को भी कम दुःख न हुआ। कुन्दन उम्र में उससे काफी बड़ा था, पर फिर भी उसका दोस्त बन गया था। पता नहीं क्या कारण था कि गली के सभी बच्चे कुन्दन को बेहद पसन्द करते थे। सुबह नौ बजे जब अवतारा, कन्धे पर बस्ता लटकाए, तेजे, बन्ते, शामूल वगैरह के साथ स्कूल जाता, उस वक्त अकसर कुन्दन गली के मुहाने पर आते या जाते मिलता। कन्धे पर तौलिया लटकाए, हाथ में साबुन की डिबिया और बाईं बाँह पर धुली हुई बनियान-चड्डी लिए हुए। तब तक वितस्ता में नहाकर लौट रहा होता।

देर से जागने की आदत थी उसे। तभी तो मास्टरजी ने चिढ़कर उसे 'उजाले का उल्लू' नाम दिया था। कुन्दन में छोटे-छोटे ऐब कितने भी हों, बच्चों से एकाध बात या मीठी छेड़छाड़ करना वह कभी भूलता नहीं था। 'सीधे स्कूल जा रहे हो बन्ते ? या गोल पार्क में गुल्ली-डण्डा खेलने ? बड़ी जल्दी घर से भगा दिया अवे। ऐ करीमे, तेरी पजामी गिर रही है। नाड़ा कसकर बाँध दे...'

अवतारे को उसका हँसकर बोलना अच्छा लगता, यहाँ तक कि उसका बाल छितराना और पीठ पर हल्की धौल जमाना भी सुहाता। बच्चे बल्कि इस होड़ में लगे रहते कि कुन्दन भैया उनके साथ छेड़खानी करे, कुछ भी चाहे करे, बोले, बतियाये। इसका कारण था कि वे कुन्दन के भक्त बन गए थे। अवतारा जिस दिन भाई के साथ, कुन्दन की माँ और माँ की चार सहेलियों के साथ सुधार समितिवालों की ओर से मंचित राजा हरिश्चन्द्र नाटक देखने गया, उस दिन से कुन्दन की कला से अभिभूत था।

कुन्दन की माँ बेटे से चार पास मँगाकर सहेलियों को मुफ्त नाटक दिखाने ले गई थी। माँओं के साथ तो, जाहिर है, छोटे टाबर रहेंगे ही। भला गाय अपनी दुम घर पर छोड़कर बाहर निकलेगी ? सो अवतारा, बन्ता, शामू, रिण्टू वगैरह चार-छह छोकरे भी माँओं के साथ लगकर नाटक देखने पहुँच गए। मंच पर कुन्दन रोहित बनकर आया तो पहचाना भी न गया। वो गले में चमकीली पन्नियों के आभूषण, सिर पर सुनहरा ताज, सचमुच के हार और बाजूबन्द दिखते थे। मरघट का दृश्य देखकर तो वनमाली काकी की आँखों से धार बनकर आँसू बह निकले थे। अवतारे की माई ने कहा था कि उसे अपना बेटा याद आ गया जो यदि जिन्दा होता तो रोहित की ही उम्र का होता। अवतारे को तो यह सब नहीं मालूम, पर जब साँप ने रोहित को काटा और वह पछाड़ खाकर मंच पर गिर पड़ा तो अवतारा भी डर व घबराहट के मारे रोने लगा। बिल्कुल मरा हुआ लगता था कुन्दन। साँस की उठान भी एकदम बन्द ! यदि अन्त में भगवान आकर रोहित को दोबारा जीवनदान न देते, तो अवतारा रो-रोकर बेहाल हो जाता, उतनी देर में ही उसके गले में साँस ज्यों अटकने लगी थी।

घर आकर अवतारे ने रूपा दी से कुन्दन की बड़ी प्रशंसा की। रूपा दी ने हँसकर कहा, "हाँ अवे, कुन्दन बहुत अच्छी ऐक्टिंग करता है। उसका गला भी बड़ा लोचदार

है। बड़ा होकर वह महान कलाकार बनेगा।"

उस वक्त अवतारा कुन्दन के बारे में ज्यादा न जानता था। बाद में उसने 'सत्यवान-सावित्री' नाटक भी देखा। उसमें कुन्दन सावित्री बना था। दुबला-पतला गोरा चेहरा तो था ही। दाढ़ी-मूँछ जरूर मुड़ा दी होगी। बाल भी बड़े मुलायम थे, घुँघराले। बड़े धीमे सुरीले सुरों से उसने कोई प्यारा-सा गाना गया था। वाह सावित्री, वाह कुन्दन भैया ! अवतारा भाव-विह्वल था। जरूर कुन्दन भैया आगे चलकर महान कलाकार बनेगा।

आगे रूपा दी से ही उसे मालूम पड़ा कि कुन्दन भैया पढ़ाई करके बम्बई फिल्म इन्स्टीट्यूट में भर्ती हो जाएगा। कुछ और भी कहा था, अवतारे को तो वह सब याद नहीं रहा। पर उसके जेहन में कुन्दन भैया को लेकर कई-कई तस्वीरें बनीं। कुन्दन भैया दिलीप कुमार और राजकपूर की तरह ऐक्टिंग करेगा। 'देवदास' बनेगा और 'आवारा' में राजकपूर की तरह "मेरा जूता है जापानी..." गाता फिरेगा। वाह ! क्या ठाठ होंगे ! होंगे क्यों नहीं ? उसने कितने नाटकों में अलग-अलग किस्म की भूमिकाएँ निभाई थीं।

रूपा गर्व से कहती, "कई पुरस्कार भी जीते हैं उसने।"

परन्तु यही पुरस्कार मास्टरजी की आँखों में कंकरी बनकर गड़ रहे थे। दरअसल नाटक-नौटंकियों में काम करना उन्हें बैठे-ठालों और निकम्मों का काम लगता था। वे तो कुन्दन के लिए बड़े-बड़े सपने सँजोये बैठे थे। वह मोतीलाल नेहरू की तरह बड़ा बैरिस्टर बनेगा, न तो रामचन्द्र सेठ के बेटे सोमनाथ की तरह चीफ इन्जीनियर बनेगा। बड़े-बड़े पुल बनाएगा, राष्ट्र की सेवा करेगा। वह सर्जन गंजू की तरह सफल डॉक्टर बनेगा। दीन-दुखियों की सेवा करेगा। देश-भर में क्या नाम कमाया है लड़के ने, लोग सदियों तक याद करते रहेंगे।

लेकिन यह सब पहले की बातें हैं। तब वह कुन्दन को पास बिठाकर समझाते थे कि आदमी उद्यम करे, तो क्या नहीं हो सकता। 'बर्थ नाट वर्थ शैल रूल मैनकाइण्ड' पर भाषण देते हुए वे बच्चों को समझाते कि मालूम है अब्राहिम लिंकन किसान परिवार से सम्बन्ध रखते थे और अपने लालबहादुर शास्त्री भी हमारे जैसे मध्यमवर्गीय परिवार में ही जन्मे थे...

बाद में बेटे के रंग-ढंग देखकर वे मन-ही-मन मान गए थे कि बनना-बिगड़ना शायद कर्मों के लेखे के हिसाब से ही होता है। हताश होकर मास्टरजी ने कुन्दन की जन्म-कुण्डली कई महापंडितों-शास्त्रियों से बँचवाई। लड़के के आसार देखकर उन्हें अपनी आशाओं पर पानी फिरता नजर आ रहा था। आठ बजे सोकर उठना, आधी-आधी रात तक औने-पौने लोगों की सोहबत में रहना, नाटक-मण्डलियों में ड्रामे करना, पढ़ाई के नाम पर दिन के चार घंटे कॉलेज में बिता आना। बस ! इसी दिनचर्या से कोई महान इन्जीनियर, डॉक्टर या बार-एट-लॉ बनता है ? सुभाष बोस, महात्मा गांधी और जवाहरलाल नेहरू इन्हीं तौर-तरीकों को अपनाकर बना जा सकता था ?

संसारचन्द पुरोहित ने जन्मते ही कुन्दन को जन्मपत्री बनाई थी। वे बहुत पढ़े-लिखे पंडित न भी हों, पर इतना उन्होंने भी कहा था कि बेटा मूल नक्षत्र में पैदा हुआ है।

माता-पिता पर भारी है। कर्म भी ऐसा करेगा कि माता-पिता को कष्ट पहुँचाएगा। उन्होंने कुछ उपाय बताए थे जिससे ग्रहों का कुप्रभाव कम हो। कुन्दन की माँ ने इसीलिए, जन्मते ही बेटे को तौलिए में लपेटकर श्रीगणेश के चरणों में अर्पित किया था, तब अरुन्धती को पचास रुपए की थैली, ढेर-सा सीधा, कपड़े वगैरह देकर उससे बेटे को 'मोल' ले लिया था। पचास रुपए कम नहीं होते थे उन दिनों। शनि की सुबह वे कुछ दान-पुन्न भी करती थीं। बेटे की बाँह में सात धातुओं का कड़ा भी पहना रखा था। पर कहा है न, होय वही जो राम रचि राखा !

कुन्दन मूर्ख न था, न ही घुन्ना था। हाँ, वह माता-पिता की आकांक्षाओं के संसार में पराए व्यक्ति की तरह, अटपटा महसूस करता था। वह उसका संसार नहीं था। वह अपनी ही दुनिया में विचरण करता था। पिता की महत्त्वाकांक्षाओं ने अकारण ही उसमें हीन भावना भर दी थी। गली के इतिहास और दर्शन से उसे जन्मजात चिढ़ थी। सुबह से शाम तक दूसरों की खुशियों और अपनी परेशानियों के अन्तहीन सिलसिले में व्यस्त और त्रस्त लोगों को हाय, आह, छिः, थू और कानाफूसियों से कभी तो फुरसत मिलती। अलाँ ने क्या किया, फलाँ ने क्या खाया ? रत्नी के घर आज कौन घुसा, संसारचन्द पुरोहित के घर में पूड़ी-प्रसाद का नाश्ता कितने दिन चला ? अर्जुननाथ की तिजोरी में कितनी पीढ़ियों का अल्लम-गल्लम पैसा जमा है ? रूपा पर माँ का रंग चढ़ रहा है या नहीं ? यहाँ तक कि बेचारे मौलवी के दिल की भी खोज-खबर जारी रहती, क्या पता कब किस हसीना पर दिल लुटा बैठे। बीमारों की दवा-दारू करते खुद ही मरीज न बन जाए ! कलाम ऐसे, और ऊपर से तुर्रा यह कि नयी पौध बिगड़ रही है, उसका भविष्य केवल ये बुजुर्ग लोग ही सँवार सकते हैं।

"साला, जब देखो, किसी-न-किसी के घर में टाँग घुसाई। अरे कोई इन नचने मोरों से यह तो कहे कि पहले अपने पैरों पर नजर डालें फिर दूसरों के गिरेबान में झाँक लें..."

अपने दोस्त सलामे से वह कहता, "यार ! अपने मुहल्ले में मेरा जी नहीं लगता। साँस लेता हूँ तो घुटन महसूस होती है। चल पड़ने को पाँव उठाता हूँ तो पाँव में सीसा भर जाता है..."

सलामा मस्तमौला है। यों अनवर मियाँ भी कम टोका-टोकी नहीं करते बेटे के मामलात में। पीढ़ियों से चले आते विश्वास के अनुरूप एक पिता बेटे की जिन्दगी बनाने-सँवारने के लिए नैतिक जिम्मेदारी जो रखता है। भले ही बुजुर्ग टोका-टोकी और वक्त-बे-वक्त भाषण पिलाने को ही पितृ-कर्तव्य पालन करने का अचूक नुस्खा समझ लें। कुछ बन गया बेटा तो पिता के गले में माला डलेगी, बिगड़ गया तो पूरा उत्तरदायित्व पूत का। लेकिन पूत भी तो एक अदद दिमाग रखता है, उसकी भी कुछ आकांक्षाएँ होंगी, शौक होगा, किसी खास तरह के काम में रुचि होगी, इसकी चिन्ता करना तो दूर रहा, बल्कि कभी कोई पूत अपनी रुचि-अरुचि जाहिर करने के लिए मुँह खोले तो घर भर का अनुशासन डावाँडोल हो जाता है। औलाद को बागी समझकर गुनहगार करार

दिया जाता है।

कुन्दन इसे सह नहीं पाता। सलामा सहता है, गोकि स्वीकार वह भी नहीं कर पाता। अनवर मियाँ इस बात का खास खयाल रखते हैं कि बेटा किधर जाता है, किसके साथ उठता-बैठता है ? यार-दोस्तों में कौन कितने पानी में है? सोहबत कैसी है? कहीं माइसुमा बाजार के चक्कर तो नहीं लगाने लगा ? आज तो लौण्डों की जरा-सी मसें भीग गईं कि खुद को जवाँ-मर्द समझने लगते हैं। क्या पता कब किसी फाहशा के चक्कर में पड़कर अपनी जिन्दगी बरबाद कर दें !

यह बस अनवर मियाँ मास्टरजी की तरह लम्बे-चौड़े वक्तव्य देकर मालूम नहीं करते, बस, मशीन पर झुके-झुके कनखियों से एकाध तीखी नजर डाल, बेटे के रंग-ढंग को सूँघकर ही जान लेते हैं। जहाँ भी दाल में कुछ काला नजर आया कि बड़ा संजीदा चेहरा बनाकर सुई में धागा पिरोने से लेकर, घर के दरी-नमदे झाड़ने तक का काम बेटे को थमाकर व्यस्त कर देते हैं।

"अरे सलामे, आज तेरी फूफीजान की चिट्ठी आई थी, बम्बई से। एकाध दिन में आ रही होंगी। (इस फूफीजान का चाहे अस्तित्व ही न हो पर उससे क्या ?) घर का हुलिया देखो, क्या कबाड़खाना बनाकर रख दिया है। जरा झाड़-पोंछ में हाथ बटा दो मेरा..."

सीटी बजाते हुए बालों की लट सँवारते सलामा, खतरे की साइरन सुनकर एकदम सतर्क हो जाता।

"लो, फँसा दिया न बेगार में ? अब्बाजान का बस चलता तो बुर्का पहनाकर मुझे कमरे में कैद कर देते..."

"अमाँ, चौबीस घंटे लौण्डा घर-घर दरबदरी करेगा तो कौन-सा नाम कमाएगा आगे चलकर ? यार-दोस्त तो अच्छी चीज है भई, मगर जरा हिसाब-किताब से चलना भी वाजिब है न ?"

लेकिन लौण्डे अपनी उम्र से मजबूर होते हैं, चढ़ती उम्र ऐसी ही होती है कि कुछ-न-कुछ खेल-करतब दिखाने को उतावली रहती है। दीन-जहान के तजुर्बों को सुनकर तसल्ली नहीं होती। किसी आड़े-मेड़ काम में हाथ डालकर वंचित फल चखने की जबरदस्त ख्वाहिश सीने में हर पल धुकधुकाती रहती है। यह बात सलामे के बारे में भी सच थी और कुन्दन के बारे में भी। सलामा अब्बाजान की बात दाएँ कान से सुनता, बाएँ से नहाते वक्त कान में घुसे पानी की तरह निकाल देता, लेकिन कुन्दन थोड़ा भावुक था, गोकि मास्टरजी की महत्त्वाकांक्षाओं से वह काफी दब गया था, उसके सीने पर बोझ-सा बना रहता। लगता कि वह सीधा कदम भी उठाए तो पिता उसमें कोई-न-कोई खोट देखते ही रहते हैं।

लेकिन फिर भी कुछ बातें ऐसी होती हैं कि लाख चाहो न हों, पर होकर रहेंगी। तिलिस्म की तरह घटती रंगीन घटनाओं के इन्द्रजाल और उसमें मकड़ी की तरह फँसते जाते बचनेवाले। कुन्दन के साथ भी यही हुआ। रत्नी चाची के घर उसका आना-जाना

न था, पर रूपा उसे स्कूल जाते-लौटते अकसर दिख जाती। एक ही उम्र के थे दोनों। एकाध बार कुन्दन ने पलटकर रूपा को देखा, सहेली के साथ बतियाती हुई जा रही थी कि उसे देखकर जरा-सा मुस्कराई-भर। वह जरा-सी मुस्कराहट जाने कौन-सा तिलिस्म कर गई कि कुन्दन के भीतर सोया-सा उमगकर जाग उठा। एक बेचैन-सी अलसाई इच्छा, जिसका चेहरा वह खुद नहीं पहचान पा रहा था। वह एक पाक इबारत थी, भाव-भीनी कविता, जिसकी लय-गूँज वह अपनी नस-नस में महसूस कर सकता था। पर जिसे वह पढ़ नहीं पा रहा था। कुन्दन उदास भी था और कुन्दन बेहद चंचल, खुशी से लबरेज भी था !

रात को खिड़की पर बैठकर बेहद सुरीली आवाज निकालकर वह बाँसुरी बजाता ज्यों दूर कहीं बाँसवन में भीनी हवा इठलाकर गुजर रही हो, ज्यों चिनार के नक्काशीदार पत्तों में छिपी गुग्गी पी को गुहार रही हो। वह एक अनोखा रंग था। प्यार का रंग जिसमें सभी आकृतियाँ घुलकर एक कोमल भीने भाव को इन्द्रधनुषी आकार दे गए थे, जो छुओ तो झड़ जाती थी, न छुओ तो हजार हाथों से आमन्त्रित करती आतंक-भरी इच्छा से पागल बना देती थी।

कुन्दन तब अपनी गली में रहकर भी घर-मुहल्ले से कोसों दूर रहने लगा था—बेहद हल्का, रुई के फाहे-सा वह नीले-उजले बसन्ती आकाश के पंख फैलाकर उड़ता रहता। रूपा...रूपा...रूपा...। वहाँ वसन्त के मादक बौरों की सुगन्ध थी ज्यों 'नवरेह' पर बागों में बादाम और आड़ू के गुलाबी-सफेद सुगन्ध-भरे बौरों की पुष्पवर्षा हो रही हो, और वे दोनों भीग रहे हों। कभी वह रूपा के कमरे में झाँक आता, कभी उसकी अधमुँदी पलकों को ढिठाई से चूम लेता। रूपा नींद में मुस्कराती और बाँहे फैलाकर उसे समेट लेती। कुन्दन का दिल इतनी जोर से धड़कता कि वह डर जाता—कहीं उसका दिल छाती फोड़कर बाहर न आ जाए। वह पसीना-पसीना हो अपने पंख समेट लेता और खुद को अपने कमरे में लेटा हुआ पाकर रजाई में दुबक जाता।

बाद में, कुन्दन ने रूपा को अपने निशा-दिवा सभी स्वप्न बता दिए थे। बीच में कोई परदा न रखा था।

रूपा हँस पड़ी थी, "बहुत सपने देखते हो क्या ?"

"देखता तो हूँ।" कुन्दन ने ईमानदारी से स्वीकार किया।

"अच्छा बताओ, बादलों के झूले भला कैसे होते हैं ?" रूपा चिढ़ाने के अन्दाज में पूछती।

"तुम कभी नहीं झूलीं ?" कुन्दन तो पगला गया था।

"मैं तो सचमुच के झूले में भी कभी नहीं झूली कुन्दन। हाँ, भला हो माँ का, जो बचपन में मेरे लिए एक रंगीन खटोला लाई थी, जिसमें लम्बी डोर बाँधकर वह काम के वक्त, दूर से खींचकर मुझे झुला लेती थी। इस झूलने से दो फायदे होते थे, मेरे झूलने का शौक भी पूरा हो जाता और माँ का काम भी निपट जाता।"

रूपा कुन्दन को आसमान से जमीन पर खींच लाती। कुन्दन उलझ जाता। मोहभंग

की स्थिति में खोया, उदास और अनिश्चय से लबरेज। रूपा तब धीमे-से उसका हाथ अपने हाथों में ले लेती। उसका सिर अपने सीने पर झुकाकर सहलाती। कुन्दन अचीन्ही, मीठी उत्तेजना में पगला जाता। जाने किस घड़ी कुन्दन की प्यास उसके इर्द-गिर्द चुनी दीवारों को भहराकर ढहा गई और वे गहरी आत्मीयता में एक-दूसरे में जज्ब हो गए। रूपा कुन्दन के सिवा दुनिया भूल गई। कुन्दन कुछ दिन गुमसुम रहा। रूपा चुप्प, गूँगी। ज्यों अपने-आपसे, अपने जमीर से लड़ रही हो। निर्णय लेने का अधिकार उन्हें नहीं था। ये तो वे उन्माद के पलों में भूल ही गए थे। यह दीगर बात है कि अधिकार कर्तव्य के फलसफे पर विचार-विमर्श करने के बाद वह एकात्म सम्बन्ध नहीं बनता जो सामाजिक संस्कारों, मूल्यों, मान्यताओं की कसौटियों पर कभी खरा नहीं उतरता। रूपा यह बात जानती थी कि हृदय के पूर्ण समर्पण के साथ कही बात ही सच होती है, शेष सब छलावा। क्योंकि तर्क-कुतर्कों के बाद जो हम कहते हैं उसमें हमारा परिवार, हमारा समाज होता है, पर हम नहीं होते। ऐसे सच पर रूपा को यकीन नहीं था। रत्नी चाची बेटी की तकलीफ समझ गई और उसे छाती से चिपकाकर उदास हो गई, "बेटी, तेरी किस्मत में शायद दुःख ही लिखा हैं। दयाराम मास्टर कभी मेरी बेटी को अपनी बहू बनाने के लिए तैयार न होगा। फिर भी मैं बात करूँगी..."

मास्टरजी रत्नी से चिढ़ते तो थे पर घर-आई महिला का अनादर करना उनके संस्कारों में शामिल न था। इसी कारण रत्नी चाची एक अप्रिय स्थिति के बीच गुजरने से बच गई। मास्टरजी ने रूपा या रत्नी को दोष न देकर अपने भाग्य को ही कोसा, "कुन्दन से मेरी बड़ी आशाएँ थीं, पर यह लड़का अभी से गलत सोहबत में पड़कर मेरी हर आस पर पानी फेर गया। उसका भी क्या दोष ? मेरे ही पूर्व कर्म खोटे होंगे।"

रत्नी चाची में गजब का हौसला था, तभी वह दयाराम मास्टरजी के सामने रूपा-कुन्दन के प्रेम-प्रसंग की बात चला सकी, "बच्चे छोटे हैं अभी। मास्टरजी, पर विधाता ने शायद इनकी जोड़ी रच ही दी होगी। शादी-ब्याह की बात तो अभी हो नहीं सकती। पढ़-लिखकर दोनों अपने पैरों पर खड़े हो जाएँगे, तब देखी जाएगी। फिलहाल, आप इजाजत दें तो वाक्दान कर लेते..."

दयाराम मास्टरजी रत्नी चाची की बात गोकि बड़े धैर्य से सुन रहे थे, उनके माथे की नस गुन्दुमी जिल्द के भीतर से फड़कती हुई नजर आती थी। कानों में ज्यों किसी हादसे के रले-मिले अर्थहीन स्वर भिन्ना रहे थे। यह कितना बड़ा उपहास था उनके उच्च विचारों और महत्त्वाकांक्षाओं का कि एक मामूली-सी अनपढ़ स्त्री उन्हें बच्चों के प्रति कर्तव्य-अकर्तव्य का पाठ पढ़ा रही थी। अपनी मुर्गी बद न हो तो दूसरे के घर अण्डा देने क्यों चली जाए ? रत्नी को उन्हें पढ़ाने का मौका तभी न मिला जब अपना बेटा ही पगड़ी उतारने पर कमर कस बैठा।

मास्टरजी मन-ही-मन क्रोध से उफन रहे थे। उफान का कारण रत्नी चाची का भोला-सा वाक्य था, "आप प्रबुद्ध हैं मास्टरजी, आप जानते हैं बच्चे एक-दूसरे के बिना रह न पाएँगे। कल को कोई नई मुसीबत खड़ी न हो जाए, इसीलिए छोटे मुँह बड़ी बात

करने आई हूँ...”

रत्नी चाची ने परोक्ष रूप से मास्टरजी की बेटी तारा की ओर संकेत किया था। उनके घाव पर नमक ही नहीं बुरक दिया बल्कि समय रहते चेत न पाने के कारण उन्हें दृष्टिहीन भी बता दिया।

मास्टरजी बुझे मन से बोले, “मुझे बेटे को मजनूँ-फरहाद बनाने का कोई नेक इरादा नहीं है रत्नी भाभी। उसे देश के लिए कुछ करना है, कुछ बनना है, सो किसी भी बड़े काम के लिए कुर्बानी देनी ही पड़ती है।”

दयाराम मास्टर ने फैसला दे दिया। सही-गलत, विवेकपूर्ण या आँख-कान मूँदे। बात मुँह से निकली तो पत्थर की लकीर हो गई। मास्टरजी टूट सकते थे पर झुकना उन्होंने नहीं जाना था। फिर उनके सामने रूपा-कुन्दन का मेल-मिलाप बच्चों का खेल था। उम्र भी क्या थी ? ऐसी छोटी-छोटी बातों के लिए जिन्दगी के बड़े असूलों की कुर्बानी नहीं दी जा सकती थी।

उनके सामने जो महत्त्वाकांक्षाओं के स्वर्णिम कलश-कंगूरे रहा करते थे उनकी चौंध इतनी तेज थी कि रोजमर्रा की जिन्दगी में घटती यह छोटी-छोटी बातें बिल्कुल ओछी जान पड़ती थीं। स्वार्थ से भरी निम्नताएँ, इन्हें वे बढ़ावा कैसे दे सकते थे ? कुछ कर पाने की उम्र तक लड़का आते ही गली के कुत्ते की तरह इधर-उधर मुँह मारने लगा। छिः, ऐसे पूत से मास्टरजी को क्या उम्मीदें हो सकती थीं ?

लेकिन कुन्दन-रूपा विरोध और प्रतिकूल वातावरण पाकर दूर होने की बजाए पास खिंचते गए। एक-दूसरे के करीब आने की कोशिशों में वे भूल गए कि एक दूसरे के सम्बल के बिना भी उनका कोई सहारा है। वे ज्यों युद्धक्षेत्र में दुश्मनों से घिरे हों और एक-दूसरे से चिपककर जिन्दा रहने का हक माँग रहे हों।

उन्हीं दिनों एक रात कुन्दन ने सपना देखा। रूपा के साथ, दूल्हा बना वह मण्डप में सजा बैठा है, दुल्हिन फूलों से सजे बिछौने पर सिमटी बैठी है, अपनी खामोश उपस्थिति में हजार आमन्त्रण लिए। वह किसी अदृश्य डोर से खिंचा पास आकर घूँघट उठाता है। लेकिन, यह क्या ? अचानक रूपा का चेहरा गायब हो जाता है, उसकी जगह लाश का फूला हुआ विकृत चेहरा है जिस पर दो आँसू सूखकर चिपक गए हैं।

कुन्दन नींद में चीखकर जाग गया। कॉलेज जाने से पहले ही वह रूपा से मिला। वह उसे देखना चाहता था, किसी अशुभ की आशंका उसे त्रस्त किए जा रही थी।

रूपा ने पहले तो बेरुखी दिखाई। कॉलेज न जाकर रूपा से मिलने में क्या तुक ? फिर रूपा तो कभी अपनी पढ़ाई नहीं छोड़ती।

कुन्दन का चेहरा मुरझाया हुआ था, आँखें ज्यों रात-भर में ही कोटरों में धँस गई हों।

“रात बहुत बुरा सपना देखा। मुझसे रहा न गया।” वह अचानक अपराधी बन गया। उसने रूपा को सपना सुनाया।

“मैं तुम्हारा चेहरा देखना चाहता था। उसे महसूस करना चाहता था...”

कुन्दन की आवाज काँप गई थीं, दुबला जिस्म ज्यों ज्वर से तप रहा हो। अचानक रूपा ने उसे बाँहों में भींच लिया। कुन्दन के नीले पड़ते होंठों को काँपते होंठों से ऊष्मा दी थी। रूपा पर पहली बार पागलपन का दौरा पड़ा था। उलझन, उतावलापन, और एक-दूसरे में समो जाने की पागल उत्कण्ठा, बाकी सब महाशून्य में विलीन हो गया था। चढ़ती उम्र के ताप में तपे कुछ क्षण, और वे भूल गए थे कि कुछ चीजें वर्जित होती हैं, कुछ हरकतें तकलीफ का कारण बनती हैं, और सुख के चरम सोपानों से उतरकर गहरे गड्ढों में गिरने की तमाम सम्भावनाएँ होती हैं। लेकिन वह सब तब महसूसा जा सकता था जब सोच के द्वार खुले होते।

उलझ आए बालों को कानों के पीछे सँवारते रूपा ने धड़कते दिल से स्वीकार किया था, "शुभ-अशुभ का मुझे ज्ञात नहीं कुन्दन ! मैं इतना ही जानती हूँ कि मैं तुम्हें प्यार करती हूँ। किसी दूसरे को कभी प्यार कर सकूँगी, ऐसा मैं अभी सोच भी नहीं सकती। मैं लैला, शीरी या हीमाली होने का दम नहीं भरती, पर किसी ने कहा है कि आदमी से प्यार करने के बाद भगवान से भी प्यार करना कठिन हो जाता है, मेरा वही हाल है।"

कुन्दन बोलना चाहता था पर शब्द उसकी पकड़ से छूटे जा रहे थे। ऐसा कोई शब्द था भी तो नहीं जो उसकी भीतरी हरहराहट को जुबान दे सकता। ठंडे पसीने से तर हाथ उसने रूपा की बाँह पर रख दिया था। बस, और कुछ नहीं। रूपा की पलकें भीग गई थीं। कभी अबोल भी शब्द-शक्तियों की सीमा का उल्लंघन कर जाता है। पुचकारते से स्वर में उसने कुन्दन को उबारा था, "लेकिन, फिर भी तुम मन को मजबूत करो। बाबू की इच्छा पूरी करो। हम लोग प्रतीक्षा कर सकते हैं। और सुनो, बहुत सपने मत देखा करो। सपने दुःख पहुँचाते हैं। सपने सच्चाई से दूर कर देते हैं।"

सात

गलीवाले शायद सपने रात को भी न देखते, या देखते तो सुबह होने तक उन्हें भूल जाते; क्योंकि उन्हें काफी कुछ याद रखने की हिदायतों के साथ बहुत कुछ भूलने का मन्त्र भी पढ़ाया जाता था। सपने भूल जानेवाली चीजें थीं।

यों गलीवालों को स्वप्न-फल जानने की जिज्ञासा भी कम न थी। कभी-कभी लच्छी काकी या हीमाली डरावने सपने देखतीं तो भागी-भागी संसारचन्द पुरोहित के पास स्वप्न-फल जानने आ जातीं। खाली हाथ थोड़े ही ? थाली में चावल, फल, नमक, एकाध रुपया वगैरह-वगैरह फीस के रूप में रख आतीं। संसारचन्द अपने महत्त्वपूर्ण आसन पर विराजकर पोथी-पत्रा निकालते और गम्भीर मुद्रा धारण कर सपने का ब्यौरा सुनते ! घड़ी, पल, नक्षत्रों वगैरह की स्थिति मालूम कर वे सोच में डूबे छुटपुट प्रश्न करते, 'हूँ, सपना रात के किस प्रहर में आया ?'

'तो तुमने सपने में शव देखा ! शव याने मृत्यु !' माथे पर त्रिपुण्ड डाले वे उँगलियों के पोरों पर कई नक्षत्रों-ग्रहों को उलट-पलट निष्कर्ष निकालते, 'हीमाली ! तुम सौभाग्यशालिनी हो, मृत्यु का अर्थ इस घड़ी में उलटकर जीवन हो जाता है ! मास्टर भाई लम्बी उम्र जीएँगे। दस-बीस साल ! लच्छी काकी, तुमने सपने में नाग देखा था न ? शंकर भगवान तुम पर कृपालु हैं, धन्य भाग तेरे !'

ग्रहों-नक्षत्रों के प्रभाव में तो उनका अटूट विश्वास था ही था, स्वप्न-फल के विषय में भी उनको पक्का यकीन था। कुग्रहों और अशुभ स्वप्नों के प्रभाव को कम करने के लिए संसारचन्द कई उपाय बताते जरूर, परन्तु साथ ही भेद-भरे अन्दाज में यह भी कहते कि बुरे स्वप्न देखो तो सुबह उठकर वितस्ता की लहरों को सुनाया करो, किसी व्यक्ति को मत बताया करो। अपनी वितस्ता माँ बड़ी उदार, पापनाशक, कष्ट-निवारक, और सहनशीला है, वह अपनी सन्तानों के दुःख-सन्ताप अपने साथ बहाकर ले जाती है।

ऐसी स्थिति में कोई स्वप्न देखता भी तो पौ फटने से पहले ही उसे वितस्ता माँ को सुनाकर भूल जाता।

हाँ, गली में अर्जुननाथ अर्जीनवीस एक ऐसे व्यक्ति थे जो अकसर सपने देखते थे, और उन्हें बड़ी कोशिशों के बाद भी न भूल पाते थे। उनके सपने होते भी थे बड़े डरावने, चोर-उचक्कों के, डाकू-हत्यारों के। किसी रात वे अपने को रक्त-सनी नदी में डुबकियाँ लगाते देखते, कभी लच्छी काकी का कटा हुआ सिर तिजोरी के पीछे छिपाकर रखा हुआ। सुबह, नींद खुलते, उनका शरीर पसीने से तरबतर होता, जुबान हकलाई हुई। कभी-कभी तो वे आधी रात चीख मारकर जाग जाते और नींद में बेसुध पत्नी को डुला-डुलाकर जगाते। पत्नी 'क्या बात है' कहती जब उनके डर-वहम पर महज एक अलसाई आवाज निकालकर करवट भर बदलती तो वे पत्नियों की मूर्खता को कोसते हुए गिरते-पड़ते उठकर जंग-लगी सन्दूकची को अँधेरे में ही टटोलने लगते।

सन्दूकची को चिथड़े-चाथड़ों से लिपटी, मुँह-ढकी लाजवन्ती बहू-सी आज्ञाकारिणी पाकर वे कुछ-कुछ आश्वस्त होकर पत्नी के बगल में लेटते और उसे अपना स्वप्न पुराण सुनाना चालू कर देते।

रोज एक जैसे स्वप्न सुनकर लच्छी काकी आँख-कान मूँद 'शिव-शिव' या 'हरि ओं' भर उच्चारती। पर अर्जुननाथ दो-चार हिदायतें देते ही रहते। 'अब सुन, यह सपना किसी सहेली-वहेली को मत बताना। तुम्हारी अक्ल का कोई भरोसा तो है नहीं ! (यों अक्ल अगर किसी के पास दोनों में से थी, तो वह लच्छी काकी के पास ही थी, बहरहाल।) स्वप्न-फल जानने के बहाने अरुन्धती को भी मत बताना ! शनिवार को पीली ताहरी बनाकर पंछियों को खिलाना बस। क्या पता तुम्हारी बातों से लोगों को हमारी तिजोरी का सुराग लग जाए। आदमी की नीयत बदलते क्या देर लगती है ?'

अर्जुननाथ अर्जीनवीस निराले मुहल्ले में भी एक छँटी हुई रकम थे। लम्बी -ऊँची डील-डौल (पर मर्दानगी नदारद) मुँह जरूरत से ज्यादा लम्बोतरा, और उस पर मुहर्रमी गम्भीरता हरदम हावी। होंठ कुछ इस तरह लटके हुए कि देखनेवाले को लगे, बस, अभी

बुक्का फाड़कर रो लेंगे। यों रोनेवाली कोई बात नहीं थी। घर में पुरखों का ही जमाया-बटोरा इतना ज्यादा था कि अर्जुननाथ 'दोऊ हाथ उलीचते' तो भी हाँडी-देगों के तले में कुछ-न-कुछ चिपका बचा रहता। पर अर्जुननाथ बेचारे खर्च करें भी तो किस पर ? कोई आस-औलाद हो, तो न आदमी उस पर जमी दौलत लुटाने का सुख भोगे। उसे पढ़ाए-लिखाए, स्कूल-कॉलेज भिजवाए, मुण्डल-जनेऊ, शादी-गौने में दिल खोलकर खर्च करे और दिल का हुबाब निकाले। पर अर्जुननाथ की खोटी किस्मत तो कायेले से लिखी गई है।

यों मुहल्ले में कोई यह बात नहीं मानता कि पंडित अर्जुननाथ के भाग्य में कोई खोट है। अगर खोट कहीं है तो उनके भेजे में। पर यह बात सामने कहनेवाली नहीं, पीठ-पीछे तो राजा-महाराजाओं की भी ऐबत-गैबत होती रहती है, फिर अर्जुननाथ के बारे में तो बात इत्ती सच्ची है जित्ता पूर्व में उगता सूर्य भगवान।

संसारचन्द पुरोहित कहते हैं कि अर्जुन के जीवन में एक बार भाग्योदय अवश्य होगा। कुम्भ राशि में जन्म लिया है। सन्तान पक्ष के कारण कष्ट है। बात को गुप्त रखेगा। राशि का स्वभाव है। स्वभाव में थोड़ी ईर्ष्या भी झलकेगी कभी-कभी, पर मन इनका बड़ा दयालु होता है। दीन-दुखियों की सहायता करते हैं...

'दयालु ?' संसारचन्द की बात सुनकर महीपा आँखें अविश्वास से इतनी जोर से फाड़ता है कि डर लगने लगता है, कहीं वे पपोटों समेत बाहर न कूद आएँ।

अविश्वास की बात है भी। अर्जुननाथ का दयालुपन तो किसी ने आज तक देखा नहीं। हाँ, दीन-दुखियों की सेवा के नाम पर वे गली के खजियल कुत्ते को सुबह अपनी रोटी में से एक-चौथाई भाग तोड़कर खिलाते अवश्य हैं, इससे सेवा भी हो जाती है और अर्जुननाथ के परम्परागत विश्वास के अनुसार परलोक भी सुधर जाता है। तभी न वे महीपसिंह, अमरनाथ, यहाँ तक कि मास्टरजी को भी कभी-कभार, इस-उस बात के बहाने, उस अभिमानी राजा की बात याद दिलाते हैं, जो परलोक सुधारने के लिए बहुत दान-पुण्य करते अहंकार का शिकार हो गया। मृत्यु के बाद, आशा के विपरीत स्वर्ग के बदले नरक के द्वार पर पहुँचाया गया तो धर्मराज को अपने दान-पुण्यों का हवाला देते पूछा, 'महाराज ! मैंने जीवन में इतना दान-पुण्य किया, दिल खोलकर जरूरतमन्दों में अपनी तिजोरियाँ लुटाईं, क्या कुछ भी मेरे काम न आया ?'

धर्मराज ने दान-दक्षिणाओं की लम्बी-चौड़ी फेहरिस्त पढ़ी, सुनी और अपना सिर नकार में हिलाया, 'नहीं, कुछ भी काम न आया। क्योंकि तुम्हें दानी होने का अभिमान हो गया था।'

लेकिन तभी, वह राजा गहन निराशा से उदास और खिन्न होकर नरक की ओर प्रस्थान करने लगा, धर्मराज ने खेल के रेफरी की तरह 'हाल्ट' की आज्ञा देकर सेवकों से कहा, 'बस करो ! राजा ने नरक के दर्शन कर लिए। इतना काफी है, अब इन्हें सादर स्वर्ग की ओर ले चलो।'

"पूछो क्यों ?" अर्जुननाथ अपने श्रोताओं की मन्त्र-मुग्धता में खलल डालकर

प्रश्न करते।

"हाँ क्यों ?" अभिभूत श्रोतागणों के मुँह से सामूहिक 'क्यों' निकल पड़ता।

"क्योंकि राजा अनजाने प्रतिदिन सुबह कुत्तों को रोटी खिलाता था। और इस धर्म को बहुत छोटी बात समझकर वह नजरअन्दाज कर गया था। तभी न उसने इस धार्मिक कृत्य को अपने दान की लम्बी-चौड़ी फेहरिस्त में शुमार नहीं किया था। परन्तु आश्चर्य। यही अभ्यासवश किया गया पुण्य आड़े वक्त उसके काम आ गया।"

महीपे को वक्त-बे-वक्त छछूँदर छोड़ने की पुरानी आदत है। बिना सोचे, बिना लिहाज मुरव्वत में पड़े, उगल दिया, "मगर पंडित, तुम तो ले-देकर कुत्ते को एक-चौथाई हिस्सा रोटी का देते हो, सो भी दिन में दस बार गिना लेते हो, तुम्हारे लिए स्वर्ग का दरवाजा कौन खोलेगा ?"

जाहिर है अर्जुननाथ को बुरा लगता है। काने को काना कहो तो कौन खुशी होगी उसे लेकिन गली का एक अदब है। मैंने कहा न, ठट्ठा-मखौल चलता रहता है। बुरा-भला जो भी लगे, वह दिल के भीतर की बात है, ऊपर से हा-हा ही-ही में गुस्सा-नाराजगी को उड़ा दिया जाता है। जहाँ बात जरा गहरी चुभी, वहाँ मौका ढूँढ़कर ईंट का जवाब पत्थर से देने की तरकीबें भी सोची जाती हैं।

लेकिन इस सबके बावजूद अर्जुननाथ का दुःख कम नहीं है। यह बात कोई माने-न-माने, लच्छी काकी जानती है। बच्चा न होने का दुःख ! मरते समय मुँह में गंगाजल डालनेवाला और कन्धा देकर घाट पहुँचानेवाला, मृत्यु के बाद श्राद्ध-क्रिया करनेवाला कोई तो हो, नहीं तो यह जन्म गया सो गया। परलोक में भी दुर्गत ही बननी लिखी है।

अर्जुननाथ की अर्धांगिनी लच्छी काकी यह सब जानती है, महसूस करती है। अरुन्धती उसकी पक्की सहेली है, वह कहती है, "लच्छी क्या ललदेवी से कम है ? सती-साध्वी भली औरत ! जब तक सास थी तब तक सुबह-शाम बाँझपने के कोसने सुन-सुन बर्फ के डले की तरह गलती गई। लेकिन लज्जावती ने कभी मुँह उठाकर जवाब न दिया कि कभी अपने बेटे में भी कोई खोट देखा करो।"

भली औरत। अवतारे में तो प्राण बसते हैं लच्छी काकी के। जो भी पकाती है, कटोरे में अवतारे के लिए रख आती है। उसे वह ढेर-सी कहानियाँ सुनाती है, अकनन्दुन की कहानी, सोनकिसरी की कहानी, ललदेवी की कहानी। छुटपन से ही उसके पल्लू से लगा रहा वह भी। 'सुनाओ कहानी काकी,' अवतारे को भी कहानी सुनने का खब्त है। काकी काम करते वक्त झुंझला जाती पर मन के भीतर जो गुलाब खिलते हैं, उसका क्या करे लच्छी माँ ? झटपट हाथ धो-धाकर अवतारे को पास बिठाती है। तपी काँगड़ी के ऊपर फिरन का दामन खींच अवतारे के ठंडे नन्हे-नन्हे हाथ-पैर हाथों में लेकर सेंक देती है। तब कोई-न-कोई कथा उसे याद आ ही जाती है। अवतारा भी मुग्ध मेमना-सा भोली आँखों से निहारता है और काकी की कहानियाँ सुनता जाता है।

"हाँ तो अवे, लल्ली ने बारीक सूत काता, महीन सोने के तार-जैसा। पर सास ने

देखा तो मुँह बना लिया, 'यह कता हुआ सूत है ? इत्ता मोटा ? यही सिखाया है माँ ने ? इत्ती धींगड़ी हो गई पर जरा-सा सूत कातना न आया...'

"सास स्वभाव से ही क्रोधी थी। उसने क्या किया। उठाके कती हुई पूनियाँ दे मारीं खिड़की के बाहर, सामने ताल में। लल्ली को दुःख हुआ। कितना तो मन लगाकर, कमर दुहरी कर, लगी थी वह सूत कातने में ! पर क्या करती ? सास के सामने मुँह थोड़े खोल सकती थी ? भारी मन से सो गई। सुबह नींद से उठी तो मालूम है क्या देखा ?"

"क्या देखा काकी ?"

"देखा, ताल में कमल और कमलककड़ी के खेत उग आए हैं। ऐसा-ऐसा कमल कि देखकर आँखें ठंडी हो जाएँ, आत्मा आनन्द से भर जाए..."

लच्छी काकी आनन्दविभोर होकर आँखें बन्द कर लेती, उसकी आँखों के आगे बन्द कमरे में भी कमल के खेल लहलहा उठते। अवतारा, घुटने पकड़कर डुलाता, "कहाँ से आए कमल काकी ?"

"ऐंऽऽ। तुम नहीं समझे ?" काकी आश्चर्य से अवतारे को देखती, "यह तो उन्हीं कती हुई पूनियों की जगह उग आए थे बेटा। कमलककड़ी तोड़कर देखो,उसमें लम्बे-लम्बे बारीक बाल निकलेंगे। यह लल्ली का काता हुआ महीन सूत ही तो है।"

सूत और कमलककड़ी में तारतम्य न बिठा सकने की झुँझलाहट में अवतारा विषयान्तर कर देता।

"यह सभी सासें दुष्ट होती हैं क्या काकी ? माई कहती है तुम्हारी सास भी..."

"नहीं रे, मेरे बाल-गोपाल !" काकी अवे को अधबीच ही टोक देती, "सासें तो माँ के समान होती हैं लाल ! तेरी माई भी तो सास है। जवा की दुल्हिन को कितना प्यार करती है।"

भाभी को प्यार ? अवतारे ने कभी माई को भाभी से प्यार से बतियाते नहीं देखा। बल्कि जब कभी बड़े पर्वों पर बहू के मायके से शगुन का सामान आता—दही, मिसरी, बाकरखानी, फल आदि-आदि, वह मुँह बनाकर कहतीं, "अब किस-किसको दूँ और किसको न दूँ यह सब ? मुहल्ला तो खासा बड़ा है। बहू, तुमने अपनी काकनी से कहा नहीं था ?" भाभी सिर झुकाकर सुनती । उसके घूँघट में छिपी आँखें अँसुवा जातीं। अवतारे को याद आया। फिर भी उसकी माई अच्छी सास थी।

"लल्ली बहुत दुःखी थी काकी ?" अवतारा रुआँसा होकर पूछता।

"न मेरे राजा," काकी अवतारे का सिर गर्म गोद में लेकर सहलाती। "लल्ली तो अपने भगवान में लीन थी। संसार के दुःख-कष्ट उसके सामने क्या थे ? तभी तो, जब सास भोजन परोसते समय उसकी थाली में सिलबट्टा धर देती और ऊपर से मुट्ठी-भर भात छिड़ककर परोस देती, वह कभी शिकायत न करती। बल्कि मुट्ठी-भर भात खाकर सिलबट्टा धो-पोंछकर चौके में यथास्थान रख आती।"

"उसके ससुरजी भी थे, वह कुछ नहीं कहते थे सास को ?" अवतारे के मन में अनन्त प्रश्न सिर उठाते।

"ससुरजी तो देवतास्वरूप थे। अवे, एक बार उसने लल्ली की थाली में सिलबट्टा देख लिया। सुन, तुझे वह पद सुनाती हूँ।" काकी अपने लोचदार गले से गीत सुनाती :

हेहरन बतस अथ बोल यलि लले,
तलकन्य वुछुनस कनि नीलवठ,
दोपनस हश चेन्य कति मोकले,
तिथय पेठय टोठतो मे बाले,
यिथि पेठय ठोठ्योख पोंपुरेचे लले...

(ससुर ने एक बार थाली में हाथ डालकर सिलबट्टा देखा और लल्ली से कहा कि तुम्हारी सास को कभी मुक्ति नहीं मिलेगी...जिस प्रकार भगवान को लल्ली प्रिय हो गई थी, उसी प्रकार हे भगवान, तुम हमें भी अपना लो...)

संगमरमर से उजले भरे-भरे जिस्म की चुस्त-दुरुस्त लच्छी काकी मुहल्ले में किसी की काकी, किसी की चाची, किसी की भाभी थी। अपने निःसन्तान होने का दुःख छाती में दुबकाए वह मुहल्ले के बच्चों में प्यार बाँटती फिरती थी। पड़ोसिनों से हँस-बोल लेती थी। परन्तु अर्जुननाथ के दुःख की चर्चा करना भी वह अपने पतिव्रत धर्म में शुमार किए हुए थी।

पंडित (लच्छी काकी पति को इसी नाम से सम्बोधित करती थी) के लिए हुक्का भरते हुए, पंडित के फिरन में बटन टाँकते हुए, या पाजामे की उघड़ी सीवन बारीक तुरपन से बन्द करते हुए, वह आते-जाते से पंडित के दुःख की चर्चा करती ही रहती थी। मुँहफट रत्नी चाची लच्छी काकी को लीरें जोड़ते देख आहें भरती, "त्राहि-त्राहि ! लच्छी काकी, पंडित भाई की हालत इतनी खस्ता हो गई क्या कि सौ टाँकों-जुड़ा पाजामा पहनने की नौबत आई ? सोचो, कभी जल्दी में उठने-बैठने से, गलत जगह पर तुम्हारे हाथ के ये नाजुक टाँके उधड़ गए तो क्या होगा ?"

लच्छी काकी मन में बुरा मानती पर प्रकट में उदार मुस्कराहट ओढ़कर कह देती, "पंडित के सीने पर बाज की तरह जो गम हरदम झपट्टे मारकर बैठा रहता है, वह उसे इतनी फुरसत देता है क्या जो अपने बारे में कभी सोच-विचार करे, सज-सँवर ले, सूट-पैण्ट सिलवा ले। आँगन में एक-दो बाल-गोपाल खेलते तो वह भी ढंग से कुछ पहन-ओढ़ लेते। मन ही नहीं करता पहनने-ओढ़ने का। बस, तन की शर्म ढकने को ही कपड़ा पहन लेते हैं..."

लेकिन रत्नी इधर-उधर की टालू बातों से चुप थोड़े हो जाएगी। हँसी होंठों में दबाए बोल ही पड़ी, "शुक्र मनाओ लच्छी काकी, बच्चों की फौज-पल्टन घर में नहीं आई। अभी तो पंडित भाई मोटे-झोटे, नए-पुराने से शर्म ढँक भी लेता है, दो-तीन बाल-गोपाल होते तो कमर ढकने के लिए तौलिया भी मुश्किल पड़ता।"

रत्नी आगा-पीछा नहीं देखेगी। आदत से मजबूर जो है, "अब मेरे-जैसे बेशर्म तो नहीं है न सभी मुहल्ले में, आमने-सामनेवालियों को तो खुद को पर्दे में ढकना पड़ता।"

लच्छी काकी अनबोली बात समझ गई, "यानी कि तब तो पंडित नंगा ही घूमता

रहता।"

लच्छी काकी का मुँह लाल हो गया। गोरे चेहरे पर ज्यों गुलाल पुत गया हो। पर रत्नी के मुँह कौन लगे ? आफत की पुड़िया है। गाली भी हँसकर ऐसे देगी ज्यों मीठी चुहल कर रही हो।

"जरा आगा-पीछा देखाकर रत्नी। हर बात में मजाक अच्छा नहीं लगता।" लच्छी काकी ने सिखाने के अन्दाज में कहा और फर्ती से कदम उठाती आँगन लाँघ गई। वह उस कहावत पर विश्वास करती थी जिसमें कहा गया है कि 'बोलनेवाले तुझे शर्म नहीं, तो सुननेवाले, तू ही शर्म कर!' ऐसे में लच्छी काकी दाएँ-बाएँ चोर-नजर से देखना न भूलती। कहीं अड़ोस-पड़ोस में किसी आते-जाते ने रत्नी की बकवास सुनी तो नहीं ? मुहल्लेवाले यों ही जलते हैं उनसे। दो रोटी जो खाते हैं। कोई-न-कोई तीर छोड़ते ही रहते हैं। बड़ों की देखा-देखी बच्चे भी कम पाजी नहीं बने हैं। पंडित को दूर से आते देखकर ही हाँकें लगाने लगते हैं :

अक्कड-बक्कड बम्बे बो, पंडित को पाजामा दो।
सो कलौता तीत्तर मोटा, पंडितजी का कुर्ता छोटा...

पंडित को सुनकर बड़ी खुन्दक चढ़ती है। डण्डा लेकर बच्चों के पीछे भागता है। पर लच्छी काकी के बच्चे भी लिहाज करते हैं। वह जो पंडित की नजर बचाकर लेमनचूस की गोलियाँ खिलाती है उन्हें ! इससे दुहरा लाभ होता है लच्छी काकी को। बच्चे भी खुश होकर उनके आगे-पीछे फिरते रहते हैं और उनके भीतर की माँ की आत्मा भी बालकों की चहचहाहट सुनकर तृप्त होती है। अपने बाँझपने का अहसास जो उन्हें दिन-रात कचोटता रहता है। यों आज तक सास के सिवा किसी ने उन्हें 'बाँझ' कहने का साहस न किया। लोगबाग तो अर्जुननाथ में ही दस खोट निकालते। उस पतिव्रता नारी पर तरस खाते। लेकिन लच्छी काकी को अपनी कोख का सूनापन तो सालता ही था।

किसी शादी-ब्याह में जाओ, मुण्डन-जनेऊ में जाओ तो औरतें बच्चों पर उसकी नजर नहीं पड़ने देतीं। एकाध बार उसे सुनाकर सतवन्त की बहन ने कहा था, "भई, किसी पुत्रवती को बुलाओ, रिण्टू की नजर उतारे..." अरुन्धती के जवा का ब्याह था शायद। दस्तारबन्दी होनेवाली थी दूल्हे की। वहाँ भी ऐसी ही दिल चीरनेवाली बातें सुननी पड़ीं। अरुन्धती सहेली है पर उसके नाते-रिश्तेदार तो सखापा नहीं देखेंगी न ? वह तो अपने जी की बात उगल देंगी। लच्छी काकी उस दिन पेट-दर्द का बहाना कर दूल्हे की दस्तारबन्दी से पहले ही घर लौटी थी, उदास, अपमानित। लेकिन नियति से कोई लड़ थोड़े सकता है। चाहे लाख सिर पीट लो अपना, क्या होनेवाला है ? लच्छी काकी सब समझती थी पर यह 'निपूती' शब्द उसे तीर की तरह भेदता था। क्या कुछ नहीं किया उसने माथे पर कलंक-सा लगा वह भद्दा नाम मिटाने के लिए। ओझे, पंडित, पीर, फकीर, मौलवी सबकी सलाह ली। उपाय किए। वह तो आधी रात श्मशान में जाकर जलते शवों पर रोटी भी पका आई। उस समय लच्छी काकी की हालत डर, बेबसी

और दुःख से खस्ता हो गई थी। ठंडी रात में पसीना-पसीना हुई देह, टाँगों में थरथराहट ऐसी कि लगे अभी बेहोश होकर धरती पर ढह जाएँगी।

एक रोटी बनाते लच्छी काकी सौ बार दाएँ-बाएँ देखती। जरा-जरा-सी आहटों पर चौकन्नी हो जाती। चिनार के घने वृक्षों में शाँ-शाँ की आवाज रात के भयावह सूने अँधेरे में यों लगती, ज्यों कई-कई भूत-प्रेत हड़ियल हाथ लिए उसी की ओर बढ़ रहे हों। श्मशान के द्वार पर सोया लँगड़ा कुत्ता जब अजीब-सी दर्द-भरी आवाज में कूँऽऽ का काँखा था तो काकी को लगा था कि शव की अस्थियों से रोनेवाली आवाजें आ रही हों। मृतक के नाते-रिश्तेदार मुँह-अँधेरे ही अस्थियाँ समेटने आ जाते तो उसे वहाँ देखकर तान्त्रिक-पिशाचिनी समझ लेते। उस बार घर आकर लच्छी काकी माँ भवानी के सामने माथा पटककर सुबक उठी थी। 'तेरी इच्छा नहीं माँ, तो न सही। अब लच्छी से कोई उपाय नहीं होगा !'

लच्छी काकी ने तब अरुन्धती से अपना दुःख कहा। अरुन्धती को अवतारे का गर्भ था तब। उसने अपने पति से सलाह-मशविरा किए बिना ही लच्छी काकी को वचन दिया कि इस बार उसका बेटा होगा तो वह लच्छी काकी को दे देगी।

अवतारे ने जन्म लिया तो अरुन्धती को अपना वचन याद आया। संसारचन्द के गुस्से में आँय-बाँय बोलने के बावजूद अरुन्धती ने लच्छी काकी को बुलाकर सौरी में ही बच्चा उसकी गोद में डाल दिया था।

लच्छी काकी अपनी सूनी गोद में जीते-जागते, साँस लेते नन्हे जीव को देखकर कृतज्ञता के आँसू बहाने लगी थी। उसने तब तक अवतारे को गोद में रहने दिया था जब तक उसने सू-सू करके लच्छी काकी की गोद गीली न कर दी। उस दिन वे धन्य हो गई थीं। बच्चा अरुन्धती को लौटाते उसने कहा था, 'इसका नाम अवतार कृष्ण रखना अरनी, मेरा ही बेटा है यह। फिलहाल इसे तेरे दूध की जरूरत है। तू इसे बड़ा कर ले। मैं वक्त पर यज्ञ-हवन रचाकर इसे अपने घर ले जाऊँगी।'

इसी कारण अवतारे के प्रति उसका स्नेह-भाव विशिष्ट था। उसे वह लेमनचूस के अलावा कभी-कभार इकन्नी-दुअन्नी भी 'चीजी' खाने के लिए देती थी। साथ में ताकीद करती कि उलट-सुलट चीज न खाए, अच्छी चीज ही लेकर खाए। अच्छी चीजों में मूँगफली, सेब, बबूगोशा, डबल गिलास आदि चीजें आतीं, तली-भुनी चीजें नहीं। अवतारा भी लच्छी के प्यार की महक महसूस करता और उसके कहने पर छोटी-मोटी चीजें बाजार से खरीदकर ले आता। कभी नानबाई से कुलचे लाकर देता, कभी पानी की घड़वी नल से भरकर ले आता।

लेकिन पंडित काका की सूरत से अवतारे को भी चिढ़ थी। पंडित भी उसे दुश्मनी निगाहों से देखा करता। दरअसल, पंडित को डर था कहीं लच्छी सचमुच ही उसे किसी दिन गोद लेकर अपना न बनाए। लच्छी काकी अरुन्धती को वचन दे चुकी थी कि समय आने पर वह उसे गोद ले लेगी, पर पंडित किसी भी शर्त पर राजी न हुआ। "किसी ऐरे-गैरे के बच्चे को गोद लेना खतरे से खाली है ? कल को रुपए-पैसे की बात को लेकर

कोर्ट-कचहरी हो जाए, तो कौन जिम्मेदार होगा ? वे लोग भी इसी लालच से दे रहे हैं कि बुड्ढा-बुढ्ढी पार हो जाएँगे तो खजाना उनके हाथ लग जाएगा। नहीं तो तुम समझती हो तुम पर दया करके वे अपने जिगर के टुकड़े को दान देंगे ?"

अर्जुननाथ ने पत्नी को समझाया। आश्वासन दिया कि वह बच्चा जरूर गोद ले लेंगे, पर लेंगे अपने कुल-गोत्र का ही। अपने भाई का बेटा 'नाथा'। आखिर है तो वह अपना ही खून ! अपनी हाड़-तोड़ कमाई पूँजी उसके नाम चली जाए, तो भी मरकर आत्मा भटकेगी तो नहीं ?

लच्छी काकी पति के तर्कों के आगे लम्बा निःश्वास लेकर चुप हो गई। चुप, लज्जित और वचन देकर मुकरने की शर्म और आत्म-भर्त्सना से पीड़ित।

पति की अजहद कंजूसी से भी वे भीतर-ही-भीतर दुःखी थीं। पर कई दुःख ऐसे होते हैं जिनका कोई भागीदार नहीं होता। ऐसी बात आदमी कहे भी तो किससे ? घर में साग बनेगा तो दाल नहीं। दो सब्जी किसी दिन बनी, तो पंडित थाली परे खिसकाकर भूखा उठ जाता। साथ में दो-चार जली-कटी भी सुना जाता, 'लुटा दे मुझे तू भी ! यों तो लोगों के सीने पर साँप लोटता ही है, मेरे घर चूल्हा जलते देख, उस पर तू चार-चार सब्जियाँ बनाकर मेरा दिवाला पिटवा दे।'

लच्छी अब वैसी गलतियाँ नहीं करती। पहले दो-चार बार कर लीं सो अनजाने में ही कर ली थीं। क्या करती, खाते-पीते घर से आई थी। मूजीपना अपनाने में भी तो थोड़ा वक्त लग जाता है।

अब साल में एक बार पंडित के जन्मदिन पर नए कपड़े आते हैं, और पूरे वर्ष वही धो-सुखाकर चल जाते हैं। लच्छी काकी ने भी अपनी जरूरतें कम कर दी हैं। उनके पति को जो फिजूलखर्ची पसन्द नहीं। सुबह-शाम पूजा-पाठ करनेवाले धर्मी-कर्मी हैं अर्जुननाथ। हाँ, जैसाकि पहले कहा गया है, आधी-आधी रात उठकर तिजोरी को देखना, छूना, उनके नित्यकर्म में ही शामिल है। वैसे आज तक मुहल्लेवालों को मालूम नहीं कि अर्जुननाथ के घर में क्या है क्या नहीं। अनुमान लगाकर ही वे उनकी तिजोरी में छिपे खजाने का हिसाब लगाते हैं। तिजोरी बेचारी तो फालतू रजाइयों और धूल-भरे चिथड़े-चाथड़ों से ढकी-मुँदी रहती है। पंडित को छोड़, लच्छी काकी को भी शायद ही मालूम हो कि यह जंगखाई लोहे की भारी सन्दूकची पंडित की तिजोरी है जिसमें वक्त की मार-खाई नोटों की गड्डियाँ सुरक्षित हैं। घर के इस्तेमाल के लिए चौके में मिट्टी के दो-चार बर्तन, कुल्हड़, हाँडियाँ, प्याले, काँसे की तीन थालियाँ और दो पीतल के पतीले नजर आते हैं। और बैठके के एक घिसा हुआ अनन्तनागी गब्बा जिस पर खास मेहमान यदा-कदा विराजते हैं। बस।

एक राज की बात यह भी बताएँ कि मूजीपने के बावजूद लच्छी काकी को पंडित प्यार करते थे, दिल खोलकर। गोकि उनकी सूरत-सीरत देखकर विश्वास करना कठिन था कि प्यार जैसी कोई कोमल भावना उनके मन में उग सकती है। लच्छी काकी के चेहरे से भी तो गजब का नूर टपक पड़ता था। अर्जुननाथ को मुहल्लेवाले यों 'साधु

पंडित' के नाम से भी पुकारा करते थे। आसपास की नारियाँ भी कभी बेझिझक उनसे बोल-बतियाने की स्वतन्त्रता रखती थीं। पुरुषों को इसमें कोई एतराज न था। उन्होंने तो यहाँ तक समझ लिया था कि पंडित स्त्री और पुरुष के बीच की दरम्यानी चीज है, सो नितान्त हानि-लाभ से परे।

लेकिन घर में लच्छी काकी-सी संगमरमरी अप्सरा हो तो पत्थर में भी प्राण फुँक जाएँ, विश्वामित्र जैसे तपस्वी भी बहक जाएँ। फिर पंडित तो, कोई लाख ऊँच-नीच कहे, पुरुष-वर्ग से ही सम्बन्ध रखते थे।

सन्ध्या होते ही लच्छी काकी सान्ध्य दीप रख देती और वे दोनों खा-पीकर निपट लेते। पंडित पत्नी को दरवाजे की साँकल चढ़ाने का आदेश देते। जल्दी खाना स्वास्थ्य के लिए भी लाभप्रद था, और इससे बिजली का खर्चा भी बच जाता था। फिर शाम-ढले किसी मुहल्लेवाले की हिम्मत नहीं होती थी अँधेरे घर का दरवाजा खटखटाने की।

एक-दो बार अरुन्धती आई थी, काँगड़ी में आँच डलवाने। सोचा, लच्छी काकी के चूल्हे में कुछ सुलगते कोयले पड़े होंगे तो काँगड़ी ताप लेगी। लच्छी काकी के चूल्हे में उपलों की गरम राख देर तक सुलगती रहती है। उस वक्त घर का द्वार उढ़का दिया गया था। खिड़की से जीरो पावर के बल्ब की धुँधली रोशनी आ रही थी। अरुन्धती ने खिड़की पर हल्की-सी दस्तक दी कि अधमुँदी खिड़की खटाक्-से खुल गई। भीतर पंडित तो बेहद व्यस्तता में आवाजों पर गौर करने के काबिल न था। पर लच्छी काकी कभी भी अपने होशोहवास न खोती थी। आहट सुनते ही झटके से उठ अस्त-व्यस्त कपड़े सँभालती, अपने ही घर में छिपने के लिए कोने-अन्तरे ढूँढ़ने लगी, ज्यों चोरी करते रँगे-हाथों पकड़ी गई हो।

अरुन्धती उस वक्त तो शर्म के मारे आप ही हट गई। दूसरे दिन लच्छी काकी से क्षमा-याचना-सी करते वजनदार बात सुना गई। 'माफ करना लच्छी काकी, मैं गलत वक्त पर आई। पर मुझे क्या मालूम था कि आप लोग दिन-दहाड़े...'

वे इसी तरह बातें करती थीं। समझनेवाला बात का गुप्त अर्थ समझता और कहनेवाला भी फालतू लफ्फाजी के बिना दिल की कील निकाल देता।

लच्छी काकी के कपोल जरा-सी लाज-लिहाज की बात पर आरक्त होते थे। उस बार तो होने ही थे। सभ्य घरानों के रीति-रिवाज के मुताबिक रात गहराने पर, बत्ती बुझाकर, खिड़की-दरवाजे मूँदकर और तमाम कपड़े पहन-ओढ़कर, लिहाफ-कम्बल तले ही प्यार-मुहब्बत की बातें हो सकती थीं और यहाँ तो लच्छी काकी सौ प्रतिशत कसूरवार थी। पुरुष का क्या ? लाज-शर्म की नींव तो औरत से ही है न ? फिर भी, कुछ सोचकर दबे मुँह, उसने अरुन्धती की बात का उत्तर देना जरूरी समझा, 'पंडित के मन पर बड़ा बोझ रहता है अरनी बहन ! मैं कर ही क्या सकती हूँ ?'

अरुन्धती अनपढ़ औरत। मनोविज्ञान की गूढ़ गुत्थियाँ क्या समझे ? हाँ, इतना वह जरूर जानती है कि अपने पति के मन के बोझ को हल्का करने का धर्म पालन के बाद उसने अकसर नौ महीने तपस्या की है। अब वह पति से साफ कह देती है कि ठंडे पानी

से नहाने से आदमी की थकान, बोझ सब उतर जाता है और अच्छी नींद आती है। शुक्र है लच्छी काकी इस तवालत से बची हुई है। तभी न 'सेवा' महँगी नहीं पड़ती।

लेकिन लच्छी काकी बड़ी समझदार स्त्री है। उसकी देह से ही कपूर और कमल की मिली-जुली गन्ध नहीं फूटती, उसके बोलों से भी शहद झरता है। दूसरी महिलाओं की तरह औरों के गिरेबान में झाँकना उसका काम नहीं है। जब गली की अन्य स्त्रियाँ चौके-चूल्हे से फुरसत पाकर गोल घेरे बनातीं, फिकरे-तानों से, आँख से लेकर कुहनियाँ तक मारकर इस-उसकी ऐबत-गैबत करने में जुट जाती हैं, वह अपने घर में बैठी चरखा कातती रहती है। यों चरखा कातने की प्रथा दो पीढ़ी पहले खत्म हो गई है। यह चीज अब गली में आउट ऑफ डेट मानी जाती है, पर लच्छी काकी अभी इसे जिन्दा रखे हुए है।

चरखा कातते वह अपने सुरीले गले से गीतों की धुनें भी छेड़ती जाती है। दिल की गहराइयों से निकले बोल चरखे की लय-ताल से एकरस होकर मधुर संगीत का-सा जादू जगा जाते हैं। लच्छी काकी के गीत भी तो उसके हृदय की हूकें ही हैं। मन में एक ही दुःख तो जम गया है। जो कुछ विधाता ने रूखी-सूखी दी, उसे किसी को पुचकार-दुलारकर न खिला पाने का दुःख ! आगे वंश न चला पाने के फलस्वरूप रौरव नरक भोगने का आतंक ! जब से अवतारे ने जन्म लिया, तब से उसने उसे अपना पुत्र मान ही लिया था। मन से जो वचन दिया था अरुन्धती को। पति के मानने न मानने से क्या ? वह अकसर अकेले में अवतारे को प्यार करती। उसके लिए जन्म से लेकर विवाह तक के संस्कार मन-ही-मन सम्पन्न करती। 'गूर-गूर करयो, बाल गूपालो' गाते उसकी आँखों के आगे बाल-गोपाल-सा अवतारा हमेशा मौजूद रहता : उसके घुटने धीमे-धीमे हिलते रहते, और हाथ थपकियाँ देने के अन्दाज में अपनी सूनी गोद थपकाते।

जन्म के सातवें दिन वह प्रसूति का पहला स्नान व बच्चे का नामकरण करती, 'सतिमे दोहय सौंदर करमय, वाजस, द्युतिमय पाने फरमाश...' (सातवें दिन पहला स्नान किया और रसोइयों को आप ही बुला लाई।)

मन की आँखों से वह उस दिन घर में एक बड़े भोज का आयोजन देखती। क्यों नहीं, लच्छी की गोद में कृष्ण-कन्हैया जो खेलने आया था।

ग्यारहवें दिन लच्छी उस अजन्मे पुत्र की जरकासय (मुण्डल) करती।

'जरकासय शालामार गोशन, मोजछय पोशन माल करान।' शालीमार की फिजाओं में उस नन्हे बेटे के बाल उतारे जा रहे थे और लच्छी मंगलगीत गाने में व्यस्त थी।

ये तो छोटे-छोटे आयोजन थे। लच्छी काकी को सबसे बड़ी हौंस तो बेटे को दूल्हा देखने की थी। 'वनवुन' और 'रोफ' उसकी जुबान पर चिपके ही रहते थे।

देदीये ओवुय खानयमोलुय, नेरिसी रोनि मंजोलुय हेथ सोनसंजि सदरे, रोपसंजि कछ वचि, यिहय छुय मुगल बचि—वारे वनवितोस...

लच्छी कैसी व्यस्त होगी उस दिन ? घर में धूम-धड़ाका होगा। हर कमरे में शादी-ब्याह का सामान बिखरा होगा ! नाते-रिश्तेदारों से ठूसमठूस घर। शामियाने में

पंगत बैठेगी। बहू का आसन बैठक में ही लगा देगी लच्छी। कमरे में हरा रंग करवाएगी। ओह ! कितने काम करने होंगे। रसोइयों को पकवानों के लिए सीधा देना, बहू के कपड़े-लत्ते-गहने आदि सजाना, किसने क्या खाया, कोई बिना खाए तो नहीं चला गया ? सभी तरफ अकेली लच्छी को ही ध्यान देना होगा। आखिर बहू लानी है, आमन्त्रितों की खातिरदारी भी करनी होगी। क़ितना अच्छा लगेगा लच्छी को जब उसकी सखियाँ मंगलगीत गाती उसे सम्बोधित करेंगी, 'ओ बड़ी माँ ! तुम्हारा लाड़ला आया है। घुँघरू-लगे हिण्डोले को लेकर जा और इसका स्वागत कर। इसके सोने के कुरते की चाँदी की आस्तीनें हैं। यह तो मुगलों का बच्चा लगता है। इसके स्वागत में तू दिल खोलकर गा...'

और लच्छी गाएगी, गला खुश्क होने तक गाएगी। बहू के स्वागत के गीत, उसके घुँघरू-जड़े दामन के गीत, घूँघट की आड़ में छिपे सलोने रूप के गीत, 'जेल्य पंजरव मंज नजर त्राव, बल्य अति मय तम्बलाव' खूब तुम्बकनारियाँ बजाएगी, खूब शीरनी बाँटेगी, खूब सिक्के वारेगी...खूब...

लच्छी बौरा गई थी, नहीं, लच्छी की इकलौती हौंस पूरी हो गई थी। लच्छी के पैर धरती पर नहीं पड़ते थे। लच्छी किसी अजाने लोक में विचर रही थी। वहाँ उसकी धरती पर अकेलापन नहीं था। घर के कोने-अन्तरों की डरावनी खामोशी पंजे खोले उसे दबोचने को आतुर नहीं थी। सूनी दुपहरी और अँधेरी रातों में डर और वहम की परछाइयाँ जंग-लगी सन्दूकची से उठकर घर-भर को पंजों में कसे नहीं बैठी थीं। वहाँ कच्ची दूब से पुरा हरा हरियाला आँगन था जिसमें फूलों की क्यारियों के बीच नन्ही किलकारियाँ गूँज रही थीं। वहाँ आबशारों के नीचे छप-छप छींटे उछालते नन्हे हाथ-पैर थे जिन्हें लच्छी भाग-भागकर गिरने से सँभालती खुद गिर-गिर पड़ती थी। वहाँ ठुमक-ठुमक चलते-भागते दो नन्हे मिट्टी-सने पैर थे, जिनके पीछे लम्बी-चौड़ी लच्छी गिरती-पड़ती, भागती-हाँफती और हँसती थी। वहाँ हसीन जोड़े थे, प्यार था, मनुहार थी। ओह ! लच्छी को इतना सुख कहाँ से मिला ? ऐसे सुकर्म तो उसने इस जन्म में नहीं किए थे। लच्छी क्या इतना सुख झेल पाएगी ? अकेले, बिना किसी को भागीदार बनाए ?

आठ

नहीं, लच्छी किसी को भागीदार बना नहीं पाई। पंडित तो निराले थान का नायाब कटपीस था, उसे भी नहीं। अकेले बहुत कुछ सहना सम्भव न हुआ और सभी बावलापन, हरहराहट-भरा अकेलापन, स्थितियों की यातना, मचलती हौंस की चिलकन अपने धुले-उजले मन में दफन कर लच्छी चली गई। वहीं, जहाँ बार-बार उसका पाँखी मन उड़ान भरता रहता था।

हाँ, लच्छी काकी नहीं रही। बीमार वे नहीं पड़ीं। एक दिन पहले कुछ हरारत रही, चक्कर आए। अमावस का व्रत था उस दिन। अरुन्धती और लच्छी काकी अमावस के व्रत का खाना इकट्ठे खाया करती थीं, बारी-बारी से एक-दूसरे के घर उस दिन सुच्चा भोजन पकता था। इससे कितनी तो तवालत बच जाती थी। चूल्हा लीप-पोतकर अलग से रसोई बनाना। बर्तन सुच्चे माँजने आदि-इत्यादि।

उस दिन खाना अरुन्धती के घर खाने की बारी थी। शाम-ढले तक वह प्रतीक्षा करती रही। अब आएगी, अब आएगी लच्छी काकी। पर कहाँ ? वह तो रजाई में घुसी सर्दी-बुखार से काँपती गज-गज भर ऊँचा उछल रही थी। मलेरिया का ताप ले गया उसे। अरुन्धती ने अवतारे को भेजा, 'जा देख, काकी क्या कर रही है। सब कुशल-मंगल तो है।'

अवतारे ने बिस्तर में मछली की तरह तड़पती काकी को देखा तो रुआँसा हो गया। "तू आ गया राजे ?" अवतारे को देखकर लच्छी काकी की आँखें आँसुओं से पुर गई थीं।

"जीता रह मेरे लाल ! जरा घड़वी माँजकर मेरे लिए ताजा पानी लेकर आ। प्यास से गला सूख रहा है..."

घर सूना था। पंडित भी किसी काम से बाहर गया था। अवतारे ने लोटा राख से माँजकर उसमें पानी भर दिया। लच्छी काकी ने हाथ में लोटा पकड़ना चाहा कि थरथराहट से आधे से ज्यादा पानी बिस्तर पर छलक आया।

"ले बेटा, तू ही थाम घड़वी, मुझसे सँभलती नहीं।" लच्छी काकी की शिथिल बाँहें रजाई पर बेजान-सी गिर गईं। अवतारे ने लोटे से ही धार बनाकर काकी के मुँह में पानी डाला। वह भी गट-गट पी गई, ज्यों जन्म-जन्मान्तरों की प्यासी हो। पानी पीकर वह निढाल हो तकिए पर लुढ़क गई। बहुत धीमी आवाज से बुदबुदायी, "अब मैं मर भी गई तो स्वर्ग में जगह पाऊँगी। मेरे बेटे ने अपने हाथों से मुझे पानी पिलाया है..." बोलते-बोलते काकी की आँखें उलटने लगीं।

अवतारा घबराकर माई को काकी का हाल सुनाने भागा। घर में कोई तो न था। नाथा अपने माता-पिता के साथ प्लेडियम में 'देवदास' फिल्म देखने गया था। काकी किसी को पुकारे तो ?

अवतारे से सूचना पाकर अरुन्धती हाथ का काम छोड़कर लच्छी काकी के घर भागी। अवतारे को मास्टरजी के घर भेज दिया, मर्दों को बुलाने के लिए। शायद पंडित भी वहीं मिल जाए। लौटते में, कहा कि, रत्नी, वनमाली और सतवन्त को भी खबर दे। क्या मालूम वक्त पूरा हो गया हो। कितना कुछ तो करना होगा। अकेली अरुन्धती क्या-क्या सँभाल पाएगी ?

सचमुच वक्त पूरा हो गया था काकी का। वह जैसे अन्तिम साँस छोड़ने के लिए सखी-सहेलियों और पंडित का इन्तजार कर रही थी। खबर पाकर मुहल्लेवाले मिनटों में जुट गए थे। गलीवालों का भाईचारा यों भी बेमिसाल था। फिर यह तो मौत की

दुर्घटना थी। सबके साथ एक-न-एक दिन घटनेवाली अनिवार्य घटना !

संसारचन्द ने ताँबे की बन्द घड़वी में रखा गंगाजल पंडित से और अवतारे से उसके मुँह में बारी-बारी डलवाया। नाथे की खोज की गई पर उसका पता न लगा। अर्जुननाथ हतप्रभ थे, विमूढ़ से आते-जातों को निहार रहे थे। उन्हें विश्वास नहीं आ रहा था कि लच्छी उनके साथ दगा कर सकती है। यों अध-बीच ही छोड़कर किनारा कर सकती है। वह सिर पटक-पटककर रोते रहे। लच्छी की निष्प्राण देह से जवाब-तलब करने लगे। पर लच्छी यों भी कहाँ ज्यादा बोलनेवाली थी ?

अर्जुननाथ लच्छी के पैर पकड़कर क्षमा-याचना करने लगा, 'लच्छी, मैंने तुझे कोई सुख न दिया। क्या इसीलिए तू मुझसे रूठकर चली गई ? लच्छी एक बार आँख खोल, तेरा अवतारा तेरे सामने बैठा रो रहा है...'

पंडित दुःख से पगला गया था। वह जानता था कि अवतारे को गोद न लेकर उसने लच्छी के मन को ठेस पहुँचाई थी। नाथे ने एक बार भी उसकी ममता का आदर न किया था बल्कि लच्छी के चार बार पुकारने के बाद वह कौख-कूँख के उठकर पास आता भी तो माथे पर शिकन डालकर यह कहना न भूलता कि बार-बार आवाज देकर लच्छी काकी उसकी पढ़ाई में हर्जा करती है। लच्छी काकी को, तमाम हिदायतों के बाद भी लच्छी काकी ही पुकारता, 'माँ' शब्द से वह अपनी माँ का ही अर्थ ग्रहण करता। आखिर उसने उसे जन्म दिया था, लच्छी काकी ने तो जन्म नहीं दिया न ? यों अन्तिम समय नाथे ने नियमानुसार कन्धा तो दे दिया पर गंगाजल अवतारे ने ही मुँह में डाला था। और लच्छी के प्राण इसी अवतारे में ही बसते थे।

पूरे संस्कार पंडित ने श्रद्धा से करवाए। बारह दिन तक संसारचन्द ने स्वयं आकर कथा बाँची, भगवद्‌गीता सुनाई और अर्जुननाथ को तसल्ली दी कि बारह दिन तक जो लच्छी काकी की आत्मा अदृश्य रूप से घर में ही भटकती रही है, कथा सुनकर अवश्य तृप्त होकर स्वर्ग सिधार गई होगी।

अर्जुननाथ ने हाथ खोलकर दान-पुन्न किया। बारही के दिन आसपास की गलियों के ब्राह्मण, दीन-दुखी, अपाहिज, जाने कहाँ-कहाँ से बटोर लाए और सभी को भरपेट भोजन कराया। आँगन में शामियाना लगाकर शान्तियज्ञ हुआ, फिर वहीं भोजन के लिए पंगत बैठ गई। एक तरफ तिरपाल लगाकर, बड़े-बड़े चूल्हों पर देगों-हंडों में खाना पकता रहा। लच्छी की जीवनभर की सभी साधें अर्जुननाथ ने उसके मृत्यु-भोज के साथ पूरी कर लीं। बार-बार साफे की लड़ से आँखें पोंछते वे अरुन्धती से पूछते रहे, "और कुछ तो नहीं करना अरनी बहन, मेरी लच्छी की आत्मा तृप्त होनी चाहिए। स्वर्गवासिनी ने कभी मुझे कोई कष्ट न दिया, सभी दुःख अपने साथ ले गई..."

अरुन्धती ने तसल्ली दी, "दुःख-सुख तो हर प्राणी अपने भाग्य के लेखे से ही पाता है। तुमने तो उसकी हर इच्छा पूरी कर दी। नाथा घर में आ गया, उसके संस्कार कर गया। और क्या चाहिए था ? सती-साध्वी थी, तभी न अपने पीछे सभी को रोता हुआ छोड़कर शान से अपने घर चली गई..."

मन में अरुन्धती को मलाल जरूर था कि अर्जुननाथ ने अपने मूजीपने और उलटी खोपड़ी के कारण लच्छी की इकलौती इच्छा, अवतारे की गोद लेने की इच्छा, पूरी न की और यही हौंस उसकी मौत का कारण भी थी। लेकिन प्रिय की मृत्यु पर मन यों भी व्यथित रहता है। पछतावे की जलती शहतीरें आत्मा को कोंचती रहती हैं, सो इस समय कड़वी बात कहना अशोभनीय ही नहीं, अधर्म भी है। अतः अरुन्धती सांत्वना ही देती रही।

"ठीक कह रही हो अरनी बहन।" अर्जुननाथ ने सिर झुकाकर कहा, "सब कर्मों का ही फल है। नाथा आ गया। बेटा बनाकर लाई थी, पर उसके हाथ की दो बूँद अन्त समय उसके भाग्य में नहीं थीं। इसमें मेरा क्या दोष है ?"

संसारचन्द ने पीठ पर हाथ फेरा, "भैया, तुम्हारा वंश चलेगा नाथे के नाम से ही। अब जो हुआ उसे भूल जाओ। काकी बच्चों-बड़ों, सभी को क्षमा करना जानती थीं।"

हाँ, लच्छी काकी बेहद उदार थी तभी तो जब पंडित के आग्रह पर उसने 'नाथे' को गोद लिया, नाथे के माता-पिता और दो भाई भी उसके साथ चले आए।

नाथा, बारह-तेरह वर्ष का समझदार लड़का, एकदम से पराए घर में कैसे रहेगा ? माता-पिता की याद आएगी तो नन्हा-सा दिल रोएगा नहीं ? त्रिभु-विभु के साथ खेलने को मन करे तो अकेले बैठकर कुढ़ेगा नहीं ? यों भी साँय-साँय करते घर में उदास-उदास घूमेगा, रातों को डरेगा और बीमार हो जाएगा...

नाथा पहले से लच्छी काकी और अर्जुननाथ को जानता था। सो उसे ज्यादा दिक्कत न होती। परन्तु उसके माता-पिता कितने भी दानी हों, आखिर अपने जिगर का टुकड़ा निकालकर दे रहे थे, कोई बगीचे से गाजर-मूली तो उखाड़कर नहीं दे रहे थे ? फिर कई नाजुक मौकों पर दूरन्देशी से काम लेना पड़ता है। उन्होंने सोच-विचारकर लच्छी काकी से कहा, "बुरा न मानना भाभी, यों रिश्ता तो है, और हमने बेटा तुम्हारे हवाले कर ही दिया। तुम जानो और तुम्हारा काम। पर इतना तो सोचो कि लड़के को अपनी जड़ से एकदम कैसे उखाड़ा जाएगा ? फिर अपने माता-पिता को वह एकदम भूल कैसे पाएगा ?"

उनके अपने तर्क थे, जो काफी हद तक असरदार साबित हुए। लच्छी काकी ने उदार होकर उन्हें सुना, समझा और ऊपर की मंजिल के दो कमरे नाथे के घरवालों को रहने के लिए दिए।

पंडित अर्जुननाथ के बेटा गोद लेने पर संसारचन्द मन-ही-मन प्रसन्न हुए। चलो ! ऊपरवाले ने बख्शा ! इस मूजी के घर बच्चे को भेजता तो जाने पढ़ाने-लिखाने के बदले इससे बर्तन-भाँडे साफ करवाता।

लेकिन अरुन्धती ने दुःख और क्रोध से कई रात रतजगा किया। 'ऐसे-ऐसे लोग रहते हैं गली-मुहल्ले में ! (इसी तकिए-कलाम से वह आवेश में आकर बात की शुरुआत करती थी) वचन देने का अर्थ समझते हैं ठट्ठा-मखौल करना। ऐसे ही वचन निभानेवाले दो-चार लोग और हुए तो धरती रसातल को न चली जाए ? हे राम !' वह लम्बा

निःश्वास छोड़ती, 'अपने मुहल्ले में अब कोई हिन्दू ही नहीं रहा।' वह दुःख से जोड़ देतीं, 'अपनी सभ्यता में राजा दशरथ ने तो वचन-पालन के लिए ही प्राण त्याग दिए। लेकिन इस पंडित को तो प्राणों से भी ज्यादा प्यारी मुई तिजोरी है। नाग-जैसा बैठा है उस पर रखवाली करने। रख ले अपने ही घर में, जाते वक्त अपने साथ ले जाए। हमें क्या करना ?'

यह बात नहीं कि अरुन्धती को अवतारा प्रिय न था,या वह उसे बोझ समझती थी। बल्कि अवतारा तो बेहद प्यारा बच्चा था और उसका पेट-पोंछना भी। पर सोचो तो जरा, अर्जुननाथ अर्जीनवीस के पास इतनी धन-दौलत ? आखिर इसका अकेला वारिस अवतारा ही बनता न ? और फिर लच्छी काकी बेटे को प्यार भी कितना करती थी ?

अवतारे को देखकर अरुन्धती ने गहरे दुःख से कहा, 'अवे गबरू ! तेरी किस्मत में बस साग-भात ही लिखा है। इसमें तेरी माई क्या कर सकती है ?'

लेकिन अरुन्धती के अलावा सभी खुश थे। अरुन्धती को दुःख इस बात का भी था कि नाथा बेहद उद्दण्ड, आवारा और बदजबान था। लच्छी ने प्यार से बाँहें फैलाकर उसे अपनी ममता से सराबोर करना चाहा, पर वह बदबख्त उसका बेटा न बना, केवल किराएदार और वह भी वारिस किराएदार बनकर ही रह गया। लच्छी को यही सदमा भीतर-ही-भीतर सोखता गया। तभी तो वर्ष भर में ही वह अपनों-परायों से दामन झटककर चली गई। विरक्त, अनासक्त !

काकी की मृत्यु के बाद अरुन्धती ने नाथे और उसके घरवालों की जो दुर्गत होते देख ली तो वह भीतर-ही-भीतर कहीं शान्त भी हो गई कि चलो जो हुआ अच्छा ही हुआ। बेकार वहाँ भेजकर बेटे की कुगत बन जाती। उसे नीलकण्ठ काका की बात याद आई, 'उसकी करनी ! जो वह करता है, मनुष्य के भले के लिए ही करता है...।'

दरअसल, लच्छी काकी की मृत्यु के बाद अर्जुननाथ उदास तो थे ही, रिश्तेदारों के रंग-ढंग देखकर त्रस्त भी हो गए। वंश चलाने और अन्तिम क्रिया के लिए बेटा तो उन्हें मिला, जैसा उन्होंने चाहा था, पर उसका परिवार तो उन्होंने न माँगा था। वे लोग कुछ ही दिन में ऊपर से उतरकर नीचे चौके तक अपना राज्य फैलाने लगे। अब लच्छी काकी नहीं रही तो जेठजी को खाना कौन पकाकर खिलाता ? लच्छी काकी जेठजी को अकेला छोड़कर गई तो कोई उनकी खोज-खबर, देख-रेख के लिए तो चाहिए ही। सो जेठजी के स्वास्थ्य की चिन्ता से लेकर घर-भर की तमाम चिन्ताएँ नाथे की माँ ने अपने पुष्ट कन्धों पर लेनी शुरू कर दीं। लेकिन तमाम दुःख और मुसीबत के बावजूद अर्जुननाथ दूरदर्शी थे। उन्हें यकीन हो गया कि यदि वे रास जरा ढीली छोड़ दें तो जल्दी ही या तो अपने ही घर में किराएदार की तरह रहने लगेंगे या किसी सुबह घर से बाहर धकेल दिए जाएँगे। उसके भाई-भाभी ही उसे फकीर बनाकर छोड़ देंगे। अन्तिम संस्कार के लिए, क्या पता, दो गज कपड़े के लिए भी मोहताज कर जाएँ।

लच्छी के जीवनकाल में उन्हें सह गया बल्कि तब उनमें ज्यादा खोट नजर भी नहीं

आया। घर की रानी जो अपना राजपाट सँभाले हुए थी। पर उसके आँख मुँदते ही घर में बगावत के आसार नजर आने लगे। पंडित ने कच्ची गोलियाँ नहीं खेलीं थीं। दुःख अपनी जगह पर और दुनियादारी अपनी जगह पर। जाते हुए के साथ या तो तुम भी चले जाओ, नहीं तो सांसारिक बन्धनों से छुटकारा कैसा ?

लच्छी काकी के मासिक श्राद्ध पर उन्होंने नाथे और उसके माता-पिता को सामने बुलाया। सभी स्थितियाँ उनके सामने स्पष्ट कीं और कहा, "बेटा ! तेरी काकी गई तो मेरा मन भी इस गृहस्थ से उठ गया है। अब मैं तीर्थाटन करने जाऊँगा। तेरी काकी का श्राद्ध भी वहीं सम्पन्न करूँगा, और मन की शान्ति भी वहीं साधु-संन्यासियों में ढूँढ़ लूँगा। तुझे मुकुन्दलाल मास्टरजी के यहाँ रख लूँगा और घर किराए पर उठा दूँगा। मुकुन्दलाल को खर्चा देना होगा, वे तुझे पढ़ाएँगे भी और वहीं तू रहेगा भी। मेरे बड़े अच्छे मित्र हैं।"

नाथा आश्चर्यचकित पंडित काका को देखता रहा। यह मुकुन्दलाल मास्टरजी कौन था, जिसके बारे में उसने कभी सुनने-सोचने की जरूरत ही महसूस नहीं की थी? तहकीकात के बाद पता चला कि मुकुन्दलाल लच्छी काकी के दूर के रिश्तेदार थे जो कुछ पत्रम्-पुष्पम् लेकर बच्चों को शिक्षादान दिया करते थे।

नातेदारों को एतराज हुआ। नाथे की माँ को सिर पर झुकता पहाड़ नजर आया। नाथे के बारे में चिन्ता प्रकट करते उसने अर्जुननाथ को सोच-विचारने के लिए मजबूर करना चाहा। 'आखिर नाजों-पला लड़का है, कैसे पराए घर में रहेगा ? अपनी सगी माई के रहते।' उसने ब्रह्मास्त्र स्वरूप कुछ आँसू भी प्रयुक्त किए पर अर्जुननाथ तो वह ग्लेशियर थे जिस पर बर्फीली हवाएँ, ओले-पानी भी आप ही थक-टूटकर चुक जाते हैं। इन आँसू की दो बूँदों से वे पिघलनेवाले तो थे नहीं।

नाथे का पिता जोर-जबरदस्ती पर आ गया, "आखिर हम लोग कहाँ जाएँ ?"

"आप जहाँ जी चाहे जाओ। नाथे की चिन्ता सताती हो तो उसे भी ले जाओ। यों वह मेरा बेटा है, मेरी जायदाद का अकेला वारिस। सोच लो। मैं तो अब लच्छी की याद में गंगा-किनारे पड़ा रहूँगा। हाँ, बच्चे को पढ़ाना है, इसलिए मकान किराए पर देना जरूरी है।"

पंडित अड़ गए। एक ही साँस में खरी-खोटी, मीठी-तीखी सभी कुछ सुना-समझा गए। नाथे के माता-पिता को धरती पैरों के नीचे से खिसकती नजर आई। यों पंडित के मुँह पर कोई विशिष्ट भाव नहीं उभरा। मुँह वैसा ही लम्बोतरा रहा, जिसका कोई भी अर्थ बूझना औसत बुद्धिवालों के बस के बाहर की बात थी। होंठ वैसे ही नीचे को झूल आए ज्यों अभी बुक्का फाड़कर रो लेंगे।

परिणामस्वरूप रिश्तेदार, नाथे की खैरियत माँगते और अर्जुननाथ के गंगाधाम जाकर वहीं मोक्ष पाने की कामना करते, बोरिया-बिस्तर लपेट, जहाँ से आए थे वहीं कूच कर गए। नाथा मुकुन्दलाल के पास रवाना कर दिया गया और पंडित हरद्वार !

नौ

लेकिन अपनी गली से दूर अर्जुननाथ अर्जीनवीस रह सकते थे?

हरद्वार में, साधु-मण्डली में, साधु पंडित का मन नहीं लगा। वर्ष-भर ज्यों-त्यों बिताकर वे एक वसन्त की सुहानी सन्ध्या, गली में लौट आए। मुहल्लेवालों से, खीसें निपोरते हुए उन्होंने कहा, 'भला अपने घर-गली से दूर प्राण भी सहज निकलते हैं। ?'

अर्जुननाथ घर लौट आए यह मुहल्ले में किसी के लिए आश्चर्य की बात नहीं थी। घर ऐसी जंजीर है जो जीते-जी कैद करके रखती है। गलीवाले तो यदि बागों की सैर को भी किसी दिन जाते, तो लौटकर कहा करते :

घरे वन्दहय घरे सासह, बरे नेरिहय न जांह,
चटिथ यिमहय क्रूह साहस, चे हयु खासा न कांह

घर उनके लिए जिन्दा रहने का एकमात्र कारण था। हजारों मील घूम-फिरकर जहाँ लौटा जा सकता था, ऐसे घर जैसी खास चीज दुनिया में और क्या हो सकती थी ?

लेकिन गलीवाले अर्जुननाथ के घर लौटने पर आश्चर्यचकित थे, क्योंकि इस बार वे अकेले नहीं लौटे थे, उनके साथ एक साँवली औरत थी, जिसे उन्होंने किसी आश्रम से खरीद लिया था और जिसका नाम उन्होंने 'राम-प्यारी' या 'परमप्यारी' बता दिया।

इस रामप्यारी या परमप्यारी को सबसे पहले अवतारे ने ही देखा। सन्ध्या का समय था। माई ने उसे पड़ोस में लाजवन्ती के घर 'थाली' देने भेजा था। उनके घर में बहू का 'शिशुर' लगा था। पूरा मुहल्ला आमन्त्रित था। बेचारी लाजवन्ती नहीं आ सकी थी। उसकी सास को मरे अभी तीन महीने भी नहीं हुआ था, सो पचास जनियों के बीच दावत खानें कैसे आ जाती !

थाली देकर लौटते हुए अवतारे ने अर्जुननाथ को किसी अपरिचित महिला के साथ घर में प्रवेश करते देखा। पंडित काका कुछ ज्यादा ही दुबले और लम्बे नजर आ रहे थे, कपोल धँसे हुए और आँखें ज्यों कोटरों से बाहर आने को उतावली हो रही हों। मुँह कुछ अधिक लम्बोतरा नजर आ रहा था। कुर्ते-पाजामे पर यात्रा के कोयले, धूल आदि कुछ इस प्रकार जम गए थे कि उसका असली रंग जानना मुश्किल हो सकता था। दूर से देखने पर खेतों में खड़े बिजूके से नजर आते थे और साथवाली महिला ?

अवतारे ने घर में प्रवेश करते ही इस अविश्वसनीय एवं असम्भव घटना की सूचना माई को दी ! महिला मण्डल तो घर में जुटा ही था सो बात हाथों-हाथ, कानों-कान दसियों महिलाओं के ध्यानाकर्षण का कारण बन गई। अरुन्धती के चौके की खिड़की से अर्जुननाथ की ड्योढ़ी नजर आती थी। बस, फिर क्या था, बात कान में पड़ते ही दसियों सिर बेताबी से उस छोटी-सी खिड़की में घुसकर अर्जुननाथ की देहरी ताकने लगे। गली में बाइस्कोपवाले को देखकर ज्यों बच्चे उतावले होते हैं, और पहले मैं, पहले मैं करके बम्बई की मेम और आगरे का ताजमहल देखने को टूट पड़ते हैं, कुछ वैसी ही हालत उन महिलाओं की भी थी।

रत्नरानी ने अरुन्धती से हँसकर कहा भी, "क्यों बहन, क्या बाइस्कोपवाला तमाशा है ? अभी एक फिल्म, अभी दूसरी ?"

आश्चर्य और दुःख की अति से अरुन्धती की बोलती बन्द हो गई। ठोड़ी पर अँगुली टिकाए वे काफी देर तक गूँगी-सी देखती रहीं। आखिरकार उसके मुँह से चीख-सी आह निकली, "स्वर्ग में जगह हो तुम्हारी काकी !"

हीमाली टहोका देकर अरुन्धती को होश में लाई, "लच्छी काकी तो स्वर्ग में ही वास कर रही होगी अरनी बहन, तुम चिन्ता अब अपने इस लाड़ले देवर की करो, जो बुढ़ापे में जवानी की करतूतें करके नाहक खतरे मोल ले आया है।"

रत्नरानी को चुहल सूझी, "अरनी बहन, तुम्हारी तो बात मानता है पंडित काका। इसे कुछ दूध मेवा खिलाओ-पिलाओ। बूढ़ी हड्डियों में कुछ दम-खम तो आ जाए। न हो तो हकीम साहब से कोई ताकत की पुड़िया-शुड़िया ले आएँ ?"

मजाक चाहे कितना हुआ हो पर सच्ची बात तो यह है कि गलीवालों को अर्जुननाथ के इस अप्रत्याशित कांड से धक्का लगा था। गली तो एक ठहरी हुई तलैया की तरह शान्त एवं निर्द्वन्द्व थी, अपनी तमाम रोजमर्रा की परेशानियों के बावजूद। जन्म-मृत्यु, लड़ाई-झगड़े, मान-मनोवलें, खुराफातें, ये सब तो जिन्दगी की स्वीकृत सच्चाइयाँ हैं। इनसे थोड़ी-बहुत हलचल जरूर होती है इस तलैया में, पर कितनी देर ? ज्यों किसी नटखट बच्चे ने ताल में कंकर फेंक दिया। डुब्ब ! बस, लहरों का छोटा-सा आवर्त बना और थोड़ी ही देर में फिर वही दैनन्दिन जीवन की, उम्र तमाम करनेवाली, एकरस सुबहें और शामें।

गलीवालों को अहंकार की हदें छूता गर्व था कि इस तलैया को उन्होंने साफ-सुथरा रखा है। अब अचानक कोई भलामानुस, इसमें कूड़ा-कचरा डाल देगा, इसकी कल्पना भी कौन कर सकता था ? खासकर अर्जुननाथ, उर्फ पंडित काका, जो यों भी फूँक-फूँककर कदम रखने में विश्वास रखते थे, और जिनके पुरुषत्व को स्वीकार करने में ही गलीवाले एकमत नहीं थे।

बहरहाल, अर्जुननाथ रामप्यारी को ले आए ! यह एक ठोस यथार्थ था। नई पत्नी का परिचय देते हुए उन्होंने मुहल्लेवालों के सामने अपनी खानदानी नाक को ऊँचा रखा, 'ये लोग पुराने खानदानी हैं, अपनी ही जात के सारस्वत ब्राह्मण ! इनका नाम है रामप्यारी किचलू !'

अर्जुननाथ उलझन और बदहवासी में भूल गए कि गली में पढ़े-लिखे लोग चाहे ज्यादा न हों, पर उनकी बुद्धिमत्ता और तेज-तर्रार तौलती नजरों को चुनौती नहीं दी जा सकती थी। आर्यों के जायों का तेज-दर्प जो मुँह पर झलकता है, उसे विश्लेषित करने की जरूरत थी क्या? रामप्यारी बेचारी तो ज्यों काली नदी में गोता लगाकर आई थी...

पर जी, गली का मामला था। यहाँ यदि अपने ही लोग एक-दूसरे की टाँग खिंचाई करने लगे, तो बाहरवाले तो एक की दस लगाकर तमाशा बनाएँगे ही। जाहिर है, ऐलान

गली के सभ्य, शाइस्ता लोग नंगी टाँगों पर चद्दर-कम्बल डालकर, उन्हें ढँक देना जानते हैं, किसी की शर्म उघाड़ना नहीं। बहरहाल !

यहाँ भी अर्जुननाथ का भाग्य साथ नहीं दे पाया। अपनी राशि के अनुसार, जो उनका एक दिन भाग्योदय होना निश्चित था, वह इस भीमकाय घटना से भी नहीं हुआ।

इसमें रामप्यारी या परमप्यारी का भी क्या दोष ? अर्जुननाथ भी कोई कल के छोकरे तो नहीं, जो ऊँच-नीच, भला-बुरा न समझते हों। फिर कौन मुँह उठाकर उन्हें उनके दोष गिनाकर फोकट में उनसे वैर मोल ले लेता ? पचपन से भी कुछ ऊपर की पक्की उमर, देह में यों भी घुन लगी हुई, सिर के बाल खिचड़ी, शिराओं के स्त्रोत निचुड़े हुए, फिर भी जाने उनके भीतर, हृदय के किस कोने में कोई सोता फूट पड़ा था कि संन्यासी बनने का इरादा करने के बावजूद, आश्रम-आश्रम घूमकर वह छाँटकर अपने लिए परमप्यारी को चुनकर ब्याह लाए।

परमप्यारी को देखो तो उन पर फिदा होनेवाली कोई बात नजर न आती थी, जिस्म का कोई खम, कोई कातिलाना अदा या चेहरे पर कोई खूबसूरती का अक्स ? कुछ भी तो नहीं ? आखिर अर्जुननाथ ने उसे चुना तो क्यों चुना ? लोग अर्जुननाथ की बुद्धि पर तरस खा रहे थे। पर यहाँ अर्जुननाथ बुद्धिमान ही साबित हुए। वे बखूबी जानते थे कि इस ढलती उम्र में कोई कम-उम्र हसीना उन पर आशिक होने से रही, पर आदमी की जरूरतें उसे जो न कराएँ सो थोड़ा। बिन घरनी घर भूत का डेरा भी तो लगता था, सो घरनी के नाम पर रामप्यारी चल सकती थी।

रामप्यारी लच्छी काकी का विलोम थी। सिर पर उलझ आए गुच्छा-गुच्छा बालों के बेशुमार घोंसले ! बराबर गुस्से और अश्रु-प्रवाह से आँखें लाल पलाश-सी दहकती हुईं, कई दिन से कपड़े न बदलने के कारण उनसे पसीने, धुएँ और मैल की मिली-जुली उबकाई लाती गन्ध फूटती थी। साड़ी कहीं, ब्लाउज कहीं ! कहाँ यह ऊबड़-खाबड़, नुचे बालोंवाली सभ्यता के संसार से अपरिचित बदजबान कर्कशा, और कहाँ धुली सफेद धोती में लच्छी काकी की संगमरमरी देह। केसर-गन्ध फैलाती लच्छी की नाजुक सतर देह, ज्यों रवीन्द्रनाथ की नत-पलक-कामिनी हो। पंडित जाने उसकी किस बात पर रीझकर उसे ब्याह कर लाने का जोखम उठा आया था।

खाना न बनाने और न खाने की उसने कसम ले रखी थी। पंडित उसे प्यार से रामप्यारी, प्रेमप्यारी, परमप्यारी, प्रीतप्यारी आदि-इत्यादि कहकर रिझाने की कोशिश करता तो वह इन प्यार से लबरेज सम्बोधनों को समझती भी नहीं थी या शायद समझती थी क्योंकि कभी तो वह उजबक सी-घूर-घूरकर देखा करती और कभी इस सम्बोधनों के उत्तरस्वरूप थाली, गिलास, तकिया, जो भी चीज उसके हाथ के सामने होती, उठाकर पंडित के मुँह पर मारती।

गरज यह कि अर्जुननाथ अर्जीनवीस यानी कि साधु पंडित के घर में मिनी महाभारत शुरू हो गया था और वक्त-बेवक्त की चीख-चिल्लाहटों, टूटते बर्तनों की

चीत्कारों को सुनकर मुहल्लेवालों की नींद हराम हो गई थी।

यों मुहल्लेवाले उसी दिन सतर्क व चौकन्ने हो गए थे जिस दिन यह साँवरकली रामप्यारी शोख गुलाबी साड़ी में अपना साँवला शरीर ढके, नंगे सिर, टखने-घोड़े दिखाती पंडित के घर में प्रवेश कर गई थी।

सतवन्त ने चार-छह सहेलियों को बुलाकर अरुन्धती के घर से ही पंडित के घर की फिल्म दिखाई थी। चेहमेगोइयाँ हुई थीं, फिकरे कसे गए थे। दबी-ढकी हँसी मुहल्ले-भर में गूँजी थी, थू-थू, हाय-हाय, आह-आह हो गई थी। देखते-देखते हंगामा हो गया था। फिर तो रोज नए-नए दृश्य नजर आने लगे। आज पंडित के घर की प्याली गई। आज पंडित की गंजी गली में गिरी मिल गई, आज तो पंडित के सिर पर पट्टियाँ भी बँध गई।

स्त्रियाँ तो स्त्रियाँ, पुरुष वर्ग में भी हलचल थी। महीपे से लेकर अनवर मियाँ तक पंडित की इस करतूत पर हैरानकुन थे। महीपा दुःखी था।

"पता नहीं कहाँ से बाईस-चौबीस साल की लड़की उठाकर लाया है। कोई दुखियारी होगी। नहीं तो कौन इस कब्र में लटके पंडित के गले में बाँहें डाल देती ?"

"गले में बाँहे डालने की एक ही कही बिरादर। साठे पर पाठा है अपना पंडित !" अनवर मियाँ मौज में आकर दाढ़ी निचोड़ते हुए बोले, "अब देखो, बुढ़ापे का इश्क क्या रंग लाता है।"

"मुझे तो लगता है पंडित उधर किसी साधु-तान्त्रिक से कोई जड़ी-बूटी आजमाकर आया है, नहीं तो इतनी हिम्मत... !' महीपा आश्चर्य में अटकलें लगा रहा था।

मास्टरजी ने फ्रायड और युंग को पढ़ा था। एडलर के मनोविश्लेषण की जानकारी हासिल की थी। वे अर्जुननाथ की अतृप्त इच्छाओं का विश्लेषण करने लगे।

कुछ दिन गली के मनोरंजन के लिए चटपटा मसाला तैयार हो गया, लेकिन अर्जुननाथ की हालत ऊपरवाला ही जानता था। ओखली में सिर दिया था तो अब दनादन मूसलों की चोट सहनी ही थी।

अरुन्धती, सतवन्त, हीमाली वगैरह एकाध बार किसी-न-किसी बहाने पंडित के घर का चक्कर लगा आईं। आखिर नई-नई आई है मुहल्ले में, किसी चीज-बस्त की जरूरत हुई तो किससे कहेगी ?

"उससे कहेगी, जिसके साथ फेरे लगाकर आई है।" रत्नी महिला-मण्डल की चिन्ताओं का समाधान करती, लेकिन रामप्यारी की चिन्ता का समाधान करने की कूवत उसमें भी नहीं थी।

एक बार खिड़की की सीध में, बाल खोले, कोप-मुद्रा में बैठी हुई रामप्यारी को देखकर बुजुर्ग वनमाली उल्टे पैर घर लौट आई थी। गई तो थी वह कुछ सीख-उपदेश देने बहू को। पंडित को कुछ सुझाव-उझाव देने। सोचा था चलो जो भी हुआ, पंडित का उजड़ा घर तो बस गया, लेकिन पंडित का घर कोपभवन बना देखकर वह ऐसे भागी कि रास्ते में दो-एक जगह लड़खड़ाकर गिरते-गिरते बची।

पंडित ने जीवन-भर किसी को कोई वरदान न दिया था। वादे वे यों भी न करते थे, यद्यपि रामप्यारी का कोप देखकर उन्होंने अपने दिमाग पर जोर डालकर सोचने की कोशिश की कि कहीं वह किसी वादे-इरादे को पूरा करने में मुकुर तो नहीं गए। लेकिन उनका दिमाग तो धुली-पुँछी स्लेट थी। कभी कुछ कहा भी होगा तो वक्त की जरूरत के मुताबिक ही कहा होगा। वक्त बीतने के साथ ही उस बात की अहमियत भी खत्म हो गई थी।

फिर भी पंडित परेशान थे। अब जो ढोल गले में पड़ गया तो उसे बजाना ही था। रत्नी शायद कुछ उपाय बताए, सोचकर रत्नरानी के पास चले गए।

"भाभी, जरा घर आकर उसे समझा-बुझा आओ।" पंडित खामखाह हकलाने लगा था, नए अनाड़ी दूल्हे की तरह।

"क्या समझाऊँ पंडित काका ? ठोक-बजाकर तो तुम ले आए हो। ऐसे अनाड़ी होते..."

"भाभी ! जो बोलो सो वाजिब ! क्या करूँ, बड़े धर्मसंकट में हूँ, अनशन कर बैठी है। मर-मुर गई तो हत्या सिर लगेगी। फिर कहाँ प्रायश्चित करता फिरूँगा। तुम आकर बात करो। मुझसे तो न बोलने की कसम खा रखी है।"

रत्नी तरस खा गई। स्वभाव में ही करुणा भरी थी, उल्टा-सीधा बोलने के बावजूद पंडित के घर चली गई।

रामप्यारी को समझाया, दुलारा। स्नेह-स्पर्श पाकर वह भी पिघल गई। रत्नी की गोद में सिर रखकर सुबकने लगी और रत्नी के हर प्रश्न का एक ही उत्तर देती रही, "येऽऽ बुड्ढा है, ये बुड्ढा है...मुझे धोखा दिया। उधर बोला, अपने लड़के के लिए चाहिए, इधर बोलता मेरे साथ सो जाओ। कैसे सोएगा बुड्ढे के साथ ?"

रत्नी पहले तो हँसी पर पूरी बात सुनकर गुस्से से उबलने लगी। लेकिन अब किसी के भी गुस्से से क्या हो सकता था। पंडित करनी तो कर चुका था। अब तो हर हाल में उसे भुगतना ही है।

रत्नी जितना समझ सकती थी, रामप्यारी को उतना समझा दिया। बालों की उलझी लटें खोलकर उसके सिर में तेल डाला, कंघी-चोटी की। पंडित को मीठा-मीठा डाँटकर दो-चार जोड़े रंगीन साड़ियाँ लाने का आदेश दिया, "अब तो भैया, इस उम्र में औरत तुम पर रीझने से रही। इसे लाए हो तो कुछ अच्छा पहनाओ, ओढ़ाओ, खिलाओ-पिलाओ, सिनेमा-खेल दिखाओ। इसका भी जी लगा रहेगा...।"

घुड़की खाकर पंडित ने सिर झुकाया। उसी दिन बाजार जाकर रत्नी के आदेश का यथासम्भव पालन किया, यानी कि चार रंगीन साड़ियाँ, जिनमें दो नायलान की पारदर्शी साड़ियाँ भी थीं, लेकर आया। अनवर मियाँ ने चार काम रोककर पंडित-भाभी के लिए जम्पर-पेटीकोट सिल दिया और मजूरी भी न ली। महीपे से कहा, "पंडित की तिजोरी वैसे ही लुटने लगी है भैया, अब यार-दोस्त तरस न खाएँ तो सोचो, पंडित का क्या हाल होगा ?"

एक-दो अट्ठनियाँ बचाकर पंडित घर लौटने लगा था कि याद आया, घर में खाना तो बना ही नहीं होगा। पलटकर वह हलवाई की दूकान पर चला गया, कड़ाही में गरम जलेबियाँ छन रही थीं। पंडित गरम-गरम जलेबियाँ कागज में बँधवाकर घर ले आया।

हलवाई ने लम्बी साँस ली, 'हाय रे पंडित ! बुढ़ापे में तेरी मिट्टी पलीत होनी थी। एक वह थी हूर-परी, जिसके लिए कभी मोटा-झोटा भी न जुड़ा, मिठाई-नमकीन की बात तो परे करो, और एक यह दस घाट का पानी पी हुई भूतनी है जिसके लिए लुटने को तैयार बैठे हो। अब नाच जमूरे...जो भी नाच नचाएगी...'

दस

भूत-प्रेतों में तो गलीवालों का विश्वास था ही, पहुँचे हुए संन्यासियों और मनचले फकीरों का भी वे आदर करते थे। एक पहुँचे हुए संन्यासी, जो अक्सर कमर में तलवार लटकाए अधनंगे घूमते थे, अजीबो-गरीब हरकतें करते कभी गली से गुजर जाते थे। किसी के शुभ दिन पर नमूदार न भी हों पर दुर्दिन की सूचना देने अवश्य पहुँच जाते। दयाराम मास्टरजी इन मनचले संन्यासियों से जरा दूर ही रहते थे। यों वे इन्हें 'इस्माइल बदखबर' के नाम से पुकारते, पर वह तो पीठ पीछे कोई भी बात करने की हिम्मत रखता है, मुगल के सामने फारसी बोलो तब पता चले कि आप कितने पानी में हैं। एक बार जब वे मनचले संन्यासी अमरनाथ के घर में घुसकर लाजवन्ती को अपनी गोद में बिठा गए, सभी मर्द-औरतों के सामने, उस वक्त दयाराम मास्टरजी हक्के-बक्के से देखते रहे। संन्यासीजी सुन्दर औरतों के हाथ से चाय पीना पसन्द करते थे, और मूड में आकर यदा-कदा कपोलों पर स्नेह स्पर्श भी दे देते। पुरुष वर्ग बस नजरें झुकाए बैठा रहता ! महिलाएँ भगवान का स्मरण करने में लीन, फकीर की सीधी नजर के लिए याचना करतीं। दयाराम मास्टरजी बस उठकर महफिल से चले गए ! और किसी प्रकार का विरोध उनसे भी न हुआ। वे फकीर की भीतरी ताकत से उतना नहीं जितना उनकी नंगी तलवार से डर जाते थे ! घर में मौत हुई थी, उस दिन बारही पर लोग-लुगाइयाँ जुट गए थे। वक्त ही बड़ा नाजुक था। पर पीर-फकीरों के लिए सभी स्थितियाँ एक जैसी होती हैं। समदृष्टि जो रहती है उनकी। सुख-दुःख सम-भाव।

एक बार इन्हीं संन्यासीजी ने बीच सड़क रत्नी को गोद में उठा लिया था। यों तो बड़ी हिम्मतवाली बनती है रत्नी, पर उस वक्त तो रक्तिम कपोल भी पीलिया से ग्रस्त हो गए। उस दिन रूपा के साथ वह फतेहकदलवाली बुआ के पास जा रही थी। पुल पार करते, जरा जंगले के पास रुककर वह रूपा को बुआजीवाला नदी-किनारे का घर दिखा रही थी कि पीछे से 'हुम' करके दो हाथ बगलों में डाल किसी ने फूल की तरह धरती से ऊपर उठा लिया, फिर बड़ी सावधानी से पलटकर अपने कन्धों से लगाकर धम्म-धम्म करते पुल पार करने लगा। रूपा बेचारी चिल्लाती रही पर आते-जाते लोगों

ने देखकर भी उसे न टोका।

एक बुजुर्गवार बोले कि 'लाल बाबा पहुँचे हुए महात्मा हैं, जरूर उनकी इस हरकत का कुछ गहरा अर्थ होगा। चुपके से माँ के पीछे-पीछे चलो और आगे देखो क्या होता है...'

रूपा के गले में साँस अटक-सी गई थी और उसे डर था कि कहीं लाल बाबा रत्नी को नदी में फेंक न दें, पहुँचे हुए महात्मा का क्या भरोसा ? रत्नी को तो दिन में तारे नजर आने लगे थे। वह साँस रोककर बाबा के चिथड़े थामे बाबा के कन्धे से लगी रही थी और सोच रही थी कि ऐसे अन्त का खाका तो उसके दिमाग में कभी न आया था। लेकिन लाल बाबा उस पर कृपालु थे, उन्होंने न उसे सड़क पर पटक दिया और न ही नदी में अर्पित किया, अपितु सीधे बुआ के जनानखाने में लाकर सादर बिठा दिया।

आगे उन्होंने रत्नी के हाथ में सितार दी ! उसके हाथ से चाय पी और एक लम्बा रुक्का लिखकर दे दिया, जिसकी लिखाई कोई भी विद्वान् बाँच न सका, गोकि सभी इस बात से एकमत थे कि रत्नी के घर में कुछ-न-कुछ शुभ घटनेवाला है। पीर-फकीरों की कृपा का कुछ तो अर्थ होता ही है।

आगे क्या शुभ घटा, याद नहीं, हाँ कुछ ही दिन के बाद कुन्दन की मृत्यु हो गई थी।

लेकिन गली में जो दीन जहान से निराला भूता रहता था, वह न रुक्के लिखता था और न सुन्दरियों का भक्त ही था। वह या तो जमूरे की तरह हरदम नाचता-कूदता रहता था या बच्चों का जमघट इकट्ठा कर उन्हें भाषण दिया करता था। बच्चे उसके इर्द-गिर्द इकट्ठा होकर कहानियाँ सुनने की जिद करते। हँसते, कभी-कभी झुण्ड में चिढ़ाते भी, पर अकेले में हाथ जोड़कर सामने बैठ जाते। भीड़ की ताकत का अन्दाजा बड़ों से ज्यादा गली के बच्चों को ही था।

भूता अक्सर अलिफ नंगा घूमा करता। कभी-कभी तन पर लम्बा चोगा भी डाल देता। वह भी दया-धर्मी लोग कभी-कभी अपनी उतरन देकर अपनी और उसकी शर्म ढक जाते।

'भूता' का असली नाम श्री लम्बोदर प्रसाद काकपोरी था, लम्बा-चौड़ा नाम। पहले इसका ज्ञान गलीवालों को न था, बाद में मास्टरजी की तहकीकात के फलस्वरूप लोगों को उसकी जानकारी मिली। पहले तो संसारचन्द, महीपा, कण्ठ काका, अमरनाथ, यहाँ तक कि दयाराम मास्टरजी को भी उसके खानदान की कोई खोज-खबर न थी। अनवर मियाँ इतना जरूर बताते हैं कि एक बरफबारी की रात, जब छतों से शिशिरगाँठें लटक रही थीं, और नल के पाइपों में पानी जम गया था, वह उनकी दूकान की सीढ़ी पर सोया पड़ा था।

सुबह जब अनवर मियाँ दूकान खोलने आए तो सौ पैबन्दोंवाली लिहाफ में गुड्डी-मुड्डी होकर सोए भूता पर उनकी नजर पड़ी। दूर से देखकर अनवर मियाँ समझे गली का कोई अवारा कुत्ता ठंडे से बचने के लिए दूकान के छज्जे के नीचे सोया पड़ा

है, पर पास आकर उन्हें अपनी गलती मालूम पड़ी। सिर से पैर तक लिहाफ में ढका, वह आदमी, पहली नजर में भूत जैसा ही दिखा होगा, तभी तो उसका नाम 'भूता' पड़ गया।

अनवर मियाँ ने अल्लाह पाक को याद कर उसके मुँह से लिहाफ उठाया, तो सिर पर बाबाजी जैसी मरोड़ी सूखी लटें और छाती का स्पर्श करती गिचपिच दाढ़ी देखकर दो कदम पीछे हट गए। अकड़ी देह को देखकर वे डर रहे थे कहीं रात में ही टें न बोल गया हो, खामखाह सुबह-सुबह बेकार की साँसत ! लेकिन छूते ही अफीमची की लाल आँखों से घूरकर 'भूता' ने जो अनवर मियाँ को ताका कि बेचारे अनवर मियाँ की टाँगे पट्टू के तंग पाजामे के भीतर थरथराने लगीं, 'कौन हो भई, इधर क्यों पड़े हो ?' बड़ी हिम्मत जुटाकर उन्होंने भूता से प्रश्न किया। उत्तर में भूता स्प्रिंग लगे खिलौने की तरह एकदम सावधान मुद्रा में खड़ा हो गया तो उसका लिहाफ पैरों के पास लटक आया। अनवर मियाँ ने घबराकर आँखें बन्द कर लीं, बिल्कुल अलिफ नंगा ! कड़ाके की सर्दी में भी भूता बत्तीसी निकालकर मुस्कराने लगा तो अनवर मियाँ तमाम कपड़ों से लैस होने के बावजूद होंठों की जमी बर्फ मुस्कराहट को पिघला न सके।

दूसरी बार हैरानी से, 'कौन हो भाई' पूछने पर भूते ने भाषण देने की मुद्रा बनाते कहा, "तुम पूछो तू कौन ? पूछो, पूछो।"

अनवर मियाँ बुद्धूराम से देखते पूछ बैठे, "तू कौन ?"

"मैं ? मैं तेरा बाप !" भूता फिर दाँत निकोसने लगा !

अनवर मियाँ अब तक समझ गए कि इस आदमी के दिमाग के नब्बे फीसदी पुर्जे गड़बड़ हैं।

भूता इस बीच दोबारा बोल उठा, "तुमने पूछा नहीं तू कौन है ?" इस बार उसने गुस्से से आँखें तरेरीं, और आक्रामक मुद्रा बनाई, "पूछ जल्दी से !"

"तू कौन है भाई ?" अनवर मियाँ ने बचाव के लिए आसपास नजर दौड़ाई और इक्का-दुक्का लोगों को ही देखकर हकलाए।

"मैं ? मैं क्यों बताऊँ ?" कहकर भूता धम्म से दो सीढ़ियाँ कूदकर सड़क पर आ गया और उत्तर दिशा की तरफ बेतहाशा भागने लगा।

अनवर मियाँ ने राहत की साँस ली और हाथ को गरम साँसों से नरम कर दूकान का ताला खोलने लगे। जूते निकाल वे घर से लाई काँगड़ी पर हाथ-पैर सेंकने लगे। मशीन खोली, छूने से ज्यों पाला छू गया। काम करने का मन ही नहीं हुआ। भूता भी दिमाग पर हावी था। जी कर रहा था किसी से दो बातें कह-सुन लें। संसारचन्द पुरोहित मन्दिर की तरफ जा रहे थे। अनवर मियाँ उन्हें टोककर 'भुता' की बात कर ही रहे थे कि इतने में ही भूता भागा-भागा फिर उनकी दूकान पर चढ़ आया।

इस बार चार-छह आदमी उसके पीछे-पीछे चले आ रहे थे। उसने लिहाफ कन्धों पर कसकर लपेट-सा रखा था।

अनवर मियाँ और संसारचन्द को नजरअन्दाज करता हुआ वह दूकान की ऊपरली

सीढ़ी पर भाषण देने की मुद्रा में तनकर खड़ा हो गया और अदृश्य बच्चों की भीड़ को सम्बोधित करने लगा, "मेरे प्यारे बच्चो, नन्हे-मुन्ने बच्चो, आओ, मैं तुम्हें एक कहानी सुनाता हूँ। सुनोगे तो अच्छा, न सुनोगे तो मुझे क्या ?"

'भूता' को भाषण देते देख सड़क पर चलते लोग अपना गन्तव्य भूल अनवर मियाँ की दूकान के सामने इकट्ठा हो गए।

"तुमने नेपोलियन द ग्रेट का नाम सुना है ? क्रिस्टोफर कोलम्बस के बारे में जानते हो ? नहीं ? अरे नहीं जानते ? वही तो, वही तो दो सौ चौबीस दिन यात्रा करता रहा। बताओ तो उसने किस देश की खोज की थी ?"

"अमरीका।" भीड़ में कोई चिल्लाया। भूते ने खुश होकर अगला प्रश्न किया, "तो यह भी बताओ एलेक्जेन्डर द ग्रेट कौन था ? बोलो, बोलो ! तुम्हें नहीं मालूम ?"

स्वयं ही प्रश्न करते स्वयं ही उत्तर देते भूता तल्लीन मुद्रा बनाए खड़ा था, "अरे वही, वही तो, हाँ, जिसने पोरस के साथ युद्ध किया था और फिर उसे बन्दी बनाया। हाँ, हाँ वही, जिससे पूछा था, बोल तुमसे कैसा बर्ताव किया जाए ? जिसने जवाब में कहा था, जिस तरह एक राजा दूसरे राजा से करता है। बोलो बच्चो, तुम उस एलेक्जेन्डर को जानते हो ?"

किसी शैतान बच्चे ने आवाज मारी, "उसे तो मरे हुए सदियाँ गुजर गईं पगले !"

पगला ठट्ठाकर हँस पड़ा, "मर गया ? अहा हा, झूठ, बिल्कुल झूठ। एलेक्जेन्डर जिन्दा है।" अपनी छाती पर घूँसा मारकर वह चीखा, "एलेक्जेन्डर तुम्हारे सामने खड़ा है। बोलो एलेक्जेन्डर की जय।"

भीड़ पगले का भाषण सुनकर मुदित हो उठी और सामूहिक स्वर से बोल उठी, "एलेक्जेन्डर की जय, भूता की जय।"

भूते ने फिर दो सीढ़ियाँ एक ही कूद में लाँघी और इस बार दक्षिण दिशा की ओर भाग गया।

भूता यों किसी से छेड़छाड़ नहीं करता था। धूप निकलती तो चुपचाप, धूप में बैठकर ऊँघता रहता, कभी-कभी बण्डी निकालकर उसमें जुएँ बीनता, कभी बायाँ पंजा धरती पर टिका दाएँ से अँगुलियों को गिनते, 'अकुश बकुश तिलवान चकुस' खेलता रहता। ज्यों कोई बच्चा सामने बैठा हो। हारने पर रूठ जाता और जीतने पर हा-हा-हा-हा करके हँसने लगता। बारिश में किसी दूकान की सीढ़ी पर छप्पर की ओट में घुटने मोड़कर बैठता और बरसते आकाश को तन्मयता से निहारता रहता। आते-जातों से सिगरेट माँगता और कश खींचते दार्शनिक की-सी मुद्रा बनाकर बड़बड़ाता, 'एक्सप्रेस का टिन लो। टिन में से आइरन वेट काट लो। बाकी रहा...क्या रहा बाकी ? दैट इज़ युवर युनिवर्स।'

भूता अदृश्य बच्चों को सम्बोधित कर जो कहानियाँ सुनाता, उन क्रमहीन कहानियों में भी उसके अध्ययन व विद्वत्ता की झलक मिलती। कभी-कभी वह जोर-जोर से रोने लगता। उसका रोना तब तक जारी रहता जब तक कि कोई राहगीर उसके पास आकर

उससे पूछता नहीं, 'क्यों रोते हो भाई ?'

"मैंने अपनी माँ को फाँसी पर चढ़वाया..." भूता ज़ार-ज़ार रोते उत्तर देता।

"क्या कहा, तुमने अपनी माँ को फाँसी पर चढ़वाया ?" राहगीर आश्चर्य में उजबक-सा देखता भूता का उत्तर दुहराता।

"हाँ, आज ही..."

"कौन थी तुम्हारी माँ ?" पूछनेवाले को भूता के सनके भेजे का आभास मिल जाता।

"एग्रीयना।"

"और तुम कौन हो भाई ?"

"दिखता नहीं, आँखों पर चर्बी चढ़ी है ?" भूता को गुस्सा आता। "मैं नीरो हूँ, रोम का सम्राट नीरो..."

पूछनेवाला हँसी दबाकर बात चालू रखता, "मगर नीरो तो रोता नहीं था। जब रोम जल रहा था, वह बाँसुरी बजा रहा था।"

भूता दूर आसमान के घुमड़ते बादलों को देखता बुदबुदता, "हाँ, तब वह बाँसुरी बजा रहा था। पर इस वक्त वह रो रहा है। देखो, उसके आँसू चारों तरफ बरस रहे हैं।"

"यह तो बारिश हो रही है भूता।"

बस, यहीं गड़बड़ होती। भूता की बात का विरोध करो तो वह हाथापाई पर उतर आता। कभी हाथापाई न भी करता तो भी मोटा-सा बलगम भरा थूक का लौंदा हँसनेवाले के मुँह पर पोत देता।

दयाराम मास्टरजी भूता से प्रभावित थे। सुबह-सुबह अपनी खिड़की पर बैठे जब वे हाजत उतारने के लिए तम्बाकू के कश खींच रहे होते, वे भूते को भाषण देते सुना करते। वे इस निष्कर्ष पर पहुँचे थे कि भूता कोई पढ़ा-लिखा 'फ्रस्ट्रेटेड यूथ' है। इसके बारे में जानकारी हासिल करनी चाहिए, और यथासम्भव इसकी मदद भी करनी चाहिए।

एक दिन नित्य कर्म से निवृत्त होकर मास्टरजी भूता के श्रोतागणों में शामिल हो गए। भूता उस वक्त 'सावधान' की मुद्रा में खड़ा होकर चार-छह बच्चों की भीड़ को सम्बोधित कर रहा था, "मैं विरोध करता हूँ" भूता ने मुट्ठियाँ कस ली थीं।

"किसका विरोध करते हो ?" दयाराम मास्टरजी ने पास आकर मीठी आवाज से पूछा।

"जर्मनी के विनाश में अपने देश की साझेदारी का विरोध करता हूँ।"

"तुम कौन हो ?" मास्टरजी ने सोच में पड़कर पूछा।

"मुझे नहीं पहचाना ?" भूता आश्चर्य से मास्टरजी की तरफ देखने लगा।

"नहीं भई, मैंने नहीं पहचाना।" मास्टरजी ने नम्रता से अपना अज्ञान स्वीकार किया।

"मैं रसेल हूँ, बर्ट्रेंड रसेल ! ब्रिटेन से आया हूँ।"

दयाराम मास्टरजी क्षीण-सा मुस्कराकर घर लौटे।

उस शाम उनकी बैठक में जो गप्प-गोष्ठी के लिए यार-दोस्त इकट्ठा हो गए तो उन्होंने पगले भूता का प्रसंग उठाया।

"यह पगला कोई पढ़ा-लिखा लड़का लगता है। इतिहास और दर्शन की जानकारी रखता है। इसके घर-बार के बारे में जानना होगा।"

"पुलिस को इत्तला दें !" महीपसिंह ने सुझाव दिया।

"नहीं, पुलिस को नहीं। बेचारा किसी का कुछ बिगाड़ता नहीं। बेकार ले जाकर पागलखाने में डाल देंगे। ऐसा करते हैं, एक सर्क्युलर निकालेंगे, पगले का पूरा हवाला देकर। हो सकता है इसके माँ-बाप या किसी नाते-रिश्तेदार को पता चले और वह इसे लेने आ जाएँ। सर्क्युलर को पास-पड़ोस के गाँव में भी पहुँचाना होगा। मुहल्लों में तो अपने छोकरे ही जा सकेंगे। दूर-दराज गाँवों में डाक से भेज देंगे।"

"बाबत किसके ?" अनवर मियाँ ने सवाल किया।

"गाँव-जिला पोस्ट मास्टर या सरपंच के नाम भेजेंगे। एड्रेस मेरा लिख देना।"

दयाराम मास्टरजी में एक खूबी जरूर थी कि झगड़ों-टंटोंवाले धन्धे अपने ही सिर लेना मुनासिब समझते थे। बन्दूक भी उठाते तो अपने ही बल भरोसे पर, दूसरे के कन्धों का इस्तेमाल नहीं करते थे।

दूसरा खंड

एक

सर्दियों के छह महीने, मगहर से बैशाख तक गली बर्फ, कीच और कुहासे से दब जाती। वर्ष की पहली बर्फ यों नई खुशियाँ लेकर आती। मुहल्लेवाले पहली फुहार के इन्तजार में पलकें उघाड़े बैठे रहते। इधर बर्फ का पहला थक्का गिरा,उधर लोग-बाग जरा-सी बर्फ इकट्ठा कर पड़ोस के घर में 'नवशीन मुबारक' की हाँक के साथ बधाई दे आते। रत्नी, हीमाली, अरुन्धती या लाजवन्ती में से जो भी पहली बर्फ देखती, खिड़की से ही 'नवशीन मुबारक' की आवाज लगाकर शर्त बद देती। पुरुष वर्ग कागज में बर्फ इकट्ठा कर, एक लिखित पुर्जा साथ थमा देता, जिस पर सुन्दर अक्षरों में लिखा होता—

बर्फे नव उफताद, सद मुबारकबाद
इंचे शरत अस्त, जूद बायदाद

(नई बर्फ पड़ी; सौ मुबारकबाद हो, इसकी शर्त जो है सो पूरी करो यानी इस मुबारकबाद के एवज में दावत खिलाओ।)

अकसर अनवर मियाँ, अर्जुननाथ या अमरनाथ, मास्टरजी के घर में पुर्जा दे आते। मास्टरजी भी खुशी में शरीक होकर रोगनजोश और नान खिलाने में कोताही न करते। खूब हँस-खेलकर नई बर्फ का स्वागत होता। पर यही बर्फ लगातार छह महीने बरसते और इकट्ठा होते दुःख का कारण भी बन जाती। ठंड से हाथ-पैर तो जुड़ जाते ही, नलकूपों में पानी भी जम जाता। उस पर इधर सूरज फटे बादलों के बीच से जरा-सा उझक आया, इधर छतों, दूकानों के छज्जों, परछत्तियों पर जमी लटकती पानी की शिशिरगाँठें (आइसिकल्स) ताप से पिघलने लगतीं। ढलवान छतों से बर्फ पिघलकर मोटे-मोटे खंडों में, गली में धप्प से गिरतीं और गली में बर्फ के आदमकद अम्बार बन जाते। गली से गुजरते ऊपर शिंगल और टिन की छतों से झुक आई बर्फीली चादरों से बचाव करके गुजरना जरूरी हो जाता, क्या पता कब बर्फ का भारी खंड आपके ऊपर गिर जाए और आप सँभलने से पहले ही उस हिमखंड में दब जाएँ ?

ऐसे में ज्यादातर लोग घरों में कम्बल-काँगड़ी लिए दुबके रहते। शहर ठंडी उदासी से सिकुड़ जाता।

मास्टरजी की बेटी तारा आँखों तक शाल खींचे विलाप करते स्वर में गुनगुनाती रहती, 'बर्फे नव उफताद, कूचिहा गिलशुद, दीदाए रूई यार, मुश्किलशुद', (नई बर्फ पड़ी, गली-कूचे बर्फ से ढक गए। ऐसे में यार का दीदार मुश्किल हो गया।)

फागुन में शिवरात्रि के मौके पर ठंड में थोड़ा-सा फर्क आ जाता, पर वितस्ता में

वटुक भरते, अखरोटों का पानी बदलते, कई बार घर की गृहिणियाँ अखरोटों की घाघर-घड़ों समेत कीच और बर्फ पर फिसल पड़तीं। बड़ी एहतियात से काम लेना पड़ता। फिर भी 'शिवरात्रि' पन्द्रह दिन धूम-धड़ाके से मनती। घर लीपते महिला-वर्ग की हालत खस्ता हो जाती, पर बच्चों, बड़े-बूढ़े के संग वे भी कौड़ियाँ खेलने में मगन रहतीं। खाना-पीना, पूजा-पाठ साथ-साथ चलता रहता। चूल्हे तपते रहते, चौकों से मसालेदार पकवानों की खुशबू आती और पूजाघरों से आरती की घण्टियों के साथ भजनों के सामूहिक स्वर घरों में गूँजते रहते। ज्यादातर रीतों के अनुसार मछली, मीट, कई-कई तरह से पकते, अखरोटों की पूजा के बाद उनका आदान-प्रदान भी ठंड में ही होता। किसी की नई बहू आई होती तो उसके मायके से आए हजारों भीगे अखरोटों और उसके साथ रोटियों वगैरह के बाँट-बखरे में कई-कई दिन निकल जाते। उस वक्त चाहे वर्षा से बर्फ पिघलकर गली में कीचड़ के परनाले ही क्यों न बहा रही होती। गली से गुजरो तो कपड़ों पर मटियाली छींटों के अजीबो-गरीब नमूने बन जाते, जो साबुन से रगड़ने पर भी कपड़ों पर अपने निशान छोड़ ही देती। लेकिन फिरन के भीतर काँगड़ी छिपाए घरों में आना-जाना लगा रहता। एक तो शिवरात्रि, उस पर सलाम के दिन ईद ! दोनों उत्सवों पर मेल-मिलाप और मुबारकबाद देने की प्रथा को बरकरार रखना जरूरी था।

हाँ, यह सब जरूरी था। सदियों से ऐसा ही होता आया था। मेल-जोल, पर्व-त्यौहार, बधाई-मुबारकबाद और उसके साथ गलियों की कीज भी जरूरी थी। इससे निस्तार असम्भव था।

गलियाँ शहर में अब पक्की बनने लगी थीं, शेरे-काशमीर के नए प्लॉन के मुताबिक ! शहर नए सिरे से बन-सँवर रहा था। तंग बस्तियों में एक तरफ के घर गिराकर सड़कों को चौड़ा कर दिया गया था। लेकिन ऐलान गली तक आते-आते सरकार का प्लॉन भी खटाई में पड़ गया।

मकान गिराने की बात सुनकर गलीवालों पर वो मातम छा गया, जो सदियों से किसी ने देखा-सुना न था। मन्त्री महोदय ने खुद आकर स्थिति की जाँच की। मुहल्लेवालों को भरपूर मुआवजा और खुली जगह देने का वचन दिया, पर बात कुछ ऐसी पेचीदा थी कि सरकार की बोलती जबान भी बन्द हो गई।

तहकीकात से मालूम पड़ा कि अगर दाईं तरफवाली कतार ढहाई जाए तो शिवजी का मन्दिर बीच में आ जाता है, अगर बाईंवाली कतार ढहाई जाए तो मस्जिद को हटाना पड़ेगा। दोनों बातें गलीवाले, शरीर में प्राण रहते होने नहीं दे सकते थे। हिन्दू-मुस्लिम झगड़े-फिसाद की सम्भावना में कत्लेआम की पूरी गुंजाइश थी। आखिर दीन-धर्म की बात तो सर्वोपरि थी। उसकी रक्षा करने में प्राण जाएँ तो जाएँ, आखिर तो रहनेवाली चीज धर्म ही है न ? प्राणों का क्या ? एक दिन फूँक तो सरकनी ही है ! फिर जिसका जी चाहे खुली हवाओं में, चौड़ी सड़कों पर रह ले। बुलिवार्ड, गुपकार, न हो तो कर्णनगर, वजीर बाग, गुगजी बाग, कहीं भी बंगला बनाकर बस जाए, किसी को भला क्या एतराज

हो सकता है, पर गली में रहते हुए अनर्थ तो नहीं होने दिया जाता सकता ?

परिणाम यह हुआ कि पूरा शहर सुधर-सँवर गया, पर ऐलान गली ज्यों-की-त्यों बनी रही, बाबा आदम के जमानेवाली !

यों कई अर्थों में घरों के भीतर सुधार जरूर हुआ। सुधार कहिए या चली आती परम्परागत रीति-नीतियों में बदलाव, पर इस बदलाव ने बड़ों के ना-नुकर के बावजूद घरों में जगह पा ही ली।

मास्टरजी के घर से ही चीनी-मिट्टी के प्यालों में चाय पीने-पिलाने की प्रथा शुरू हुई। पहले-पहले हीमाली इस बात का खास ध्यान रखती कि प्याले चौके के बाहर ही रहें। पर एक दिन चन्दन कॉलेज के दोस्तों के लिए ट्रे में कप-सासर सजाकर चौके के बीचों-बीच रख आया तो हीमाली ने बुरा महसूस करने के बाद भी चौका-चूल्हा नए सिरे से लीपा नहीं। सोचा अब एक बार लीपने से तो होगा नहीं। बेटा बार-बार अपनी करनी दुहराएगा। उसकी खासू में गरम चाय पीने से जीभ जलती है। सो गम खा गई।

देखी-देखी रत्नी, लाजवन्ती यहाँ तक अरुन्धती के घर में भी चीनी के प्याले घुस आए। रत्नी के चौके में पहली बार जनता स्टोव आया, चाय-चूय बनाने के लिए। अब दो कप चाय बनाने के लिए कौन बार-बार समोवार फूँकता ? सो अरुन्धती ने भी उसी से एक स्टोव अपने लिए भी मँगवा लिया। नाथे की माँ तो बिजली का स्टोव भी जलाती थी कभी-कभी। बहुएँ तो शाम का खाना भी स्टोव पर ही पकाने लगीं। कौन बार-बार चूल्हा फूँककर आँखें खराब करे ? पर घर की बूढ़ी औरतों ने इस बात पर असहमति प्रकट की। उनका विश्वास था कि स्टोव पर पका खाना गरम होता है, पाचन के लिए भी ठीक नहीं।

मास्टरजी की बैठक में कुछ कुर्सियाँ-सोफे तो रहते ही थे। आखिर वे एक गैजेटिड ऑफिसर रह चुके थे। मुलाकातियों का सिलसिला अभी भी चलता था। संसारचन्द के बेटे जवा ने भी अपने कमरे में चार कुर्सियाँ और मेज लगाकर बैठक बना दी।

अर्जुननाथ ने अपने कच्चे मकान के फर्श पर सीमेण्ट करवाकर उसे पक्का कर दिया। नहीं, रामप्यारी की सुविधा के लिए नहीं। वह तो महीना भर बाद ही एक रात जो लिहाफ में घुस गई, सुबह लिहाफ से बाहर निकलती दिखाई न पड़ी। अर्जुननाथ ने गुस्से और दुःख से कहा, 'रामप्यारी तो बिस्तरे के अन्दर ही गायब हो गई।'

किसी ने कहा, नदी में डूब मरी। अरुन्धती बोली, 'सुबह नहाते समय वितस्ता के घाट पर उसने नीली छापल साड़ी देखी। रामप्यारी की ही थी।' उसे लगा शायद रामप्यारी ने आत्महत्या कर ली हो और सुराग के रूप में घाट पर साड़ी छोड़ गई हो।

रत्नी जान गई थी कि एक कम उम्र का लौंडा उसे बहका-फुसलाकर ले गया, कई दिन से पंडित के पीछे वह घर आता रहा था।

अर्जुननाथ पर घड़ों पानी पड़ गया। रामप्यारी सभी साड़ियाँ इत्यादि साथ ले गई थी। अर्जुननाथ ने माथे पर हाथ मारकर इतना ही कहा कि भाग्य उसका खोटा था, नहीं तो क्या भरा-पूरा घर छोड़कर दर-दर ठोकरें खाने भाग जाती ? उन्होंने शर्म के मारे

पुलिस को भी इत्तला नहीं दी। चुपचाप अपने और रामप्यारी के खोटे कर्मों को रोते हुए गम खा गए। सोचा था उजड़ा घर बसेगा, पर लच्छी के बाद घर जो उजड़ गया सो दिन-ब-दिन उजड़ता ही चला गया।

अर्जुननाथ ने हारकर तब नाथे पर ही बची-खुची आशाएँ केन्द्रित कर लीं। वक्त की मार खाकर भी अक्ल न आती क्या ? सो नाथे के साथ उसके परिवार को भी घर बुला लिया। और उन सबकी सुख-सुविधा का ध्यान रखने में जुट गए। अब इसे धर्म कहें या विवशता, विकल्प की गुंजाइश न होने के कारण, माथे पर धारण कर लिया। नाथे की माँ ने कहा, 'चौका पक्का करवा लो, हमसे लीपना-पोतना नहीं होता।' नाथे की माँ ने कहा, 'पूरे घर में रंग-रोगन कर लो, दीवारें खस्ता हाल हो गई हैं। नाथे की माँ ने कहा, 'अब नाथे की शादी करनी है। सो कुछ कुर्सी-पलंग खरीदकर ले आओ।' अर्जुननाथ नतशिर हो गए। गरज अर्जुननाथ सेवा-भाव से जुट गए। आखिर नाथे को उन्होंने अपना बेटा बनाया था और उसकी माँ अर्जुननाथ को दो वक्त का खाना पकाकर खिलाती थी। इसमें तो दो राय नहीं थीं।

सीमेण्ट का फर्श डलवाकर दीवारों पर रंग-रोगन मास्टरजी ने भी करवा दिया था। दरअसल, हीमाली से अब घर लीपना नहीं होता था, जब से बेटे का दुःख कमर तोड़ गया और बेटी भरे पूरे घर से लौट आई, हीमाली दो पसली-भर रह गई है। छोटे लड़के चन्दन का ही सहारा है अब। लड़का बड़ा आज्ञाकारी निकला। स्कॉलरशिप से एम.एस. सी. कर गया। पढ़ने में जहीन निकला और माता-पिता की दुखती रग पर बराबर फाहे लगाता रहा। मास्टरजी ने कहा भी कि प्रदेश से बाहर किसी नामी यूनिवर्सिटी में पी-एच. डी. कर ले, पर चन्दन 'यहाँ क्या कमी है, यहीं कर लूँगा' कहकर घर से बाहर नहीं गया। बूढ़े माता-पिता और पगली बहन को छोड़कर बाहर कहीं भी जाना उसे अपराध लगा।

इधर अब घरेलू काम के लिए नौकर मिलने भी दूभर हो गए हैं। शेख साहब के राज्य में तो मजदूरों की बन आई। दिन में जो मजदूर सात-आठ रुपया कमा ले वह बीस-पच्चीस रुपए महीना की घरेलू नौकरी क्यों करने लगा ? मास्टरजी ने अनवर मियाँ से कहा था, "कोई लड़का तलाश करें जो हीमाली का हाथ बटाए, अकेली से अब घर-बार सँभल नहीं पा रहा है।"

अनवर मियाँ ने बाजार भाव देखा तो मायूसी से कहा, "मास्टरजी, लौण्डों का दिमग अब आसमान छूने लगा है। कहते हैं, छह घंटे मजूरी करेंगे तो शाम को छह-सात रुपया टेंट में ले आएँगे। घरों में यह काम, वह काम करते हाथ-पैर घिस भी जाएँ, तो भी क्या मिलेगा? महीने का बीस नहीं तीस!"

"हाँ, भई, इससे अधिक तो दे भी नहीं सकते। तंगी का जमाना है," मास्टरजी ने हालातों की मजबूरी बयान की।

अनवर मियाँ को गुजरे जमाने की याद ने भावुक बना दिया। "मास्टरजी, मुझे ठीक से याद है तुम्हारे घर के आठेक रुपए पर नौकर सुबह से शाम तक हाथ बाँधे खड़ा

रहता था। कपड़ा धोना, बर्तन माँजना, झाड़ू-बुहार, हाट-बाजार सब काम तो करने का था ही, उस पर मरहूम वालिद-हजूर का बिस्तर लगाना, गोड दबाना, तम्बाकू तैयार करना...अब वैसा कोई करेगा ?"

"हाँ, वक्त बदल रहा है तेजी से। इसमें शिकायत की क्या बात ? तरक्की का जमाना है..." मास्टरजी ने संजीदा होकर कहा।

"शिकायत तो वक्त बदलने से नहीं है, भाईजी, हाँ लौण्डों का सिर फिरने से जरूर है। लिहाज-मुरोव्वत नाम की चीज कहाँ रह गई है भला ? बदलने की बात आपने सही फरमाई है पर अपने वालिद को कोई पहचानने से इन्कार करे तो इसको तो तरक्की नहीं कहेंगे न मास्टरजी ?"

अनवर मियाँ ने चौंकानेवाली बातें कहीं जिन्हें शाम की गप्प-गोष्ठी में महीपे और संसारचन्द ने भी पुष्ट किया। (यहाँ यह बताना जरूरी है कि काफी कुछ बदलने के बाद भी गली और गप्प-गोष्ठियाँ बराबर चालू हैं। यों वे भी अब भरी जवानी से ढलकर बुढ़ापे की तरफ सरकने लगी हैं और उनमें अब अतीत के मधुर श्रद्धा-भक्ति सने संस्मरण ज्यादा शामिल होते, जो वर्तमान की बढ़ती अश्रद्धा के मुकाबले में वास्तविक से भी ज़्यादा सतोगुणी मालूम पड़ते, चाहे वह अमरनाथ, दीनेश्वर की यात्राएँ हों या मात्र दैनिक सन्ध्या पूजन। उन दिनों की बात ही कुछ दूसरी थी। बहरहाल।)

अनवर मियाँ ने शुरुआत की, "भैया, अपना बंसी है न, ताराचन्द क्लर्क का फरजन्द !"

"कौन, वह जो अलीगढ़ यूनिवर्सिटी में पढ़ाई करने गया है ?"

"हाँ, वही, वही, इन्जीनियरिंग कर रहा है। बाप धेला-धेला खर्च कर बेटे को इंजीनियर बना रहा है, सोचता होगा बुढ़ापे का सहारा बनेगा। और बेटे की करतूतें ऐसी कि बोलने से जुबान ऐंठने लगती है।"

"कुछ बताओ भी अनवर मियाँ ?" मास्टरजी ने जिज्ञासा की।

"अब क्या बताएँ, बतानेवाली बात भी हो। कल मैंने करीमे को उधर भेज दिया था। कमलावती बहन की कुर्ती का माप भिजवाने की खातिर। करीमे ने देखा, बंसी का वालिद गलियारे में बैठा बूटों पर पॉलिश कर रहा था। बंसी से पूछ बैठा, "भैया, वह बाहर गलियारे में बैठा जूतों पर कौन पॉलिश कर रहा है ?"

जवाब में हजरत बोले, "वो ? अरे, वो हमारा नौकर है !"

"त्राहि-त्राहि।" संसारचन्द के पाँवों तले धरती खिसक गई, "अभी तो इंजीनर-फिन्जीनर बना नहीं। जब बनेगा तब तो माँ-बाप को घर से बाहर ही निकाल देगा। बुढ़ापे का सहारा क्या खाक बनेगा ?"

"देखो, इधर-उधर नौकरी के लिए चला गया, तो आप ही बुड्ढा बुढ्ढी से छुटकारा पा जाएगा। बोलने की जरूरत नहीं पड़ेगी।" अनवर मियाँ ने गहरी साँस ली। दरअसल, जगबीती सुनाते उन्हें आपबीती याद आ ही जाती थी, स्वाभाविक भी है। अपने भीतर जख्म हों तो दूसरों के दर्द की बात करते उनकी टीस भी महसूस होने ही लगती है।

अनवर मियाँ कितनी भी दिलेरी दिखाएँ, जख्मों की चिलक महसूस करने से कोई रोक तो नहीं सकता !

बेटे अब माँ-बाप के साए से दूर भागने लगे हैं। पिछले दस-पन्द्रह वर्षों में ही सम्मिलित परिवारों का ढाँचा लड़खड़ाने लगा है। जिस घर में लोग जन्म लेते थे, उसी घर से उनकी अर्थी भी निकलती थी, एक मुहल्ले से दूसरे मुहल्ले लड़कियाँ ब्याही जाती थीं, दूर भेजने से माँ-बाप परहेज ही करते। वो तो कभी किसी लड़की की जन्म-कुण्डली ढाढी हुई, ग्रह भारी हुए, आस-पास, यानी कि अपना मुहल्ला छोड़कर, किसी लड़के से ग्रहों का मिलान न हुआ, तो दूर-पार के मुहल्ले या गाँव में लड़की भेजी जाती थी। पर लड़के अपनी गली, अपना शहर छोड़ते न थे। अब तो हर घर में एक-दो लड़केवाले शहर से बाहर दिल्ली-बम्बई जाने लगे हैं। पहले पढ़ाई के बहाने, फिर अच्छी नौकरी के बहाने। ठीक है, बड़ी-बड़ी नौकरियाँ सभी को शहर में मिल नहीं पातीं। पर कम खाकर भी तो अपनों के बीच गुजारा किया जा सकता है ? पर नहीं, नए लड़के अपने ही तर्क देकर बड़े-बूढ़ों को गलत साबित करते हैं। तेजे ने पिता से साफ कहा, 'बाबूजी, अब वक्त बदल रहा है। कम खाओ, पर गम न खाओवाली बात पुरानी पड़ गई। आप लड़कों को ऊँची शिक्षा देकर लायक बनाते हैं तो उन्हें कहीं अपनी काबिलियत दिखाने का मौका भी मिलना चाहिए। अपने शहर में अभी इतनी इण्डस्ट्रीज नहीं बनीं कि यहीं पर सभी को अच्छी नौकरियाँ मिलें। फिर अब दुनिया बदल रही है, साइन्स ने इतनी तरक्की की है, हम लोग अभी भी बनिहाल पार करने से परहेज करेंगे तो कुएँ के मेंढक ही रहेंगे न ?

अमरनाथ बेटे की बात से कुछ-कुछ सहमत होते हुए भी बेटे को आँखों से दूर करने के पक्ष में नहीं हैं। दो बेटे हैं, बेटी तो पराया धन। अब एक लड़का दिल्ली-बम्बई नौकरी करने जाएगा तो दूसरे का जी क्या माँ-बाप के पास लगा रहेगा ? उसका जी नहीं करेगा आजाद होने को ? माँ-बाप बूढ़े होंगे तो उसी के भरोसे रहेंगे। शायद उसे वे बोझ भी लगने लगें। बड़ा बेटा ही जब पल्लू झटककर अलग हो जाए तो ?

मास्टरजी नई समस्याओं को उभरते देख संजीदगी से सिर हिलाते हैं, "अमर भाई, बच्चे पढ़ेंगे-लिखेंगे, ट्रेनिंग करेंगे तो नौकरी के सिलसिले में देश-भर में घूमना-फिरना भी होगा ही। अपने शहर में सचमुच अभी इण्डस्ट्रीज पनपी नहीं हैं। रेशमखान, एच.एम.टी. और ज्वाइनरी मिलों में सभी लड़कों को काम नहीं मिल सकता न ! कोई मेकेनिकल इन्जीनियर है कोई एलेक्ट्रीकल। पी.डब्ल्यू.डी. में सिविल इन्जीनियर लग ही जाते हैं फिर भी। केमिकल वगैरहवालों को बाहर जाना ही है। इधर एकदम से इन्जीनियरों-डॉक्टरों की बाढ़-सी आ गई है।"

"मैंने तो रिण्टू से कह दिया मास्टरजी कि अपनी बजाजी की दूकान सँभालो। हमें यह दिल्ली-बम्बई नहीं सुहाएगा। बस, छह महीने इधर, छह महीने जम्मू। अपनी उम्र ऐसे ही बीतेगी !" महीपसिंह अपने इरादे में पक्का है। फिर भी यह सच है कि घर उखड़ने लगे हैं। जहाँ चार बहुएँ इकट्ठी हैं, चार हरुफ पढ़ी हुई, वे भी घर का बँटवारा

कर अलग-अलग रसोई पकाने लगी हैं। जेठ-जिठानी, सास, दादी-सास के नखरे अब बहुएँ सहती नहीं। अब दादी-सासों के पीछे बहुएँ लोटा हाथ में लेकर नहीं फिरेंगी। दादीजी को दस कदम चलते आँगन से बरामदे में, बरामदे से चलकर चौक की दहलीज तक बार-बार मिट्टी से हाथ धुलाती नहीं रहेंगी। इधर बल्कि मिट्टी के बदले साबुन का भी प्रयोग घरों में होने लगा है। जहाँ कहीं घरों में मेल-मिलाप है, वहाँ भी देखा-देखी खटपट शुरू हो गई है। सभी को आजादी चाहिए। बड़े-बूढ़ों की टोका-टाकी सही नहीं जाती।

मुहल्ले में नीलकण्ठ काका का घर अभी भी इस खटपट से बचा है। अरुन्धती कहती है, 'सतयुगी परिवार है।' वनमाली की दोनों बहुएँ बहनों की तरह रहती हैं। वनमाली अब बूढ़ी हो गई है पर अभ्यासवश ही घर के छोटे-मोटे काम कर रही है और घर की रास अपने हाथों में रखी हुई है। बहुएँ भी मानती हैं। अभी भी सिर से पल्लू नहीं हटता, गोकि तीन-तीन बच्चों की माएँ बन चुकी हैं। एक अरुन्धती की बहुएँ हैं कड़वी मिर्च जैसीं। मखने की तो सेर ही है, जवा की सवा सेर। सिर पर पल्लू रखना भी भारी पड़ता है। ये तो अरुन्धती ने बुद्धि से काम लिया कि दोनों को अपने हिस्से देकर अलग हो गई, न तो क्या पता बुढ़ापे में क्या फजीहत हो जाती ?

नीलकण्ठ काका संन्यास आश्रम में पहुँच गए हैं। भगवद् भजन में ही लीन रहते हैं। संसारचन्द मन्दिर की पुरोहिती सँभाले हुए हैं और जानते हैं आगे धीरे-धीरे पंडित-पुरोहितों का अकाल पड़ेगा ! उनके खानदान में तो इस धन्धे का अन्त हो ही गया समझो। हकीम साहब फोड़े-फुन्सियों का इलाज करते बुढ़ा गए हैं। अब दूकान से आमदनी के नाम पर दो जून रोटी का इन्तजाम भर होता है। दूकान पर अब आता ही कौन है ? कहाँ तो मरीजों की भीड़ के मारे रात की नींद हराम हो जाती थी, कहाँ अब उन्हीं मरीजों के इन्तजार में बैठे-बैठे मक्खियाँ मारा करते हैं। मरीज अब अंग्रेजी दवाइयों के शौकीन हो गए हैं, हकीम साहब के मलहम में तो कोई फर्क नहीं आया।

इधर गप्प-गोष्ठियों में बड़ी विराग-भरी बातें होने लगी हैं। मास्टरजी, तकिए की टेक लगाकर, हुक्के के कश खींचते, दुनिया-भर के टण्टे-फसाद निपटाते खुद को छोटा-मोटा राजा महसूस करते थे, अब उन्हें भी लगता है कि पीठ पीछे से तकिए खिसका लिए गए हैं। हुक्के में भी वह मुश्क, वह स्वाद नहीं। बड़ी-बड़ी बातों में भी अब उनकी वह श्रद्धा नहीं रही। बदलने को तो वक्त बदलेगा ही, और बदलेगा भी अपनी ही रवानगी में, उनके सोचे हुए ढंग से तो कुछ नहीं होगा।

अतीत राग से उन्हें वितृष्णा-सी होने लगी है। वे कहते भी हैं, "अब तो वे बातें ही रह गईं अनवर भाई !"

"मास्टरजी, तुम तो बिल्कुल उम्मीद छोड़ बैठे !" अनवर मियाँ मास्टरजी को पस्त होते देख नहीं पाते।

"हमने तो ताउम्र अपना भाईचारा निभाया। अभी भी शिवरात्रि-ईद पर बधाइयाँ देने और गले मिले बिना चैन नहीं पड़ता। लिहाज, शर्म और दोस्ती पर जान कुरबान

करने को अभी भी तैयार बैठे हैं। हम भला क्यों हिम्मत हारें। अब चार हरुफ पढ़े छोकरों की वजह से हम उम्र-भर के रिश्ते क्यों बिगाड़ें ! सही-गलत कहने का उनका अपना ढंग होगा, हमने तो दुनिया देखी है। धूप में बाल सफेद तो नहीं किए ?"

जो भी कहो, सही यह है कि अनवर मियाँ की आवाज में भी अब वह दमखम नहीं रहा है। कुछ तेजी से बदलने लगा है, बाहर से कम, भीतर से ज्यादा। क्या है वह ? अनवर मियाँ, संसारचन्द, कण्ठ काका, हकीम साहब, अमरनाथ, यहाँ तक कि मास्टरजी भी उस बदलाव के चेहरे को पकड़ नहीं पा रहे। पर वह है अपने समूचे अस्तित्व में मौजूद, गोकि अदृश्य है पर उसे सूँघा जा सकता है।

दो

इस बदलाव की गन्ध को अवतारे ने तहेदिल से महसूस किया। इस तरह से पूरे दस वर्ष बाद वह घर लौटा था, लेकिन काफी पहले से इस बदलाव की सुगबुगाहट शुरू हो गई थी।

इण्टरमीडिएट की परीक्षा में फर्स्ट डिवीजन मिलते ही उसने देश के कई विश्वविद्यालयों में इन्जीनियरिंग के दाखिले के लिए आवेदन-पत्र भेज दिए। पढ़ने में वह तेज था। कण्ठ काका की भविष्यवाणी का फलना कहिए या उसकी अपनी लगन का नतीजा, उसे दो जगहों पर सीट मिल गई, अलीगढ़ और बनारस में।

संसारचन्द के पैर उस दिन धरती पर ही नहीं पड़ रहे थे। गर्व से माथा चार इंच ऊँचा हो गया था। अपनी खुशी को मास्टरजी के साथ बाँटने और उनसे सलाह-मशविरा करने के लिए वे अवतारे को लेकर उनके घर पहुँच गए। पढ़े-लिखे विद्वानों की राय लेना तो गली की पुरानी परम्परा थी, फिर अपनी खुशी का राजदार जब तक कोई दूसरा न हो, वह खुशी सुख में कैसे तबदील हो सकती है ? गोकि छोकरों ने तभी इस राय की जरूरत महसूस करना बन्द कर दी थी, लेकिन बड़ों के आगे मुँह खोलने योग्य दुःसाहस के लिए जुबान सान पर नहीं चढ़ पाई थी।

अवतारा तो यों भी आज्ञाकारी बेटा था सो सिर झुकाकर बापू के साथ चला गया। मास्टरजी ने अवतारे को आशीर्वाद दिया था,उसकी पीठ ठोंककर शाबाशी दी थी, हालाँकि मन में वे जरूर कुन्दन को याद कर उदास हुए होंगे। पर उन्होंने उदासी का कोई आभास न दिया। उनके मशविरे पर ही अवतारे ने बनारस हिन्दू यूनिवर्सिटी का चयन किया।

मास्टरजी स्वयं देश के इस सुविख्यात प्रतिष्ठित विश्वविद्यालय के छात्र रहने का सौभाग्य प्राप्त कर चुके थे, और अब अवतारे को यह सुयोग मिल रहा था। अवतारे को आँख बन्दकर, सामान आदि बाँधकर, कूच कर देना चाहिए, और स्वयं को भाग्यशाली समझकर परिश्रम करते रहना चाहिए। आगे चलकर अपनी गली, मुहल्ले

और देश का नाम रौशन करना चाहिए।

अवतारा उस समय प्रसन्नचित्त था सो बुजुर्गों की घंटे-भर की सीख खुशी-खुशी झेल गया और जीवन में पहली बार वादी से बाहर की दुनिया देखने के लिए घर से बाहर कदम निकाल लिए।

अवतारा वह दिन भूल पाएगा क्या जब वह अमीराकदल के बस स्टॉप पर अपने माता-पिता और ढेर सारे नाते-रिश्तेदारों से घिरा, अचानक महत्त्वपूर्ण बन बैठा था।

जवा-मखन भैया भी उदास सूरत बनाए उसे ढेर-ढेर हिदायतें दे रहे थे, 'ट्रेन में पहली बार चढ़ना है। चोर-उचक्कों से सावधान रहना, पानी-वानी पीने स्टेशन पर मत उतरना, कहीं ट्रेन सरक गई तो परेशानी में पड़ जाओगे...'

माई को तो उसने किसी के विवाह, जनेऊ या मौत पर ही घर से बाहर निकलते देखा था। वह भी उस दिन ताँगे में बैठकर, दुपट्टा माथे तक खींच, बाबू के साथ उसे विदा देने आई थी। एक छोटे सन्दूक और बिस्तरे के अलावा कई छोटी-मोटी पोटलियाँ भी उसे तमाम रास्ते सँभालनी पड़ी थीं, जिनमें बनारस तक के लिए नाश्ते का सामान बँधा हुआ था। असली देशी घी में तली पूड़ियाँ, पराँठे, अचार, तली हुई पनीर, कीमा, भुजिया, खस्ती बाकरखानियाँ और पता नहीं क्या-क्या। माई ने इस बात का विशेष ध्यान रखा था कि चीजें ऐसी हों जो कम-से-कम दसेक दिन ठीक-ठाक रहें। वहाँ पहुँचने पर भी कुछ दिन तो बेटे को घर की बनी चीज मिलती रहे। बाद में भगवान जाने क्या खाने को मिले, क्या न मिले !

नाश्ते के दो फायदे थे, एक तो जब तक लड़का नई जगह को परच न जाए, तब तक खाने का कुछ तो जुगाड़ बना रहेगा, दूसरा घर की चीज देखकर माई की याद आती रहेगी तो माँ का जी भी जुड़ा रहेगा।

चीजें चली भी थीं कई दिन। पनीर-पूड़ियों में तो कुछ दिन बाद फफूँद चढ़ी थी, सो उन्हें मजबूरी में फेंकना पड़ा, पर अचार, भुजिया, बाकरखानियाँ वगैरह तो महीना-भर उसे माई के साथ घर की सोंधी गन्ध की याद दिलाती रहीं।

यों अवतारा हर छुट्टियों में, वर्ष में एक बार महीना-भर के लिए घर आया करता था, पर उन दिनों वह अपने को एक अतिथि की तरह ही पाता। अतिथि सा ही स्वागत-सत्कार मिलता उसे। उस थोड़े से समय में अवतारे को सभी नाते-रिश्तेदारों के पास दो बार पहुँचना पड़ता। पहले उनसे आशीष पाने के लिए और फिर उनके साग्रह आमन्त्रण पर विदाई के समय भोजन करने। इस सब लिहाज-मुरौव्वत और दुनियादारी के निभाव में महीना-सवा-महीना पलक झपकते बीत जाता और वापस लौटने के दिन अवतारे को लगता कि वह अभी-अभी तो घर आया था, महीना-भर बीच में कैसे खिसक गया ?

पहली-पहली छुट्टियों में बन्ता, करीमा, चन्दन, शामू वगैरह खूब कसकर मिले, पर दो-तीन साल के बाद उनकी दोस्ती में एक खिंचाव-सा आने लगा। खिंचाव के भिन्न-भिन्न कारण थे, बन्ता, करीमा पढ़ाई में फिसड्डी होने के कारण हीन-भावना के

शिकार हो गए थे। बन्ता बी.ए. करके पिता की बजाजी की दूकान सँभालने लगा था। करीमा इण्टर में दो बार फेल होकर अल्ला-अल्ला कर तीसरी बार पास हो गया तो कुछ सिफारिशें जुटाकर निम्न वर्ग के विशेष कोटा में सीट पाकर एग्रीकल्चर की ट्रेनिंग कर रहा था। चन्दन, शामू जहीन थे पर वादी से बाहर न जा पाने के कारण वे खुद ही अपने को कूप-मण्डूक समझने लगे थे। अवतारा कई देशों में घूमा-फिरा था, उसका अनुभव-संसार विशाल था। वे लोग अपनी घरेलू परिस्थितियों से विवश पंख-कटे पक्षियों की भाँति उड़ने की ख्वाहिशें भीतर-ही-भीतर घोंटे बैठे थे। चन्दन की स्थिति अधिक ही दयनीय हो गई थी। उसका दुःख भी स्वतःनिर्मित था। स्कॉलरशिप से ही उसने एम. ए. किया और बाद में एस.पी. कॉलेज में लैक्चरर का काम सँभाल लिया। मास्टरजी ने कहा था कि किसी बाहरी यूनिवर्सिटी में पी-एच.डी. के लिए कोशिश करे, पर वह माता-पिता को अकेले छोड़ न सका।

शामू स्कॉलरशिप का जुगाड़ बिठाकर ऊँची पढ़ाई के लिए विदेश जाना चाहता था, पर पिता उसे समन्दर पार जाने की इजाजत नहीं देते थे। उनका दृढ़ विश्वास था कि एक बार जो समन्दर पार चला गया, वह लौटकर आने से रहा। बलभद्र जैसा सीधा-सादा सच्चरित्र युवक जब जाकर लौटा नहीं तो शामू क्या लौटेगा ? बलभद्र की तो पत्नी थी, यह तो निरा लौण्डा है—इस कारण वह अपने भीतर ही घुटा-घुटा-सा रहने लगा था, और दोस्तों से भी कतराने लगा था।

पढ़ाई पूरी करने के बाद अवतारा घर जरूर आया था। पर परिणाम निकलने के तुरन्त बाद नौकरी की तलाश में भटकता रहा।

संसारचन्द बेटे को प्रति माह सत्तर-अस्सी रुपए भेजते लगभग कंगाल ही हो गए थे, सो पास होते ही उन्होंने बेटे को सलाह दी, कि जब तक कोई अच्छी-सी नौकरी न मिले, कोई अस्थायी अध्यापकी, क्लर्की आदि, जो भी मिले, कर ले। एक तो काम कोई भी छोटा नहीं होता, दूसरे माता-पिता को भी कुछ सहारा हो जाएगा, क्योंकि उसे पढ़ाने में उनकी जेबें बिल्कुल खाली हो गई हैं।

यों उन्होंने जट-यमलों की तरह यह बातें नहीं कहीं, खूब घूमा-फिराकर इशारों-उदाहरणों द्वारा स्पष्ट कीं। बच्चों से वे दिल दुखानेवाली बातें नहीं करते थे, फिर जब बेटे के पैर में बाप का जूता बराबर आ जाए तो सोच-विचार करना ही पड़ता है। कहा उन्होंने यही कि अवतारा काम में व्यस्त रहेगा तो प्रसन्नचित्त रहेगा। बेकार बैठकर युवा-वर्ग खामखाह कई हीन-ग्रन्थियों का शिकार हो जाता है। कहा भी है न, खाली दिमाग शैतान का कारखाना होता है। मुहल्ले के अनुभवी बुजुर्गों का तो यह तकिया-कलाम ही था। एक कहावत वे मौके-बेमौके अक्सर दुहराया करते कि दुनिया में सबसे बड़े मुश्किलात तीन हैं, एक बाल्यावस्था में माता की मृत्यु, दूसरा वृद्धावस्था में पत्नी का देहान्त, तीसरा युवावस्था में बेकारी; इन तीन कष्टों से बढ़कर संसार में कोई कष्ट नहीं।

अवतारे के दिमाग की घंटी उस दिन पहली बार बजी थी। यों बेशुमार रतजगों

में घोटमघोट कमरतोड़ पढ़ाई करने के बाद महीना-भर की बेकारी उसे बुरी न लगी थी। पर माई-बाबू ने उसे बड़ी शिद्दत से महसूस किया था और 'अक्लमन्द को इशारा काफी' वाली कहावत के मुताबिक अवतारे को भी महसूस कराया था।

माई ने थाली में भात परोसते बड़े प्यार से कहा था, "आखिर कब तक इस तरह हाथ-पर-हाथ धरे बैठे रहोगे बेटा ? एक महीना और चार दिन तो हो गए, इन्जीनर बने। ऐसे तो जो भी पढ़ाई सीखी है भूल-भाल जाएगी।" बाबू ने कहा, "हाँ ! और क्या ! विद्या धन जितना खर्चो उतना बढ़ जाता है। वह कोई रुपया-पैसा थोड़े ही है कि मटकों में धरकर रखो तो सहेजा रह जाएगा ?"

अवतारे ने आश्चर्य से स्थिति को जाँचा था। माई महीनों के साथ दिन भी गिनने लगी थी और बाबू को विद्या भूलने की चिन्ता सताने लगी थी। अवतारे ने तब भी अपनी विवशता प्रकट की थी, "मगर जब तक कहीं कोई स्थायी नौकरी न मिले..."

"अगर-मगर करने से ढंग की स्थायी नौकरियाँ नहीं मिलतीं।" बाबू ने अवतारे की बात को अध-बीच ही काटकर अपनी खीज प्रकट की थी। गोकि वह खुद भी नहीं जानते थे कि वे क्यों और किस पर खीज रहे हैं, "देखो बेटा, बैठे रहने से तो बात नहीं बनती।" वे अब सीधी बात पर आ गए। "हमारा काम था तुम्हें पढ़ा-लिखाकर योग्य बनाना, सो हमने अपना कर्त्तव्य जैसे-तैसे, हम ही जानते हैं कैसे, पूरा कर लिया। अब तुम्हें अपने आप हाथ-पैर मारने हैं।"

इस हाथ-पैर मारने की छटपटाहट में अवतारे को कोई हीरा-मोती न मिला, पर बाबू ने एकाध पत्थर हीरा समझकर बटोर ही लिया। राजस्थान के किसी सुदूर गाँव में एक स्कूल में गणित के अध्यापक की जरूरत थी। अखबार में विज्ञापन निकला था। सो सुबह-सुबह अखबार लेकर प्रसन्नचित्त बाबू ने अवतारे से कहा, "अब देखो, एक अवसर मिला है, इसे गँवाना ठीक नहीं होगा। कितने तो बाज बैठे होंगे झपट्टा मारने के लिए। जल्दी से आवेदन-पत्र भेज दो और कूच कर लो।"

अवतारे की इच्छा-अनिच्छा की चिन्ता किए बिना उन्होंने पत्नी से कहा, "अरनी, अपने गले की तुलसी देना, उसे गिरवी रखकर सुनार से कुछ रुपए उधार लूँगा।" माई रुआँसी हो गई, "एक तुलसी ही तो बची है, वह भी तो अवतारे की बहू के लिए सँभाल कर रखी है..."

बाबू ने झिड़कारकर समझाया, "ऐह ! छोटी बुद्धि ! उसे बेचना थोड़े ही है। एकाध मास में वापस ले लेंगे। अवतारे की यात्रा के लिए तो अभी पैसे चाहिए न ? वह पहली तनखाह मिलते ही तुम्हारी तुलसी छुड़ा लेगा बस, खुश ?"

अवतारा चुपचाप माता-पिता का वार्तालाप सुनता रहा। जैसे वह इस सन्दर्भ से कहीं जुड़ता ही न हो। एक तीसरे व्यक्ति की तरह स्थितियों का जायजा लेते हुए वह जान गया कि माता-पिता बेटों के भविष्य-निर्माण के लिए किस प्रकार हर सम्भव प्रयत्न करते हैं, हर प्रकार का खतरा बेझिझक मोल लेते हैं। साथ ही उसने भयभीत होकर महसूस किया कि सब-कुछ बेटे की बेहबूदी के लिए निछावर करने पर किस प्रकार उस

बेटे से अपेक्षाएँ होने लगी हैं। शुरुआत से पहले की अपेक्षाएँ ! जो धुएँ की लकीर की तरह बन्द मुँह घड़े की किसी दरार से निकलकर आकाश में छा जाती हैं और अचानक वह धुएँ की लकीर भयंकर भूत का आकार धारण कर लेती है।

यह भूत तमाम उम्र लड़के को त्रस्त करता है, धमकाता रहता है, "याद रख, तेरे माता-पिता ने महज तेरे लिए ऐसा किया, सिर्फ तेरी खातिर पैसा खर्च किया, पाप-पुण्य सभी से आँखें मूँदीं, तुम्हारे भविष्य-निर्माण के लिए और अब...अब तेरी बारी है।"

"मेरी बारी है !" बेटा आवाज की चुनौती से सहम जाता है।

"हाँ, ऋण-शोध की, ऋण-मुक्ति की बारी।"

और सारी उम्र ऋण से मुक्त होने की कोशिशें जारी रहती हैं, तब तक, जब तक कि आखिरी ऋण चुकाया नहीं जाता। यहाँ अपनी जिन्दगी 'अपने लिए' कोई नहीं जीता। दूसरों का ऋण उतारने के लिए ही जिया जाता है। माता-पिता, बहन-भाई, नाते-रिश्तेदार, यहाँ तक कि अड़ोसी-पड़ोसी के लिए भी। माता-पिता की तो बात ही अलग है, उनका तो आखिरी ऋण भी यहाँ कभी चुकता नहीं, इस गली में ऋण नहीं चुकते। पीढ़ी-दर-पीढ़ी उनका बोझ ढोया जाता है। धर्म, कर्त्तव्य और नियति कहकर उन्हें अंगीकार किया जाता है। यही रीत है, क्योंकि कन्धों पर उठाकर घाट पहुँचाना, मुँह में गंगाजल-तुलसी-दल डालना, चिता में अग्नि देना, कपाल-क्रिया, गंगा में अस्थि-विर्सजन, हरद्वार, गया श्राद्ध के लिए जाकर मुक्ति प्रार्थना आदि-इत्यादि के बाद भी वार्षिक श्राद्धों के रूप में पीढ़ी-दर-पीढ़ी यह ऋण चुकाना पड़ता है।

माँ-बाप का ऋण कभी चुकता है ? यह संसारचन्द, अमरनाथ, नीलकण्ठ काका, मास्टरजी, यहाँ तक कि अर्जुननाथ अर्जीनवीस भी कहते हैं जिसका कभी कोई बेटा नहीं हुआ और जिसे न गोद लिए नाथे से उम्मीद रखने का कोई अधिकार है, क्योंकि उसने स्वयं भी अपने पिता के श्राद्ध-दिवसों पर मुट्ठी-भर चावल चिड़ियों को खिलाने के सिवा दो-चार पैसे भी पिता के नाम, किसी जरूरतमन्द को न दिए, पर विश्वास है, अखंड। तभी न दिन याद रखकर चिड़ियों को मुट्ठी-भर चावल खिलाना वह भूलते नहीं।

रत्नी चाची कहती हैं, "हाँ भई, ऋण-मुक्ति के लिए तो कुछ-न-कुछ करना ही पड़ता है ! तभी न अपने जेठजी भी पिता के श्राद्ध के दिन मुट्ठी-भर दाना पंछियों को खिला ही देते हैं। सोचो भला, मुट्ठी-मुट्ठी जोड़कर ही तो गोदाम भर जाते हैं। घर में रखा रहता उतना अनाज, तो घर की कोठरियाँ न भर गई होतीं ?

बात चाहे हँसी में ही कही गई हो, पर बात में वजन है। और यह वजन बेटों के सीनों पर न चाहते हुए भी बोझ बनकर बैठ जाता है। इसे कहते हैं संस्कार।

कण्ठ काका-जैसे संसार में रहकर सांसारिक धन्धों से विरक्त व्यक्ति भी कहते हैं, 'संस्कारों से ही वंश चलते हैं, जाति चलती है, खानदान बनते हैं, आपस में प्रेम और रीति-नीति का ज्ञान बढ़ता है। पैसा-धेला, भवन-बँगले तो आती-जाती वस्तुएँ हैं, सब छोड़कर जानेवाली चीजें हैं, नाशवान, हाथ का मैल समझो ! सुसंस्कृत करनेवाली चीज है संस्कार, जो पीढ़ियों को माँजते हैं, मार्गदर्शन करते हैं।' अपनी बात को पुष्ट करते

वे लेलेश्वरी की उक्तियाँ सुनाते, 'सुनो, सिद्ध श्रीकण्ठ की शिष्या लेलेश्वरी ने क्या कहा है :

मंज़ मैदानस लरा लज़ेयम,
अन्दि अन्दि कोरिमस तकिये त गाह,
सो रोजि यती त बे गछे पानस...

'ये बड़े-बड़े भवन, जो शौक से मनुष्य बनाता है, उन्हें सजाता-सँवारता है, वो सब यहीं रह जाते हैं और मनुष्य सब छोड़-छाड़कर चला जाता है।' कण्ठ काका बात का समापन करते दुहराया करते,'लेकिन बच्चो ! पीछे रह जाते हैं व्यक्ति के कर्म, जो संस्कारों से प्रभावित होते हैं, उन्हीं से व्यक्ति याद किया जाता है। यानी कि संस्कार ही अन्ततः रहनेवाली चीज है, शेष सब झूठ।'

उम्र के पच्चीस वर्ष पार करके भी अवतारे ने देखा कि ऊपरी बदलाव के बावजूद गली के संस्कार उसी रूप में सुरक्षित हैं जिस रूप में वह उन्हें होश सँभालने के बाद से ही देखता आया है। और इन्हें गली के बुजुर्ग सुरक्षित रखे हुए हैं, जो समय की धारा पर नजरें गड़ाए बराबर इस बात का ध्यान रखे हुए हैं कि कहीं यह तेज धार संस्कारों की नाव में बैठे जवानो को डुबो न दे। उन्होंने अमूल्य धन की तरह इसे सुरक्षित रखा है। गोया मखमल की डिबिया में बन्द कोई नायाब हीरा हो !

हीरा ही तो ! पत्थर को तराश-तराशकर बनाया गया अनमोल धातु ! ऐसे ही तो तराशते हैं एक अनगढ़ आदमी को संस्कार। नीलकण्ठ काका अपने विश्वास को अपने सम्पर्क में आनेवाले प्रत्येक व्यक्ति तक पहुँचा देते हैं। वे स्वयं में ही पुंजीभूत विश्वास हैं। उनके सान्निध्य में जो भी आता है, कुछ देर के लिए आस्था-विश्वास के गुनगुने आबशार में भीगकर उजला हो जाता है। अवतारा तो उनका शिष्य ही रहा है। अरुन्धती अनपढ़ भले ही हो, जानती है कि गन्धी की दुकान पर जाओ तो इत्र-सुवास कपड़ों में बस ही जाएगी, तुम चाहे इत्र खरीदने न भी जाओ ! तभी न वह अवतारे को जब-तब काका को प्रणाम करने और उनके आशीर्वचन लेने भेज ही देती है।

लेकिन इधर, इस सबके बावजूद अवतारे का मन उखड़ा-उखड़ा-सा रहने लगा है। यह उखड़ाव गलीवालों में तो नहीं लगता। उनके चेतन मानस में तो नहीं दिखता, हो सकता है अवचेतन की अतल गहराइयों में कैन्सर के अदृश्य सेलों के रूप में जन्म ले रहा हो, और वे लोग उससे स्वयं भी बेखबर हों। एक बेचैनी है बराबर, जो उठते-बैठते, खाते-पीते, जन्म और मरण की प्रक्रियाओं से गुजरते, साँस-साँस में महसूस होने लगी है।

लेकिन वह क्या है ? अवतारे को लगता है शायद गली छोड़कर जाने के कारण उसमें अजाने ही एक पराया आदमी प्रवेश कर गया है, या गली की गन्ध से जुदा होकर गलीवालों ने अपने और उसके बीच एक फासला बनाए रखा है। अवतारा ऐसा महसूस कर सकता है, पर जो गली से दूर नहीं हुए, वे भी इस बेचैनी के घुन से त्रस्त हैं। घुन कहाँ है, पता नहीं चलता। बेटी-माँ की निष्ठा और कर्त्तव्यपरायणता को धर्मान्धता और

विवशता कहने लगी है ! बेटों को पिता की सीख सुहाती नहीं, गैर-जरूरी अंकुश तिलमिलाने लगा है। वे अपने ढंग से जीने और सोचने को अकुला रहे हैं। अजीब बेचैनी है। बाप-बेटे दोनों अपनी जगहों पर सही हैं, पर गलती कहाँ है, समझ में नहीं आता।

'अमे, फिजा ही कुछ बदल रही है। समझ में कुछ आता नहीं।' अनवर मियाँ कभी बात करते, भीतर की नामालूम-सी तकलीफ को शब्द देने की कोशिश करते हैं। पर वह तकलीफ भी तो इतनी सूक्ष्म, इतनी नाजुक है कि उस पर उँगली तक नहीं रखी जाती। कुछ है जो आँख में किरकिरी-सा सालता है। कोई सुई की चुभन-सी है जो गब्बों-नमदों के नीचे से लगातार चुभी जा रही है और नजरों-हाथों से टटोलने के बावजूद पकड़ में नहीं आती। अनवर मियाँ इसे 'फिजा बदलना' कहते हैं, नीलकण्ठ काका 'कलिकाल का प्रभाव' कहते हैं, 'हाँ भई, कलियुग अपना प्रभाव दिखा रहा है।' अब नीलकण्ठ काका जैसे ज्ञानी-ध्यानी बुजुर्गों से कौन पूछे कि कलिकाल को भी तो कितनी सदियाँ हुईं प्रवेश किए हुए। फिर आप पिछले बीसेक वर्षों से ही उसका प्रभाव क्यों देखने लगे ? और यदि वह प्रवेश कर भी गया तो उसका घातक प्रभाव आपको ही क्यों दिखा, आपके बच्चों को क्यों नहीं ? आपने इतने-इतने सुसंस्कार ठूँस-ठूँसकर भर दिए बच्चों के दिमागों में, इतना ठोस कवच पहनाया, तब भी वह प्रभाव उनके मन-मस्तिष्क में कैसे घुस गया ?

मास्टर दयाराम यहाँ तमाम निराशा के बाद भी आशा की अदृश्य लीक पकड़कर चलते हैं। वे तंगदिली से काम नहीं लेते। वे जानते हैं घरों में विवाद होंगे, प्रश्न पूछे जाएँगे, जवाब-तलब किया जाएगा, क्योंकि माएँ जहाँ दो-चार जमात पढ़कर कुछेक धार्मिक पुस्तकों पर अपनी विद्या का समापन कर चुकी हैं, वहाँ बहू-बेटियाँ 'फ्री ऐज्युकेशन' की लहर में नहाकर बी.ए., एम.ए. की डिग्रियाँ प्राप्त कर अगणित अबुझे प्रश्नों को बूझने की हकदार हो गई हैं ! चाहे वे निहायत छोटे प्रश्न हों, या जीवन-मरण से सम्बन्धित गम्भीर सवालात, बड़ों को उत्तर देने होंगे। यदि न दे सकें तो बच्चों की जिज्ञासा पर बौखलाने की बजाय उन्हें सहना होगा।

अब खड़े-खड़े पानी पीने से धरती का बोझ कैसे बढ़ता है ? सोमवार को नया कपड़ा पहनने से क्या बुरा घटता है? छींक मारने, बिल्ली या औरत के रास्ता काटने से कौन-सी कयामत आ सकती है ? यह तो अरुन्धती जैसी अखंड विश्वास रखनेवाली धर्मभीरु महिला भी नहीं जानती, सो बेटे-बहुओं को क्या खाक समझाएँगी ? यों प्याज, लहसुन, लाल गाजर, टमाटर, अण्डे का सेवन वर्जित माननेवाले कट्टरपन्थी ब्राह्मण काल्पनिक-पौराणिक उक्तियों से अपनी बात को पुष्ट करते भी हैं लेकिन उन तर्कहीन उक्तियों से बच्चे अब सहमत नहीं होते। सो बच्चे खड़े-खड़े पानी जरूर पिएँगे, नया कपड़ा पहनने, यात्रा करने, या कोई नया काम आरम्भ करने से पहले पोथी-पात्रा देखने की जरूरत नहीं समझेंगे। लाज-शर्म की नई व्याख्याएँ होंगी। अरुन्धती ने तमाम उम्र ससुरजी या जेठजी से बात नहीं की। चेहरा देखने का तो प्रश्न ही नहीं उठता था। दीवारों, दरवाजों से बात की जाती थी, और समझनेवाले समझ जाते थे। बेटे-बेटियाँ

हँसते हैं। तभी न चोर भीड़-भरे बस स्टॉप पर लाजवन्ती की गठरी-मुठरी दिन-दहाड़े उठा ले गए। वो बेचारी ऊँची आवाज में किसे पुकारती ! साथ में ससुरजी जो थे, भले ही वे बेंच पर बैठे ऊँघ रहे थे। जवा की पत्नी तो छोटे मुँह बड़ी बात करती है, 'आप नौकर-चाकरों के साथ बहुओं को मायके-ससुराल भेज सकती हैं, पर पति के साथ नहीं। हमें तो यह बात पसन्द नहीं...'

अरुन्धती ने घर में उगते इन प्रश्नों के बवण्डर का हल ढूँढ़ लिया। यानी घर का बँटवारा करके बहुओं का चौका-चूल्हा अलग कर दिया, जो जी चाहे करो। अब साम, दाम, भेद से काम नहीं चला, तो दण्डनीति अपनानी होगी। बहुएँ इस दण्डनीति की कायल थीं सो मुस्कराकर चुप हो गईं।

मास्टरजी के पास ये बातें पहुँचती हैं, वे खुद ही दुनिया देख रहे हैं, देखी भी है। ऐसे में वे वर्ड्सवर्थ को कोट करते हैं, 'हाँ भई, ओल्ड ऑर्डर चेन्जेथ, यीलडिंग प्लेस टु न्यु लेस्ट एन ओल्ड गुड कस्टम शुड करप्ट दि वर्ल्ड...'

उन्हें यह कहने की आवश्यकता पड़ी है, इन घरों में घटनेवाली रोजमर्रा की छोटी-छोटी घटनाओं के कारण नहीं, पीढ़ियों का फर्क आने से छोटी-मोटी तब्दीलियाँ तो घरों में आती ही रहती हैं। जरूरत पड़ी यह सब कहने की इसलिए कि इधर ऐलान गली में एक-दो अनहोनी घटनाएँ घट गईं, जिससे गलीवालों को लगभग हिलाकर ही रख दिया। पीढ़ियों से पाले-पोसे गए विश्वासों को वो धक्का लगा कि गली में भूचाल आ गया। लेकिन भूचाल आया, और लोगों को हिलाकर चला गया। गलीवाले तमाम विरोध, कोप और बदहवासी के बाद भी कुछ न कर सके। शायद बहती धारा ने उन्हें कदम उठाने से रोका हो या उनके उठे कदम बहाव की तीव्रता को देख, विवश हो लौट आए हों।

इन घटनाओं में एक थी शुभी का सलामे के साथ शादी करना, दूसरी थी कब्र में पैर लटकाए द्वारकानाथ का सोलह-वर्षीय शान्ता से पुनर्विवाह करना।

ऐसी असम्भव भ्रष्ट, गैर-जिम्मेदार करतूतें, सो भी ऐलान गली में !

तीन

पीढ़ियों से चले आते विश्वासों का विरोध करना गली में अक्षम्य अपराध माना जाता था। कभी कोई एकाध घटना हुई तो उसका परिणाम भयंकर निकला। उस घर का हुक्का-पानी तो बन्द हुआ ही, घरवालों की थू-थू फजीहत हुई और लोगबाग उस कुकृत्य से दूर रहें, इसलिए लड़ीशाह और बॉड लोगों ने गीत रच-रचकर, घर-घर जाकर लोगों को सुनाए। एक थी बिमला जो अपने किसी दूर के रिश्तेदार के साथ मुँह काला कर गई यानी भाग गई थी, घरवालों की सात पीढ़ियों पर दाग लगाकर। उसके कुकृत्य पर वो स्वांग रचे गए कि बिमला का परिवार मुहल्ला छोड़कर जाने पर मजबूर हो गया।

और सिर्फ 'जातस तसिन्दिस थोक लानथ' (उसकी जात पर थूकें और लानत) पंक्तियाँ लोगों की जबान पर रहीं।

धर्मभीरु लोग, बदलाव का स्वागत करें या मृत्यु का वरण? यों भगवद्गीता के मनन करनेवाले, कर्म में श्रद्धा रखनेवाले ब्राह्मण लोग मृत्यु को तो जन्म की अनिवार्य परिणति मान गए थे। मानना ही था। स्वयं भगवान श्रीकृष्ण कह गए थे, 'जातस्य ही ध्रुवो मृत्युः जन्म मृतस्य च...' पर पीढ़ियों से चली आती मान्यताओं के विरुद्ध बहती नई धारा के प्रवाह को वे कैसे स्वीकार कर सकते थे, इससे जो समूल उखड़ाव का खतरा था, उसे आँख, कान और सोच के रहते कैसे स्वीकार किया जा सकता था ? यह क्या महाप्रलय से पहले ही प्रलय की स्थिति का आह्वान करना नहीं था ?

ब्राह्मण-वर्ग ही नहीं अनवर मियाँ, मौलवी साहब, गुलाम नबी आदि भी सदियों से चले आते विश्वासों में दरार बरदाश्त नहीं कर सकते थे। हिन्दू-मुसलमान दोनों की दृष्टि में जो एकरूपता थी, उसका कारण मास्टरजी वादी के इतिहास में खोजते हैं। वे कहते हैं, 'चौदहवीं शती से पहले तो वादी में हिन्दू धर्म, बौद्ध धर्म व शैवमत प्रचलित थे। इस्लाम के आगमन पर हिन्दुओं का मत-परिवर्तन कर उन्हें मुसलमान बनाया गया। यों दोनों में कोई मूल भेद नहीं है, तभी तो खान-पान, रहन-सहन लगभग एक जैसा है, और कहीं-कहीं तो दोनों ईश्वराधना भी एक ही जगह करते हैं, शाहे-हमदान और काली देवी का मन्दिर क्या एक ही जगह पर स्थित नहीं है ?'

अपनी बात को तर्क का आधार देते मास्टरजी कहते हैं, ये गुलाम नबी 'पंडित' क्या है, मुहम्मद सलीम 'हण्डू' का मतलब क्या है ? क्या श्रीधर पंडित और जियालाल 'हण्डू' मुसलमान हैं ? हिन्दू-मुसलमान के उपनाम भी कहीं-कहीं एक ही हैं ! भीतर जो एक ही खून बह रहा है, सो भाईचारे का सूत्र क्यों न बँधेगा ?

इस भाईचारे के सूत्र के बाद भी कुछ बातें थीं जिनकी समाज इजाजत नहीं दे सकता था। ये बातें धर्म के ठेकेदारों ने तय की थीं और समाज ने मान ली थीं। ये बातें किसी भी तर्क की कसौटी पर कसकर खरी नहीं उतरती थीं, पर हमारे कितने तो ऐसे अखंड विश्वास हैं जिन्हें तर्कहीन ही स्वीकारा जाता है, बल्कि स्वीकारने में ही भलाई है। और ताज्जुब यह कि समाज और धर्म से डरनेवाले अनवर मियाँ के घर में ही एक ऐसी घटना हो गई कि हमेशा चाक-चौबन्द, हँसी-मजाक से लबरेज अनवर मियाँ भी भौंचक रह गए। गूँगे, ज्यों जुबान हलक में फँस गई हो। उनकी साख जो गली में गिर गई सो फिर लाख कोशिश के बावजूद अपनी पहली जगह न पा सकी।

जी हाँ, गली में अनवर मियाँ का अब वह दबदबा नहीं रहा। सलामे ने जब से शुभी से निकाह कर लिया, उसका सिर बेकसूर होते हुए भी झुक गया है। अनवर मियाँ, जो हमेशा दूसरों की उलझी सुलझाते रहे, इधर अपने ही जाए से वो धक्का खा गए कि एक बार जो गिरे तो सँभले नहीं। समझाने-बुझाने का मौका ही नहीं दिया लौण्डे ने।

यों अनवर मियाँ जब अपनी विवेक-बुद्धि से काम लेकर सलामे-शुभी के बारे में

सोचते हैं, तो दोनों को अपराधी समझकर भी दुआएँ ही देते हैं। सलामती की दुआएँ। क्या करें अनवर मियाँ, उनके अन्दर जो एक बाप का दिल है। और मुहल्ले की दर्दनाक वारदातें भी तो उनकी आँखों के सामने घूमती रहती हैं। मास्टरजी की बेटी को ही लें। शर्म-लिहाज के मारे मुँह बन्द कर डोली चढ़ी, पर मन ने बगावत की। मन की चोट दिमाग पर असर कर गई। बेचारी की जिन्दगी यूँ ही बरबाद हो गई। किसी का कुछ बना-बिगड़ा? उन्हें माँ-बाप के जख्म ही सबसे ज्यादा गहरा गए। रूपा क्या भरी जवानी में मुरझा न गई ? कुन्दन की मौत न होती तो क्या अभी तक ऐसे वैरागिन बनी घूमती ? एक तरह से सलामे ने शुभी को बचा लिया, सो कहीं ठीक भी किया। या तो इस इश्क-मुश्क के पचड़े से दूर रहना था, रह न पाए तो निभाना भला, लेकिन... !

यह 'लेकिन' बड़ा बेमुरव्वत लफ्ज है। इसके आगे बड़े-बड़े तीसमारखाँ मार खा जाते हैं, अनवर मियाँ की बात क्या है। यह 'लेकिन' सही और गलत के बीच मुआ काँतरा-सा धँसा रहता है। लाख खींचकर निकालो, निकलता नहीं। उलटा अगणित पंजों से जकड़कर मांस खरोंचता रहता है। अनवर मियाँ भी इस काँतरे से मुक्ति नहीं पा सकते।

क्या करें बेचारे अनवर मियाँ ? गली में जो सदियों से नहीं हुआ, वही उसी के घर में हुआ। अनवर मियाँ इस सदमे से छह महीने बिस्तर पर पड़े रहे। गली में जो थू-थू हुई सो अलग। लेकिन लौण्डे के कान पर जूँ न रेंगी। वह सरेआम कोर्ट-कचहरी जाकर शादी कर आया। बगावत तो उसके मिजाज में थी, पर बाप पर जो गुजरी सो बाप ही जानता था।

शुभी के मुहल्ले से गायब होने पर तूफान मचना ही था। आखिर एक लड़की का मुआमला था। कुछ सिरफिरे फिरकापरस्तों ने हिन्दू-मुस्लिम रंगत देकर मामले और उलझा दिया।

दरअसल, शुभी-सलामा गरीबों के जाए थे। गरीब आदमी मजहब-तहजीब के नाम पर हलाक होने के लिए ही पैदा हुआ है। अमीरों को यह सब चोंचलेबाजी लगती है। वहाँ तो मुहल्लेवाले भी मुँह से दही जमाकर बैठ जाते हैं। अनवर मियाँ क्या यह बातें समझते नहीं ? नहीं तो इसी शहर में एक-आध गली-मुहल्ला छोड़कर कई शादियाँ हुई हैं इस तरह की। दीवान की लड़की शीलबाला ने चीफ इन्जीनियर अकबर से शादी की। माँ-बाप ने पहले अपनी रजामन्दी न दी, सो होना ही था। आखिर बड़े-बूढ़े तो शादी-ब्याह के मामले में जात-बिरादरी देखेंगे ही। पर शीलबाला ने अपने माँ-बाप को साफ लिख दिया कि हमारी शादी आप लोगों को कबूल हो तो हम दोनों घर आएँगे, नहीं तो अमरीका-इंगलैण्ड में बस जाएँगे। आखिर दुनिया इतनी बड़ी है...

शीलबाला और अकबर यों बहुत पहले से एक-दूसरे के इश्क में पड़ गए थे, पर शादी उन्होंने इंगलैण्ड में की, जब दोनों वहाँ पढ़ाई के सिलसिले में गए थे।

बेटी का पत्र पाकर माता-पिता को लगा कि अब पंछी पिंजरे से निकल गया है, खुले आसमान को पहचान गया है। समझदारी इसी में है कि उनके निर्णय को अपनी

स्वीकृति देकर अपनी और बेटी की इज्जत बचाओ, सो माँ ने चिट्ठी के जवाब के साथ शुभकामनाएँ और छोटा-सा डेजहोरु बेटी को पार्सल करके भेज दिया और लिखा, 'घर आओ, हम तुम दोनों को इकट्ठा देखना चाहते हैं।' फिर क्या मजाल थी कि कोई मुहल्लेदार मुँह उठाकर फिकरे-ताने कसता। भीतर-भीतर से चार दिन गहमा-गहमी रही, पर वह कहा है न, 'नई बात नौ दिन !' बाद में सब शान्त हो गए। अब शीलबाला के घरवाले अकबर के घरवालों को ईद-शिवरात्रि दोनों त्योहारों पर भेंट चढ़ावे भेजते हैं और वे कबूल करते हैं। खूब खुश हैं दोनों।

लेकिन इधर भारी गड़बड़ होनी ही थी और हो भी गई। क्योंकि न सलामा चीफ इन्जीनियर था और न शुभी डॉक्टर, यहाँ तो चौबीस-पच्चीस साल की शुभी को फिरकापरस्तों ने नाबालिग ही करार दिया। लोगों का क्या, बात सुनी, उस पर यकीन किया और मरने-मारने पर उतारू हो गए। अनवर मियाँ के घर पर हजारों का हुजूम इकट्ठा हो गया। वे लोग जो कभी देखे न थे, अनवर मियाँ के घर पर धावा बोल गए और नारे लगे, धमकियाँ उछाली गईं। हाथापाई की नौबत आ गई। बेचारे अनवर मियाँ को भीड़ ने घेरकर वह पिटाई की कि कई दिन तक जिस्म पर जगह-जगह जख्मों के निशान बने रहे। सलामा मगर डट गया, 'कोर्ट में शादी की है तो क्या, मरते दम तक निभाऊँगा।' वह शुभी को लेकर घर से चला गया, चुपके से, और मुसीबत का पहाड़ बाप पर टूट पड़ा। वह तो भला हो रत्नरानी का। उसने एक बार फिर मुहल्लेवालों से बगावत करके कचहरी में शुभी की सही उम्र बता दी। सो लड़की को बालिग जानकर कानून भी उन्हें छू न सका। अनवर मियाँ भी बाइज्जत रिहा हो गए। अनवर मियाँ ने अल्लाह-ताला को हाथ जोड़े। पर दामन पर जो दाग लगना था सो तो लग ही गया न !

साल-भर बाद सलामा घर आया तो अनवर मियाँ ने नाराजगी के बावजूद अक्ल से काम लिया और बेटे को सलामती की दुआ दी पर साथ में उन्होंने खम ठोंककर कहा कि सलामा-शुभी अनवर मियाँ के रहते गली में बसेंगे नहीं। शुभी से निकाह कर लिया सो कर लिया। खुश रहें जहाँ भी रहें, मगर शादी के साथ ही वह अपने बाप से हमेशा के लिए कट गया।

सलामे ने अजीब नजरों से पिता को देखा, ज्यों उसने कोई उलटबाँसी कही हो और वह कोशिश करने के बाद भी समझ न पा रहा हो। बहू-बेटे को दुआ दी है, फिर साथ रहने से एतराज क्यों ? सलामे ने तर्क दिए। बदलते जमाने की दुहाई दी। अनवर मियाँ ने सुने, सिर ऊपर-नीचे हिलाया, पर अपनी बात पर अडिग रहे।

नहीं, अनवर मियाँ अपने ढंग से ही जिएँगे। बहू-बेटा लख्ते-जिगर हैं, इसमें शक नहीं। पर उनकी अपनी जगह है। अनवर मियाँ जाएँगे अपने घर अकेले ही, साथ कोई भी अजीज नहीं जाएगा। कुछ जाएगा तो अपना ईमान, अपना कोल ! तमाम उम्र निभाई अपनी भाईचारे की भावना, और अपनी बिरादरी पर वह कौल दाग-धब्बा बरदाश्त नहीं कर पाएँगे। अपने ईमान को सलामत रखेंगे।

सलामे को बात समझ नहीं आई, पर उसे सिर झुकाकर, घर-निकाला मंजूर करना पड़ा। उसने सोचा, 'अब्बा अब सचमुच बुढ़ा गए'। हमेशा तर्क और बुद्धि से काम लेनेवाले का सोच भी बुढ़ापे में ठस्स हो जाता है। उनका क्या कसूर ?

पर अनवर मियाँ के सामने अपना और अपने बाल-बच्चों का ही सवाल नहीं था। सवाल पूरी गली का था। आखिरी साँस तक वे गली का अनुशासन भंग नहीं कर सकते थे। बेटों की वजह से जो भी हो, पर उनकी वजह से, गली-मुहल्लेवालों से कोई दगा-फरेब नहीं होना चाहिए। उम्र-भर उन्होंने कभी किसी के दूध में नींबू नहीं निचोड़ा। नहीं, वह जीते-जी किसी की अँगुली का निशाना नहीं बनेंगे।

सलामे ने गान्धरबल में नमदों-गब्बों और वुडकारविंग की दुकान खोली है। सुना है खूब चल रही है। शुभी भी वहीं स्कूल में पढ़ा रही है। सिन्ध के किनारे उनका लाल शिंगल की छतवाला मकान, कीकर और वीर के झुरमुट से घिरा, अपने ही सुकून में डूबा दिखाई पड़ता है। उनके एक बेटा भी हुआ है, जिसको वे बेबी-बाबा कहकर ही पुकारते हैं, कोई नाम नहीं दिया। शुभी ने खुद अनवर मियाँ को पत्र लिखकर पोते के आगमन की सूचना दी और कोई नाम सुझाने का अनुरोध भी किया। अनवर मियाँ, उस दिन भी उन्हें देखने न गए, हाँ नमाज की अदा में बैठकर उस नन्हे बच्चे को जो न हिन्दू था, न मुसलमान, खूब दुआएँ दीं। सच पूछो तो उन्हें कोई नाम सूझा भी नहीं। अनवर मियाँ का सोच यहीं आकर गड़बड़ा जाता है। उन्हें लगता है कि वे जो हमेशा ऐरों-गैरों तक को सलाह-मशविरा देने का दिल-दिमाग रखते थे, अब अपने बच्चों को भी सही-गलत का फर्क नहीं बता सकते। पता नहीं कौन-सी जंजीर पड़ी है गले में कि साँस घुटती-सी नजर आती है, कौन-सा ताला लगा है जुबान में कि बोल फूटते नहीं, लगता है तमाम ताकत से रोकने के बावजूद कोई चीज भर-भराकर ढहने जा रही है। कोई दीवार, जिन्हें वे लोग अपने सीनों-शानों का सहारा देकर रोके हुए हैं, उसमें बेशुमार दरारें पड़ गई हैं। कैसे पड़ी ये दरारें ? क्या बदलते मौसम की खूबी यही है कि आँधी-पानी पुरानी इमारतों के पक्केपन का इम्तिहान लेते हैं ?

लाख मुखौटे पहने अनवर मियाँ, लेकिन वे अब खुद अपने झुर्रियल चेहरे पर निराशा की छाप महसूस कर सकते हैं। उन्हें लगने लगा है कि अब वे सचमुच बूढ़े हो गए हैं। बूढ़ा वही न, जो भीतर से बुढ़ापा महसूस करे ?

बड़ा बेटा बहू को लेकर घर में रह रहा है, पर उसका भी कोई सुख नहीं है। आए दिन बीवी के साथ उसकी खटपट चलती रहती है। बीवी लाया वह भी अपनी मर्जी से। पहले-पहले चाव था। जिन्दगी गुनगुने पानी का आबशार मालूम पड़ती थी, बस, जी-भरकर नहा लो, भीगो-भिगाओ ! लेकिन चार दिन में ही चौका-चूल्हा, राशन-सब्जी और फिर नन्हे के पोतड़ों से लेकर उसके अंग्रेजी दूध की जरूरतें देखकर हैरान-परेशान होने लगे ! बीवी चार हरुफ पढ़ी है, सो खसम की फालतू धौंस क्यों सहेगी ? कहती है, नहीं निभा सकते तो नौकरी करके बच्चा पाल लूँगी। बेटा बीवी को घर में कैद भी रखेगा और बात-लात भी सुना-जमा देगा। प्यार के बोल ज्यों चारेक सालों में ही सूख गए।

बनता है मर्द-मानुस। तो भई मर्द की तरह जुआ भी हँसकर कन्धों पर उठा। जरा से बोझ से कमर क्यों लचकती है। बीवी तो सुनाएगी ही। आखिर दम न था तो उसे लाए ही क्यों ? आए दिन कहता है, 'दबकर बैठेगी तो बीवी, न तो दूसरी लेकर आऊँगा। घर में सात पुश्तों से किसी जनानी ने मर्दों के बीच जाकर कमाई की है ?' लो ! सात पुश्तों की याद आती रहती है बेटे को कभी-कभी। लेकिन तभी जब भीतर उसके मर्द का गुमान बोलता है, मर्द का दम-खम तो जाने कहाँ गायब हो गया है।'

अनवर मियाँ ने समझाने की कोशिश की थी। पर कोई फायदा न हुआ। बेटा साफ जबानदराजी पर उतर आया। 'अब्बा, अब आप मियाँ-बीवी के मामले में टाँग मत अड़ाइए। आपका जमाना तो लद गया, वो आपकीवाली बातें अब काम नहीं देंगी। मैं इससे खुद निपट लूँगा...'

दो बैल जब सींगों में मिट्टी लगाकर एक-दूसरे से भिड़ने लगें, तो तीसरा तो लहूलुहान हो ही जाएगा। अनवर मियाँ भी लहूलुहान हो गए। आखिर वे भी तो साधारण इन्सान थे, उनके सिर पर कोई सुरखाब के पर तो नहीं लगे थे ?

लहूलुहान होना जरूरी था। जब तक जीवन, तब तक सुख-दुःख। संसारचन्द के घर में भी क्या कम दिक है ? एक घर के तीन घर हो गए हैं। जवा अपनी पत्नी को लेकर अलग बस रहा है, मखना अपनी पत्नी और दो बच्चों को लेकर ! अरुन्धती का चौका-चूल्हा भी अलग हो गया है। बुढ़ापे में भी खट रही है। कभी-कभी मन की भड़ास निकालती हीमाली से कहती है, 'बहन, भगवान का शुक्र है, मैंने तीन ही बेटे जने, वह कहा है न, सात पुत्रों की माँ कुत्तों का भोजन बन गई थी। दुनिया की रीत ही है ऐसी, मैं बच्चों को क्या दोष दूँ ?'

यों दोनों बेटों ने माता-पिता को समझाते हुए कहा था कि वे छह-छह महीने दोनों बेटों के पास बारी-बारी से खाया करें। अलग पकाने की जरूरत नहीं। आखिर दोनों का बराबर फर्ज है। जब अवतारा ब्याह करेगा फिर चार-चार महीना कर देंगे।

अरुन्धती और संसारचन्द बेटों की तर्कपूर्ण बातें सुनते रहे और गूँगे हो गए। संसारचन्द को लगा कि अब सचमुच कलिकाल अपने चरम पर आ गया है—और धरती कभी भी रसातल को चली जा सकती है। बेटे समझदार हो गए, इस बात का उन्हें सन्तोष भी हुआ, पर साथ ही मन के भीतर कई धमकाते प्रश्न मुट्ठियाँ कसकर मुक्के मारते रहे : ले भई संसारचन्द ! अपनी नजर पैनी करके देख, बेटे तुझे दूध और पानी अलग करके दिखा रहे हैं। इन्हीं बेटों के लिए तो तुमने सफेद को काला और रंगीन को सफेद कहा। इन्हीं बच्चों के लिए तो तुमने भगवान के घर में भी सेंध डाली और फिर उन्हीं के चरणों में शीश झुकाकर अपना दोष स्वीकारते पाप और पुण्य का बँटवारा कर दिया, याने बुरा तुम्हारे खाते और भला जो भी हो सका उस धन से, वह बेटों के खाते। उस वक्त इन्हीं बच्चों का हवाला देते भगवान से क्षमा माँगी थी। 'इन्हीं के लिए भगवन् ! इन्हें जन्म दिया है तो इनकी चोंच में चुग्गा देना ही पड़ेगा। मेरे इन नन्हों पर कोप मत करना। जो दण्ड देना चाहो, मुझे देना !' सो अब हिसाब-किताब के समय

बोलती क्यों बन्द हो गई ?

जवा ने पिता को खामोश देखकर बड़े भाई के सुझाव पर अपना सुझाव रख दिया, “आप चाहो तो माई हमारे साथ रहे, आप बड़े भैय्या के साथ...”

मखने ने भाई की चालाकी पकड़ ली। माई उसके साथ रहेगी तो पकाने का झंझट अपने सिर लेगी। जवा की पत्नी भी तो यही चाहेगी याने कि घर में माँ एक नौकरानी की तरह रहेगी। उसे यह बात बिल्कुल अपराध लगी। उसने माई से ही कहा, “माई, ऐसा करो, तुम हमारे साथ रहो। बिट्टू-टिट्टू के साथ तुम्हारा जी भी लगा रहेगा और बहू सेवा भी करेगी...”

मखने को माँ की ज्यादा जरूरत थी। आखिर बच्चों को भी तो कोई देखनेवाला चाहिए।

अरुन्धती ने दोनों बेटों को सिर से पाँव तक देखा, ये उसके अपने जाये हैं। एक भारी साँस गले में घोंटकर वह तन गई, “नहीं, कोई जरूरत नहीं। जब तक हाथ-पैर चलेंगे, खुद ही पका लूँगी और तुम्हारे बाबू को भी खिलाऊँगी। जिन्दा रहते हमारा बँटवारा नहीं होगा। एक के जाने पर दूसरा तो पीछे रहेगा ही,उसके भाग्य में जो बदा होगा, होकर रहेगा।”

अरुन्धती ने दूसरी ही दुनिया देखी थी। अलग किस्म की जिन्दगी जी ली थी। उम्र-भर सासों-जेठानियों के नखरे सहे थे। जेठजी के बच्चों का गू-मूत साफ किया था। अपने बच्चों की थाली से लेकर उन्हें कौर-कौर खिलाया था। अपने कोखजनों की यह भेदनीति उसे कैसे स्वीकार होती ?

सो अपनी आँखों के सामने, पूरे होशोहवास रहते, अपने ही खून का बँटवारा करना जरूरी हो गया, यानी कि लहूलुहान होना जरूरी हो गया।

लहूलुहान बेचारे द्वारिकानाथ भी थे। दस साल का रण्डापा भोगने के बाद जो उन्होंने सोलह वर्षीय कुँवारी शान्ता से विवाह किया, वह क्या शरीर-सुख भोगने के लिए किया था ? दीनानाथ बताते हैं कि किस प्रकार एक दिन जब वे द्वारिका से मिलने जा रहे थे, बेचारे द्वारिका बुखार फ्लू से बेहाल, घर में निपट अकेले, प्यास से प्राण गले तक अटके हुए, पानी के लिए गुहार मचा रहे थे और तीनों बहुएँ अपनी-अपनी नौकरियों पर चली गई थीं। क्या बीमार ससुर के लिए एक भी छुट्टी नहीं ले सकती थी ? ये तो दीनानाथ वहाँ से गुजरे और द्वारिका को पानी पिलाया। नहीं तो बेचारे पानी-पानी पुकारते सीधे स्वर्गधाम पहुँच जाते। दरअसल, उसी दिन उन्होंने शादी करने का निर्णय लिया था।

“शादी ?” बेटों ने ज्यों कहीं बम फटने की आवाज सुनी थी, “इस उम्र में ?”

“हाँ, इसी उम्र में !” द्वारिका बहुओं से मुखातिब हुए थे, “लड़की भी मैंने देख ली है। अगली पूर्णमासी को तुम्हारी सास घर में आ जाएगी। दरअसल, इस घर को एक गृहिणी की जरूरत है, मेरी देखभाल के लिए भी कोई चाहिए। नौकरों पर मेरा भरोसा नहीं रहा अब।”

जवान बेटों ने विरोध किया। उनकी सेवा के लिए एक नहीं, दो नौकर रखने का आश्वासन दिया। बड़े बेटे ने यह भी कहा कि यदि पापा चाहे तो उनकी पत्नी नौकरी छोड़कर उन्हीं की देखभाल करेगी, पर इस उम्र में विवाह कर वे बेकार अपनी और हम बच्चों की फजीहत न कराएँ। 'फजीहत' शब्द का द्वारिका ने विरोध किया—और बोले, "न, बहुओं को अपने ढंग से घर-बार देखने दो। मुझे अपनी सेवा के लिए ही विवाह करना है। इसमें अगर किसी की फजीहत हो तो वह मेरी होगी। मैं सब देख लूँगा।"

पूर्णमासी को गृहिणी आ गई तो बहुएँ शान्ता सास का रंग-रूप और कमसिनी को देखकर गश खा गईं। लड़के खड़े-खड़े धरती पर कील-से गड़ गए। लेकिन शान्ता रानी ने, समझदारी से, आते ही घर सँभाल लिया।

अर्जुननाथ ने टिप्पणी की, "कर्म अच्छे थे द्वारिका के, घर बैठे पत्नी मिली और घरवाली की तरह रहने लगी। एक हम ही फूटे करम लेकर आए थे..."

अनवर मियाँ बधाई देने के बहाने भीतरी हालत सूँघने गए तो शान्ता रानी ने अपने हाथों उन्हें चाय पिलाई और द्वारिका को दूध का गिलास थमाया। बोली, "बीमारी के बाद 'ये' काफी कमजोर हो गए हैं।" वाह ! क्या पत्नी मिली।

कुछ ही दिन में सास बहुओं से मिल गई। गली के असमंजस के बावजूद द्वारिका का घर बस गया फिलहाल। दीनानाथ ने कहा, "द्वारिका ने धर्म का काम किया। बेचारे लक्ष्मणजू निहायत फटेहाल, बेटी को कैसे ब्याहते ? द्वारिका ने कुछ पैसा शान्ता के नाम बैंक में जमा करा दिया। यों द्वारिका ने अब जमकर बिस्तरा पकड़ लिया है, बहरहाल..."

नौकरी लगने के दो-ढाई वर्ष बाद अवतारा घर आया तो उसने मर्माहत होकर घर-मुहल्ले का बदला हुलिया देख लिया। घर का ढाँचा तक बदला था, आँधी-पानी से कुछ ज्यादा बदरंग, खिड़कियों, दरवाजों की चूलें हवा के थपेड़ों से क्रीक-क्रीक बजने लगती थीं, जवा-मखना दोनों घर की सार-सँभाल में एक-दूसरे का मुँह ताक रहे थे। खपरैल की छत पर मिट्टी रिसते-रिसते नंगे भूर्जपत्र झाँकने लगे थे। मखना के बच्चों ने खोद-खोदकर कुम्हड़े-तोरी की बेलें जो लगाई थी। जवा अड़ गया, छत उसके बच्चों ने खोदी हैं, वही भराई भी करें। मखना साझेदारी के मामले को पेश कर भराई का आधा खर्चा देने को तैयार हो गया। बात-बात पर भाइयों में झगड़े होने लगे। बीवियाँ तो ज्यों देवरानी-जेठानी न होकर दो बैरिनें हों। अरुन्धती-संसारचन्द बीच-बचाव करते रहे और लड़कों-बहुओं के दोषारोपण सुनते रहे। इस बीच बर्फ गिरती रही, ओले बरसते रहे, और छत टपकती रही। जवा-मखना और पत्नियाँ चिलमचियाँ, परातें, बाल्टी, लोटे आदि लेकर टपकते छत के नीचे रखते गए और भरे बर्तन खिड़की से बाहर गली में फेंकते गए। और अपनी-अपनी जिद पर अड़े रहे, तू भी रानी, मैं भी रानीवाला हिसाब हो गया था।

अवतारे ने महसूस किया कि घर की आत्मा भी बदल गई है। माई-बाबू कुछ ही वर्षों में जैसे सदियाँ जी गए हों।

इधर संसारचन्द की पुरोहिती में भी वह दम नहीं रहा था। मन्दिर से बँधी-बँधाई तनख्वाह तो मिलती थी, पर उसमें गुजारा होना लगभग असम्भव हो गया था। बाबू बीमार भी रहने लगे थे और हकीमों ने डॉक्टरों की सिफारिश की थी। गोकि उनके मर्ज का इलाज न हकीम के पास था और न डॉक्टर के पास। वे घर में कैद हो गए थे और घर उनका अखाड़ा बन गया था। घरों के उत्सव-त्यौहारों पर पूजा-पाठ भी इधर काफी कम हो गया था। कुछ लोगों ने तो श्लोकों की कापियाँ घरों में रख ली थीं और शिवरात्रि-जन्माष्टमी से लेकर जन्म-दिवस व श्राद्धों तक उन कापियों के श्लोक पढ़कर ही पूजा-पाठ करते थे। लगता था, पिछले दस-बारह वर्षों में ही शहर का कायापलट हो गया है। पढ़े-लिखे लड़के अब यज्ञोपवीत संस्कार भी शादी के समय ही करने लगे हैं। जनेऊ भी कौन-सा पहनना होता है उन्हें ? ब्राह्मणत्व का एक प्रमाण-पत्र, शिखा तो छोटी होते-होते जुल्फों के जंगल में गुम-सी हो गई थी, दूसरा प्रमाण-पत्र जनेऊ भी शादी या श्राद्ध या जन्म-दिवस के अवसर पर पहना जाता है। बस, रस्म-भर के लिए। श्रद्धा लोगों में तेजी से गायब होती जा रही है।

पुरोहिताई भी, जाहिर है, धीरे-धीरे समाप्ति पर आने लगी है। संसारचन्द के बच्चों में किसी ने भी पुरोहिताई का काम करना स्वीकार न किया। जवा-मखना तो संसारचन्द के हाथ से कब के निकल गए थे, और वैसे भी उन पर संसारचन्द ज्ञान-ध्यान या कर्मकांड का गुरुतर कार्य सौंप नहीं सकते थे। उनमें क्षमता भी नहीं थी। अवतारे पर उनकी आशाएँ केन्द्रित थीं। पर उसकी पढ़ाई में रुचि देखकर पिता की हिम्मत न हुई उसे रोकने की। कई वर्षों तक तो प्रदेश-सरकार ने स्कॉलरशिप देकर ऊँची पढ़ाई में मदद की।

जिस दिन बम्बई में पक्की नौकरी मिल गई और वह राजस्थान के गाँव से बम्बई चला गया, उस दिन अरुन्धती को खुशी के साथ मन में थोड़ा डर भी उगा ! लगा, यह बेटा भी हाथ से निकल गया ! इससे जो थोड़ी-बहुत आस-उम्मीद थी, वह भी धुँधलाती नजर आने लगी। आँख से दूर यों भी दिल से दूर हुआ करते हैं।

संसारचन्द मन में पछताए ! क्यों बेटे को बाहर भेज दिया ! इस पापी पेट की खातिर अपनी आस-उम्मीद को दर-दर की ठोकरें खाने भेज दिया। अरुन्धती भी दुःखी थी, "कैसा समय आ गया, भात महँगा और आदमी सस्ता हो गया !" उन्होंने मास्टरजी से मशविरा किया, "क्या अवे को पत्र लिखकर घर बुलाएँ ? कम खाएँ मगर गम न लें।"

मास्टरजी ने हुक्के के लम्बे कश खींचकर सोच-विचार किया। फिर खिड़की से बाहर धुआँ छोड़ते संसारचन्द से प्रतिप्रश्न किया, "जो तुम्हारे पास हैं, वे ही कौन तुम्हारी सेवा में जुटे हैं, संसार भाई ?"

संसारचन्द ने सिर झुकाया, "अब तो उसी की आस है मास्टरजी।"

संसारचन्द की तकलीफ मास्टरजी ने महसूस की। फिर भी सलाह दी कि बच्चे के भविष्य में कुछ करने, कुछ बनने की सम्भावनाएँ हैं, सो उसमें मोहवश आड़े न आएँ।

इधर तेजी से शिक्षा का प्रसार होने के कारण बच्चे ऊँची पढ़ाइयाँ पढ़ने लगे थे और सभी को एकदम से अच्छी नौकरियाँ देना सरकार के लिए सम्भव नहीं था। इस कारण भी बेटों को अपना प्रान्त छोड़कर दूरपार के प्रदेशों में जाना पड़ रहा था और एक प्रकार से अपनी जड़ों से उखड़ना धीरे-धीरे शुरू हो गया था।

मुहल्ले में भी अब काफी कुछ बदला, कुछ उखड़ा-उखड़ा लग रहा था। खिड़कियों पर बैठे पुरुष अब हाँके-ठहाके लगाकर बात करना ज्यों भूल गए हों। अमरनाथ एक बार अपनी खिड़की पर बैठे अर्जुननाथ से अपने कब्ज-वब्ज के बारे में कुछ शिकायत कर रहे थे और अर्जुननाथ अपनी, कुछ आजमूदा कसरतें बता रहे थे कि अमरनाथ का बेटा पिता के सामने झण्डे की तरह खड़ा हो गया। पिता बेटे की गुस्सैल नजरों को समझने की कोशिश करें, इससे पहले ही बेटे ने अलटिमेटम दे दिया कि आगे से बब्बा खिड़की पर बैठकर ऐसी-वैसी बातें नहीं करेंगे। 'अच्छा नहीं लगता,उसके चार दोस्त रहते हैं गली में, वे क्या सोचते होंगे ?' वगैरह-वगैरह, कारण भी साथ दे दिए।

अमरनाथ ने पहले हँसकर, फिर आश्चर्य से और अन्त में दुःखी होकर बेटे की हिदायत सुनी ! 'लो, यह हुई न वही बात ! अण्डा सिखावे बच्चे को कि चीं-चीं मत कर। पर बेटाजी, बाबूजी के कामों में मीन-मेख निकालने से पहले अपने गरेबान में झाँककर देख लेते...'

बेटा पिताजी के आगे तन गया, 'बब्बा, आप ऐसी-ऐसी बातें मुहल्ले को सुना-सुनाकर करेंगे तो हमारे बच्चों पर क्या असर पड़ेगा, आपको यह तो सोचना चाहिए ! हमारी बात तो जाने दीजिए ! हमारी बातें तो सभी वैसी ही थीं।'

अमरनाथ को सोचना ही पड़ा, सचमुच उनका बेटा अपने बच्चों को अंग्रेजी स्कूल में अंग्रेजी शिक्षा दिला रहा है। तमीज-तहजीब सिखा रहा है। उसने तो अपने बेटे को सरकारी स्कूल में ही पढ़ाया था, और खुद तो वे उजड्ड ही थे, जबरी स्कूल के स्याही सने खरखरे टाटों पर बैठकर–'दो एकम दो, दो दूनी चार' की सामूहिक रट लगाकर ही विद्या प्राप्त कर चुके थे। उन्हें तो सोचना ही होगा।

यह सब देखकर अवतारे को विचित्र-सा तनाव महसूस हुआ। तनाव जो महसूस किया जा सकता था, पर जिसे शब्द नहीं दिए जा सकते थे। जिसकी लकीरें बूढ़ों-जवानों के चेहरों पर खिंच गई थीं, पर जिसके कारण बताए नहीं जा सकते थे। इसीलिए शायद उसका इलाज भी नहीं किया जा सकता। इलाज शायद था भी नहीं। एक तरफ महज जिन्दा रहने की ख्वाहिश–दूसरी तरफ रूढ़ियों को तोड़ एक परिष्कृत जिन्दगी जीने की तमन्ना। द्वारिका के लिए शान्ता जरूरी थी गोकि बुढ़ापे में जवानी की हरकतों का अंजाम उन्हें भुगतना था, सो भुगता। याने कि 'परमानेण्ट बिस्तर पकड़ लिए।' अमरनाथ के बच्चे अपने जायों को बेहतर जिन्दगी देना चाहते थे। रूढ़िबद्ध रहना उनके लिए आदर्श नहीं था। दोनों अपनी जगह सही थे।

चार

बेहतर जिन्दगी की खोज में अवतारा बम्बई चला गया था। गोकि उस बेहतर जिन्दगी का कोई खाका उसके आगे स्पष्ट न था। फिलहाल उसे एक प्राइवेट फर्म में डेढ़ हजार की नौकरी और रहने के लिए दो कमरे के फ्लैट का आश्वासन मिला था, जोकि बम्बई जैसी महानगरी में बड़ी बात थी। इधर औसत आदमी को सपरिवार रहने के लिए एक-डेढ़ कमरा ही नसीब में लिख गया था। ऐलान गली के अंजर-पंजर खिड़की, दरवाजोंवाले, कहीं टिन-शिंगल, ज्यादातर भुर्जपत्रों के छत्तोंवाले ही सही, पर ऊपर-नीचे, तीन-चार मंजिलों के मकानों में, इधर-उधर, मन चाहे जिधर, लोटने की सुविधा तो थी, जो यहाँ नहीं थी। यह फ्लैट भी शादी होने तक उसे एक अन्य सहकर्मी इन्जीनियर के साथ शेयर करना था, यह फैक्टरीवालों की शर्त थी।

सो अवतारा एक छोटे-से कमरे में अपना बोरिया-बिस्तरा फैलाकर रहने लगा और बेहतर जिन्दगी की शुरुआत करने लगा।

काम से उसे लगाव था, और नई जगह जो दुहरे उत्साह से काम करके मालिकों की नजरों में आने और अपना भविष्य सुरक्षित करने की ललक युवा प्रतिभाओं में होती है, वह अवतारे में भी थी। यों भी, बड़े शहर में नितान्त अकेला होने, अपने घर-परिवार, नाते-रिश्तेदारों और मित्रों-सहपाठियों से दूर होने के कारण वह कुछ उखड़ा-उखड़ा-सा महसूस करता था। काम की व्यस्तता में समय भी जल्दी खिसक जाता था, इसलिए 'ओवरटाइम' उसे, सहकर्मियों के कथनानुसार, ज्यादा 'सूट' करता था।

रात देर से भी घर लौटता तो अपने अस्त-व्यस्त कमरे में, इधर पुस्तकें, उधर कपड़े, कोने में जनता स्टोव के पास दो-तीन कप-प्लेट, धुँईली अलमूनियम की केतली वगैरह इतनी बेतरतीबी से और वीरान हालत में पड़े रहते कि लगता अभी-अभी कोई भरा-पूरा घर छोड़कर भाग गया है और जाने की हबड़-तबड़ में इधर-उधर बिखरा सामान समेटने का वक्त भी नहीं मिला है। कुछ-कुछ वैसे ही जैसे कबाइलियों के हमले के वक्त, मुहरा-बारामूला वगैरह में हुआ था। लोग भरे-पूरे घरों को अस्त-व्यस्त छोड़कर भाग गए थे। अजीब-सी दहशत होती। अकेलेपन और बिखराव और दंशभरा अहसास सीने को ज्यों कोंचने लगता, 'क्यों आए इधर अवतारे ?' इस कोठरीनुमा कमरे में अपनों से कटकर किस बेहतर जिन्दगी को जिया जाएगा ?"

सीमेण्ट-कांक्रीट की दीवारों में कैद, वह कभी खिड़की खोलकर बाहर की दुनिया देखता तो कई-कई मंजिला दैत्याकार इमारतों से टकराकर उसकी नजरें घायल हो जातीं। कई-कई लोगों के सिर एक ही कमरे में देख उसे दड़बो में कुड़कुड़ाती मुर्गियाँ याद आ जातीं। यों ऐलान गली में भी, मकान कन्धे-से-कन्धा जोड़कर खड़े थे,पर खुले-बड़े घर थे, जिनमें खुलकर साँस ली जा सकती थी। उनकी माटी-लिपी दीवारों में एक मोहगन्ध थी, अपनत्व की चिर-परिचित सौंध। आसपास निशात-शालीमार न सही, पर मकानों के टावरों से हारीपर्वत और शंकराचार्य के पर्वतों के ऊँचे उठे सिर नजर आते थे। मंगलू

के आँगन में हरियाला शहतूत का पेड़ और कच्ची छतों पर उगी तोरी-कुम्हड़ों की बेलें तो नजर आती थीं। अलग-अलग मौसमों में पोशनूल, गुगी और अबाबीलों की मीठी पुकारें सुनाई तो पड़ती थीं। उस पर अपने-परायों की आत्मीय सीख-सिखौवल, झाड़-झड़प ! वह सब यहाँ कहाँ था ? तब उस झाड़-झड़प से मन में खीज पैदा होती थी पर अब दूर होकर उनमें रची-बसी अपनेपन की गन्ध महसूस हो रही थी। क्या दूर होकर ही वस्तुस्थितियों के चेहरे स्पष्ट हो जाते हैं ? और उनके भीतरी अर्थ खुलने लगते हैं ?

दफ्तर में तो वक्त निकल जाता पर कमरे में आते ही घर की याद उस पर हावी होने लगती। बड़ी बेचैनी महसूस होती। किसी से बतियाने को जी करता, पर साथ लगे कमरों में ज्यों गूँगे-बहरे बसते हों। दरवाजे उढ़काकर जाने वे अन्दर-ही-अन्दर क्या कर रहे होते। लगता, किसी की इच्छा नहीं है अपने को दूसरों के साथ शेयर करने की। अवतारा इस माहौल में फिट हो भी कैसे सकता था। वह तो नितान्त भिन्न माहौल की पैदावार था।

उसका एक सहकर्मी इन्जीनियर, जो उत्तर प्रदेश के किसी कस्बे से आया था, अवतारे की बेचैनी भाँप गया।

"भई, अवतार कृष्ण, अपनी शामें कैसे गुजारते हो ?"

"शामें ?" अवतारा अपने इस नए दोस्त की जिज्ञासा पर कुछ झेंप गया।

"शामें क्या गुजारनी हैं, गुजर ही जाती हैं। देर से कमरे पर लौटता हूँ। खाना बाहर से ही खा लेता हूँ। फिर तो चारपाई पर लेटते ही नींद आ जाती है।"

"जब रात की पाली में काम करते हो, तब भी तो पूरा दिन घर में ही घुसे रहते हो। बाहर घूमा करो यार, देखो बम्बई नगरी कितनी सुन्दर है।"

सुन्दर तो थी बम्बई। रात-दिन सड़कों पर दौड़ता ट्रैफिक, विशाल इमारतें, जो रात को रंग-बिरंगे प्रकाश-पुंज बिखेरते रहते, जिनमें जीवन के तमाम जंजाल जन्म लेते, पनपते और दफन भी हो जाते। लेकिन अवतारे को उनमें जीवन का स्पन्दन महसूस नहीं होता। एक मशीनी व्यस्तता, जिसमें आदमी कल-पुर्जों की तरह जुड़े हुए थे, लौह-मानव की तरह चुस्त-दुरुस्त। शायद अनुशासनबद्ध भी। पर एक-दूसरे को खोजने-टटोलने और वक्त-जरूरत सहलाने की रीति-नीति के वे कायल नहीं थे। कम-से-कम अजनबी अवतारे को ऐसा ही अनुभव हुआ।

दोस्त शर्मा अवतारे के कस्बाई विश्लेषण पर हँस पड़ा—"यार ! जो एक बार बम्बई आता है, उसे यह शहर छोड़ने का मन नहीं करता। रही जीवन की बात ! सो जीवन अगर यहाँ नहीं है तो क्या हमारे ऊँघते हुए शहरों में है जहाँ लोग भागते जीवन की हर प्रक्रिया से गुजरते भी लगता है, ज्यों फुरसत में बतिया रहे हों ? कहीं गप्प-गोष्ठियाँ, कहीं चौपालें, जिनमें अपनी समस्याओं से ज्यादा दूसरों की उलझनें सुलझाने की चिन्ताएँ रहती हैं। यहाँ तो यार, लोग सही अर्थों में जीते हैं, अपने लिए। अपनी समस्याओं का सामना खुद करते हैं। दूसरे उन्हें सुलझाने नहीं आते। दरअसल, वक्त ही किसके

पास है ?"

"हाँ", अवतारा धीरे-धीरे जान गया। "लोग कछुओं की तरह अपनी खोलों में बन्द हैं, अपनी-अपनी समस्याओं के कठघरों में कैद। समय नहीं है, या इच्छा नहीं है ? अपनी मुश्किलात दूसरों को सुनाने का मतलब है दूसरे का कीमती वक्त बरबाद करना, जिसकी इजाजत यहाँ लोग नहीं देते। वे रात देर तक दरवाजे खुले रखकर नहीं बैठते कि कोई अनवर मियाँ या संसारचन्द किसी नीलकण्ठ काका या मास्टरजी से परामर्श लेने आएगा। क्योंकि लोग पढ़े-लिखे, कामकाजी और व्यस्त हैं। भागती जिन्दगी से जितना अर्क निकले, उतना निकालने में त्रस्त हैं। दूसरों के सलाह-मशविरे पर शायद उनका विश्वास भी नहीं है।"

"सुनो दोस्त, कभी बोर हो जाओ तो बेधड़क घर चले आओ। तुम्हारी भाभी भी बतियाने की बड़ी शौकीन है। तुम्हारी तरफ की ही है, जम्मू में उसके माता-पिता रहते हैं..."

"आऊँगा जरूर।" अवतारे ने कहा और ईमानदारी से सोचा कि वह जरूर जाएगा। एक घरू वातावरण देखे उसे महीनों गुजर गए थे।

जल्द ही अवतारा दोस्त के घर गया। आलतू-फालतू बातें करना भी कभी कितने सुकूनदेह लगता है, यह उसे अजित की पत्नी मंजू से बतियाते महसूस हुआ।

वे लोग कभी चौपाटी चले जाते, कभी जुहू बीच। समुद्र सचमुच एक आकर्षण बन गया अवतारे के लिए। बीच के मुलायम रेतीले फैलाव पर लेट वह रात घिरने तक सागर की हरहराहट देखता, सुनता और अपने भीतर प्रतिध्वनित महसूस करता। इस अनन्त विस्तार में अपनी छोटी-बड़ी इच्छाएँ बड़ी बचकानी-सी लगतीं। अपना अस्तित्व नगण्य-सा मालूम पड़ने लगता। ऐसे में बहुत भीतर कौंचती बेचैनियाँ निरर्थक लगने लगतीं। बस एक बात जेहन में कौंधती रहती...यह जिन्दगी, छोटी-सी जिन्दगी, छोटी-सी नौका ज्यों हलकोरे सागर की लेती हिलोरों पर ! जाने कब लहर की एक करवट से अतल में समा जाए। इसका कुछ तो मकसद हो, इसे बेहतर बनाने की कोशिश तो हो। वही कोशिश ही तो अपने हाथ में है। मन की इस भावदशा के साथ अवतारे ने एक लम्बी साँस की तरह मन की बेचैनियाँ भीतर से बाहर निकाल दीं यानी कि खुश रहना सीख लिया।

अजित के छोटे बेटे मिण्टू से वह देर तक खेलता। बच्चों की तरह उसके पीछे-पीछे रेतीले विस्तार पर दौड़ता। अजित की पत्नी मंजू ने महानगर के कानून तोड़कर पड़ोस में दो-चार सहेलियाँ बतियाने के लिए जुटाई ही थीं। अपने ढंग से जीने का सिलसिला उसने शुरू कर ही दिया था। हालाँकि इसके लिए उसे पड़ोसिनों की शाबाशी के बदले बेरुखी और तिरस्कार ही मिला था।

"भई, हमारे पास आलतू-फालतू टाइम नहीं है जो घंटों दूसरों के घरों में घुसकर गप्पें लड़ाती रहें।"

पता नहीं मंजू के पास टाइम ज्यादा था या छोटे शहरों में पली लड़कियों की

संस्कारगत आदतें, जिनमें महानगरों के लिए, कई असभ्य-आउट ऑफ डेट आदतों के साथ, घर पर बने गाजर के हलुवे या नारियल की बर्फी का असली स्वाद दूसरों को दिखा-खिलाकर ही महसूस किया जा सकता है, जैसी आदतें भी शामिल थीं।

मंजू ने ही अवतारे और दिव्या को एक-दूसरे से परिचित कराया।

दिव्या उसके पड़ोस में रहती थी, कुछ-कुछ लम्बोतरे-से बेढंगे कमरे में तीन बहनें और माता-पिता। कमरे में पर्दा डालकर एक तरफ रसोई वगैरह पकती थी। दूसरी तरफ एक फोल्डिंग सोफा-कम-बेड और एक दीवान बिछा रहता जो रात को सोने के लिए और दिन को बैठने के लिए इस्तेमाल किया जाता था। दिन में ड्राइंगरूप और रात को बेडरूम बननेवाला यह कमरा सामान से ठसाठस भरा रहता। दीवारों पर कुछ ऊँचाई पर दो मेखें ठोंककर अलगनी-सी बनाई गई थी जिस पर लम्बे डण्डे के सहारे कपड़े फैलाए जाते...जो बरसाती दिनों में पूरे-पूरे दिन सिरों के ऊपर फड़फड़ाते रहते।

अवतारा दिव्या के आग्रह पर वहाँ चला तो गया पर ड्राइंगरूम का हुलिया देखकर थोड़ा संकुचित हो गया। यह संकोच, जो दूसरों की परिस्थितिजन्य विवशता को देखकर प्रतिक्रियास्वरूप उभरता था, यह शायद अवतारे के संस्कारों में ही शामिल था। अन्यथा दिव्या के पिता पवार साहब अपने भरपूर सामान से ठुसे गोदामनुमा घर के बारे में जरा भी सचेत नहीं लगते थे, क्योंकि उनके पड़ोस में ऐसे भी घर थे जहाँ परिवार के अन्य जनों में बहू-बेटा भी इन्हीं दड़बों में रहने-जीने को मजबूर थे और रात को एक कमरे में तीन-तीन पार्टीशन बनाने के तरीके जानते थे।

पवार साहब के गंजे सिर के पीछे श्वेत-श्याम बालों की झालर-सी झूलती रहती थी। अभाव, तनाव और रोजमर्रा की परेशानियाँ झेलते वे इस हद तक भाग्यवादी बन गए थे कि जो होना होगा, होकर रहेगा, हमारे चाहे-अनचाहे कोई फर्क नहीं पड़ेगा, वाली उक्तियों को ब्रह्मवाक्य मान बैठे थे। यों एक अच्छी बात उनमें यह थी कि उन्होंने स्वर्गीय सर्वेश्वर दयालजी की 'दुःख तुम्हें क्या तोड़ेगा, तुम दुःखों को तोड़ दो, केवल अपनी आँखें, औरों के सपनों से जोड़ दो', पंक्तियों को अपने जीवन में उतार लिया था।

खस्ता घरेलू हालातों में भी दिव्या बेहद खुले मिजाज की लड़की थी। साँवली, साधारण नाक-नक्श, लेकिन आँखों में दोस्ती का ईमानदार आमन्त्रण। उस पर जीने की अदम्य हौंस, जो कुछ लोगों के रक्त में घुली होती है, उसमें भी थी। मंजू भाभी का उस पर स्नेह था, गोकि वह भी कभी-कभी अवतारे को आगाह करने के अन्दाज में समझातीं कि इस लड़की को जाने क्यों लोग सस्ते किस्म की समझते हैं। बेचारी कितनी अच्छी है। खूब मेहनती, मिलनसार और हँसमुख। घर का खर्चा यही चलाती है। पिता तो बजाजी की दुकान पर बैठा कपड़ा मापा करता है, उससे गृहस्थी क्या खाक चलेगी ? उस पर तीन-तीन लड़कियाँ ! हे राम ! मंजू भाभी उसकी माई के लहजे में बात करती थी। वह इधर होती तो दिव्या के बारे में इसी तरह, या शायद इससे अधिक तिखास के साथ बात करती।

दिव्या गाइड का काम करती थी। एलीफेंटा केव्ज का इतिहास बड़ी बारीकी से यात्रियों को समझाती। अवतारे से उसने कश्मीर के बारे में प्रश्न किए। कल्हण की राजतरंगिणी में जिसका जिक्र उसने पढ़ा था, वह स्वर्ग कैसा है ? धरती का स्वर्ग उसने नहीं देखा था पर मन में अचीन्हा-सा विश्वास था कि किसी दिन जरूर उसे देखेगी। अवतारे को अपनी धरती के स्वर्ग की स्मृतियाँ उकेरना अच्छा लगा। यही कारण था कि वे दोनों एक-दूसरे से बहुत जल्दी घुल-मिल गए।

दूसरी मुलाकात में ही दिव्या ने उसे उसके साथ एलीफेंटा केव्ज चलने का निमन्त्रण दिया।

"आपके कश्मीर जैसी सुन्दर जगह नहीं है बम्बई, लेकिन फिर भी भारत के कई महानगरों से सुन्दर है। मेरे साथ इसे देखना शायद आपको अच्छा लगे।"

अवतारे ने पल-भर थोड़ा संकोच किया। पल-भर ही, क्योंकि दिव्या के इस निमन्त्रण पर उसे माई-बापू के चेहरे याद आए, अवतारे की ऐसी हरकतों पर जो भाव उनके चेहरे पर आते, उसकी एक झलक-भर दिखाई दी। इसीलिए वह एकदम दिव्या की बात का उत्तर न दे सका, न हाँ, न ना कह सका।

दिव्या अवतारे की दुविधा ताड़ गई।

"मंजू भाभी, आप इन्हें अपने साथ ले आइए न ? लगता है, मेरे साथ चलने में इन्हें संकोच हो रहा है।"

"अरे नहीं, संकोच कैसा ? यह कोई लड़की थोड़े ही हैं जो साथ ले जाने की जरूरत पड़े। चला जाएगा।"

"मुझे देखो मंजू भाभी, लड़की होकर भी मुझे किसी तरह का संकोच नहीं होता। अकेली ही कहाँ-कहाँ तो घूमना पड़ता है। दरअसल, गाइड का काम करते तो मैं पक्की प्रोफेशनल हो गई हूँ..."

इन प्रोफेशनल लड़की की आँखों में जाने कौन-सा आग्रह था कि अवतारा बिना लगाम खिंचता गया।

अवतारा पच्चीस बरस की उस उम्र में पहली बार किसी 'कुछ न लगती' लड़की के आमन्त्रण पर उसके साथ बँधा-बँधा घूमा था। दिव्या ने उस दिन गाइड का काम नहीं किया। फेरी में बैठकर अवतारे के साथ चुपचाप छपक-छपक सागर की हिलोरों को देखती रही। अवतारे से कहा, "कितनी विचित्र बात है, रोज इन फेरीज पर घंटों बोलती रहती हूँ। दूर-दूर तक फैले ये मालवाहक जहाज, लहरों पर हिचकोले खाती फेरीज, वह उस किनारे पर डोम के आकार का भाभा एटामिक प्लाण्ट, उसके ऊपर फैली धुएँ की शहतीर, ये शिप तक जाने के लिए जेटीज, और चारों ओर खड़ी छोटी-छोटी पहाड़ियाँ। जाने कितनी बार देख चुकी हूँ इन्हें, पर लगता है, आज इनमें कोई खास बात जुड़ गई है। बड़ा अच्छा लग रहा है। इन्हें...इन्हें आज मैं महसूस कर रही हूँ। बड़ी अलग-सी फीलिंग हो रही है..."

यही "बड़ी अलग-सी फीलिंग" अवतारे को भी हो रही थी। पर वह उसे शब्द नहीं

दे पा रहा था। दिव्या कुछ कहने की कोशिश तो कर रही थी, शब्दों से ज्यादा हल्के-स्पर्शों से। बहुत करीब बैठकर, हवा के झोंकों से साड़ी का नरम पल्लू अवतारे को बार-बार छूकर सहलाता जा रहा था। दिव्या के माथे पर छितर आए बाल अवतारे की गर्दन पर गुदगुदा स्पर्श देते, जब वह उसकी ओर मुड़कर कान के पास कोई बात करती। फेरी का शोर ही कुछ ऐसा था कि एकाध फुट की दूरी पर की गई बात सुनाई नहीं पड़ रही थी। दिव्या का इसमें क्या दोष था ? फिर अवतारे जैसे छुई-मुई किस्म के युवकों से उसका पाला कहाँ पड़ा था जो किसी लड़की के हल्के-स्पर्श से ही गड़बड़ा जाते हैं।

गुफा में वे दोनों साथ-साथ घूमे। पत्थरों पर खुदी जीवन्त मूर्तियों को देखते रहे। नटराज शिव की मुद्राएँ, योगीश्वर शिव आदि मूर्तियों के साथ जुड़ी पौराणिक गाथाएँ सुनते रहे। दिव्या समझाती रही..."यह कैलासोद्धरण है। देखो रावण कैलाश उठा रहे हैं। देखो इधर, जब रावण ने कैलाश को उठाना चाहा तो भगवान शंकर ने पैर से दबाकर उसे झुका दिया। यह शिव-पार्वती का विवाह हो रहा है। यहाँ मानिनी पार्वती पति से रूठकर बैठी हैं।..."

लेकिंन अवतारा दिव्या की बातें कहाँ सुन रहा था। वह उसके चपल होंठों की मुद्राओं में खोया अभिभूत-सा खड़ा था। एक अवश आकर्षण में बँधा। यह लड़की ? कैसी है यह लड़की ? देखने में औसत-सी इस लड़की के भीतर कौन-सी चुम्बकीय शक्ति है जो अवतारा खिंचता ही जा रहा है ?

दरअसल, पुरुष स्त्री की इस चिरन्तन चुम्बकीय शक्ति के सत्य से अवतारे का यह प्रथम साक्षात्कार था। जबर्दस्त आमना-सामना। एक लड़की शुभी थी, उसके बचपन के अल्हड़ क्षणों की संगिनी। पर तब जिस्म के हरहराते उबाल से उसका परिचय ही कहाँ था ? और फिर ऐलान गली में रहकर पंडित संसारचन्द के धार्मिक घर का कट्टर अनुशासन भी उसी पर हावी था। वहाँ तो जवाहर भाई ही बगावत करने की कूवत रखता था।

दिव्या अवतारे के आमन्त्रण के लिए रुकी नहीं, वह भागती जिन्दगी की कीमती घड़ियों का सही उपयोग करने में विश्वास रखती थी। कछुआचाल उसने सीखी नहीं थी। फिर अवतारे के चेहरे पर लिखे संशय, विभ्रम और अनिश्चय को पढ़ना उसके लिए मुश्किल काम नहीं था। उसने बेलाग शब्दों में अवतारे से कहा—

"परसों शनि को मैं फ्री रहूँगी। छह बजे तक तो आप लौटेंगे, मैं आ जाऊँगी। फिर कहीं घूमने चलेंगे।"

"हे भगवान !" अवतारे ने मन-ही-मन सिद्धिदाता को हाथ जोड़े। यह लड़की शाम को मेरे घर आएगी। मैं इससे क्या कहूँगा, अकेले कमरे में कैसा वार्तालाप होगा। क्या होगा ?

पच्चीस वर्ष की उम्र और अवतारा अभी भी ब्रह्मचारी ! कुछ-कुछ छिटपुट वारदातों को छोड़कर, जो उसकी वैयक्तिक सीमाओं में ही आती थीं, जिसके साक्षी उसके रंगीन सपने और उनके परिणामस्वरूप चद्दर-गद्दों के कुछ गीले-बदसूरत दाग-धब्बों के सिवा

कोई न था। जाहिर है, सात्विक जीवन पालन करने की तमाम हिदायतों के बावजूद ऐसी वारदातों पर कोई अंकुश नहीं होता। अवतारा भी तो साधारण मनुष्य ही था। लेकिन इससे बाहर उसका कोई अनुभव नहीं था। नितान्त अनाड़ी अवतारा, इस तूफानी लहर को कैसे झेल पाएगा ?

पर जाने क्यों और कैसे सबकुछ झेल लेता है आदमी। सुख-दुःख, विरह-मिलन, तमाम आशंकाओं-आशाओं और आतंक-भरी अपेक्षाओं के बावजूद सब गुजर जाता है। पानी की लहर ज्यों पुल के नीचे गुजर जाती है।

दिव्या हवा के खुशनुमा झोंके की तरह कमरे में आ गई, "काफी अच्छी जगह है", कहकर उसने किसी परिचित की तरह खिड़की खोलकर आमने-सामने मुआयना किया, "बड़े अच्छे फ्लैट हैं इस तरफ। क्या कोई सहेली-वहेली नहीं बनी कोई ?"

अवतारा दिव्या के खुलेपन पर झेंपने के सिवा कर भी क्या सकता था। लेकिन दिव्या ने प्रश्न पूछा तो जाहिर है उत्तर भी देना होगा, "मैं तो इधर रहता ही बहुत कम हूँ। यहाँ मुझे कोई नहीं जानता।"

"अच्छा ?" दिव्या ने हल्का-सा आश्चर्य दिखाया और चारपाई पर पास आकर बैठ गई। "या वहाँ कोई खास है जिसे याद करते रहते हो... ?"

"नहीं, वहाँ भी ऐसी कोई खास नहीं है।" अवतारा मुस्कराया।

दिव्या ने विश्वास नहीं किया, कहा भी, "ऐसा कैसे हो सकता है ?"

ऐसा हुआ था। अवतारे के साथ तो हुआ ही था। राजस्थान में वह नौकरी कर रहा था तो उसके कुछ अन्तरंग मित्रों ने उसके ऊल-जलूल स्वप्नों और बेचैन रातों को देख-सुनकर सुझाया था कि उसे 'औरत की जरूरत है।' वह चाहे तो दोस्त मदद कर सकते हैं। पर अवतारा दोस्तों के इस बिन माँगे दिए वरदान को भी कबूल न कर सका। तब पाप-पुण्य के विचार ने उसे इतना त्रस्त नहीं किया, जितना अपने साफ-सुथरे जिस्म को लगनेवाली सम्भावित खतरनाक बीमारियों के वहम ने। उसे अपने स्वस्थ शरीर पर बेहद नाज था और शायद औरत का आकर्षण उस पर इतना हावी न हो पाया था कि उसे पाने के लिए वह इंजेक्शनों-दवाइयों आदि की तवालत लेकर, समझदार दोस्तों की तरह, अपने को 'सेफ' रख लेता।

बातों-बातों में ही दिव्या ने बड़ी सहजता से अवतारे की बाँह छूकर धीमे-से कहा, "मेरा इस तरह चले आना तुम्हें कैसा लगा ?"

छुअन के साथ अवतारे के जिस्म में मीठी लहर-सी उठी और सिर से पाँव तक झनझना गई। उत्तर नहीं दिया। पर भरपूर नजर से देखा और सोचा, यह लड़की रत्ती चाची की जुबान में बात करना जानती है।

"दरअसल, मैं आए बिना रह नहीं सकी।" दिव्या ने आत्मस्वीकार के लहजे में कुछ शब्द कहे...

तभी अवतारे का संयम, नियम, अनुशासन वगैरह सभी भर्राकर ढह गए। दिव्या ने आत्मस्वीकृति के इन क्षणों में बड़े सहज-स्वाभाविक ढंग से अवतारे के गले में बाँहे

डाल दीं, ज्यों उसे अपने करीब महसूस करना चाहती हो और अवतारा सचमुच गड़बड़ा गया। अनाड़ी अवतारा दिव्या की पनीली आँखों को देखते और टूट-टूट जाती आवाज को सुनते अनायास ही उसके चेहरे पर झुक आया, उसके होंठो को छुआ, उसके उभारों को महसूसा, इसके बाद अवतारे को कुछ मालूम नहीं कैसे क्या हुआ। उसका सम्पूर्ण शरीर तप्त उत्तेजना से भर गया। जिस्म ज्यों बुखार से तप रहा हो, ज्यों किसी गहरी नदी में डूब रहा हो और उबरने की छटपटाहट में हाथ-पैर मार रहा हो, ज्यों दिव्या ही एक तूफान से उबारने का एकमात्र साधन हो। उसका सम्पूर्ण शरीर दिव्या को खोजने-टटोलने लगा—दिव्या ने बाधा नहीं दी। वह उसके अनाड़ी आवेश को थामे रही, पूरी उष्णता के साथ। कोई प्रश्न नहीं किया, किसी प्रश्न का उत्तर नहीं दिया। कोई शिकायत भी नहीं की।

अवतारे की पकड़ मजबूत होती गई। उसके पंजे दिव्या के कोमल हिस्सों पर गड़ते गए, तब भी दिव्या खामोश रही। उसकी गहरी साँसों में अवतारे को सागर की उफनती लहरों का आलोड़न महसूस हुआ—और वह उन लहरों के बहाव में बहता गया। बहना अनिवार्य था। कितना भी संयमी हो अवतारा। प्रकृति के नियमों के विरुद्ध जाना मानवीय शक्तियों की सीमा से बाहर था।

बाद में तार्किक विश्लेषण की स्थिति में लौटने पर उन्होंने इस अप्रत्याशित स्थिति पर सोचा। इतना सहज, इतना स्वाभाविक कैसे हो पाया उनका मिलन। दिव्या ने स्वीकार किया कि वह प्रेम करना चाहती थी। एक बार पहले किया था पर वह पूर्णता तक पहुँचने से पहले ही खत्म हो गया। उसका प्रेमी शरीर से बाहर कुछ सोच ही नहीं सकता था। 'लव मशीन' के नायक की तरह। सो वह दो-चार मुलाकातों के बाद ही ऊब गया। यों लड़के-लड़कियों की कमी कहाँ है बम्बई महानगरी में ? मिली होगी कोई दूसरी।

दिव्या फोन-पर-फोन करती रही। एक बार उसने साफ कहा कि जितने फोन दिव्या ने उसे तीनेक मास में किए, उतने फोन पूरी जिन्दगी में किसी ने उसे नहीं किए। दिव्या ने तभी समझ लिया कि एक अध्याय का अन्त हो गया है।

दिव्या ने अवतारे से कहा, "मैं उन दिनों बड़ी भावुक थी। हर बात में प्रश्न पूछना मेरी आदत-सी थी। मैं देने से पहले पाने का आश्वासन चाहती। मैंने सुना था औरत जिन्दगी में एक ही बार प्रेम करती है। और मैं भी एक ही बार प्रेम करके प्रेम की सम्पूर्णता को पाना चाहती थी। यह तो मुझे बाद में मालूम पड़ा कि ऐसा नहीं होता..."

"कैसा नहीं होता ?" अवतारे को भी दिव्या या प्रेम के बारे में ज्यादा जानने की जिज्ञासा हुई।

"यही कि पूर्णता-वूर्णता कहीं नहीं होती। और प्रेम के विषय में ज्यादा सवाल वही पूछते हैं जिन्हें अपनी भावनाओं पर विश्वास नहीं होता। जो प्रेम जैसी निजी भावनाओं को भी बँधी-बँधाई, पारम्परिक रीति-नीतियों के अनुरूप ढालकर, पता नहीं, किस आदर्श

की सृष्टि करना चाहते हैं...”

“तुम्हारी निजी राय के अनुरूप प्रेम क्या प्रतिदान नहीं चाहता ?”

जुहू बीच पर दिव्या के साथ बैठा अवतारा इस अनुभवी लड़की से हृदय की कोमलतम भावना के बारे में प्रश्न कर रहा था।

“प्रतिदान तो चाहता है, पर माँगने से वह कहाँ मिलता है ? मिलता है तो बिन माँगे ही, अचानक, ज्यों अप्रत्याशित रूप से लॉटरी खुल गई हो। उम्मीद तो बराबर रहती है, पर जबर्दस्ती से प्रेम नहीं पाया जाता न ?”

अवतारा क्या कहता। यहाँ तो वह बिल्कुल अनुभवहीन था।

“मैं बहुत धार्मिक नहीं हूँ...”, दिव्या ज्यों बहुत कुछ कहने को बेताब थी उस दिन, “मेरे कई विश्वास भी मेरे कड़वे-तीखे यथार्थ ने ढहा दिए हैं। सुबह घर से निकलती हूँ, शाम ढले लौटती हूँ। धूप-पानी में झुलसते-भीगते अपने-आपको काफी हद तक भूलना सीखी हूँ। यही याद रखती हूँ कि काम करना है और माता-पिता की उम्मीदों को पूरा करना है। भाई नहीं है, पापा परिवार की जरूरतें पूरी नहीं कर पाते, तुम तो जान ही गए होंगे। दस झंझट हैं। रोज की यह हाय-हाय मुझे झेलनी पड़ती है। ऐसे में औरत हमारी फिल्मोंवाली नाजुक कली कहाँ रह पाती है ? वक्त से पहले मुरझाने को अभिशप्त होती हैं हम, जो हर तरफ के लोगों में रहने-जीने को मजबूर रहती हैं...।”

“तुम तो सचमुच बहादुर लड़की हो।” अवतारे के भीतर इस लड़की के लिए नन्हा-सा सोता उग आया।

“बहादुर क्या ?” दिव्या ने उदासी को हल्की मुस्कराहट से ज्यों पोंछ दिया। “शरीर की भूख को अन्तिम सत्य माननेवालों के बीच उपेक्षा से रहने के बावजूद मैं अपने को सती-सावित्री नहीं समझती। लेकिन...।”

“लेकिन क्या ?”

“प्रेम की उम्मीद के बिना मैं शायद जिन्दा नहीं रह सकती।”

दिव्या ने कहा, “कुछ लोग तमाम उम्र जीने-जिलाने के हजारों झंझटों के बीच गुजरते हुए भी प्रेम किए बिना ही मर जाते हैं, वे कभी किसी को पसन्द करते हैं, भोगते हैं, और जी लेते हैं, प्रेम का स्वाद जीवन-भर उन्हें मालूम नहीं पड़ता। पर कुछ ऐसे भी हैं प्रेम जिनके लिए संजीवनी होती है। उसके बिना देह को आत्मा नहीं मिलती। एक खोज बराबर जारी रहती है। वही, एक उम्मीद, मैंने कहा न, शायद, शायद किसी दिन ऐसा कोई मिल जाए, जिसे मन की बात समझानी न पड़े...”

“न मिले तो ?” अवतारा इतना निराशावादी क्यों है ?

“न मिले ? यानी एक तरफ अधूरी आकांक्षा हो, या सत्य को स्वीकारने का साहस न हो ? तब ? तब तो क्या कहूँ, एक भटकन के सिवा क्या रह जाता है ?”

“तब मन को मारना ही पड़ता है दिव्या।”

“मन को मारने की उक्तियाँ यों बोलने में बड़ी सहज हैं अवतार, पर वास्तव में

ऐसा करना बड़ा मुश्किल है। जो लोग ऐसा करने की बात करते हैं, वे या तो बोधिसत्व बन जाते हैं, या जिन्दा लाश बनकर जीते हैं।" दिव्या उत्तेजित हो उठी थी, "यों भी मैं समझती हूँ, मन मरता है तो आत्मा मर जाती है।"

अवतारा दिव्या की बातें सुनकर मन की इस चिरन्तन भावना के बारे में सोचना सीख गया। हालाँकि जब दिव्या ने कहा कि 'पहली मुलाकात में ही मुझे लगा कि मैं तुम्हें सदियों से जानती हूँ। तुम मेरे बहुत अपने हो...' तो वह किंचित आश्चर्य में पड़ गया।

ऐसा कैसे हो सकता है ? उसे लगा लड़कियाँ स्वभाव से ही भावुक होती हैं, तभी तो साधारण को भी असाधारण और अभूतपूर्व बनाकर ग्रहण करती हैं। दिव्या के स्पर्श ने उसे गड़बड़ा जरूर दिया था। उसने दिव्या से कहा भी, "तुम्हारे स्पर्श से मेरा सन्तुलन बिगड़ गया, फिर मुझे कुछ भी नहीं मालूम, कैसे क्या हुआ।"

लेकिन इस घटना के बाद अवतारे पर कई दिन मायूसी-सी छाई रही। पश्चात्ताप-सा रहा। ऐसा नहीं होना चाहिए था। संस्कारों ने उसे धमकाया भी। आखिर दिव्या एक लड़की थी, अविवाहित। उसके साथ कुछ भी घट सकता था। वे लोग परेशानी में पड़ सकते थे, वगैरह-वगैरह। लेकिन दिव्या उसी सहज ढंग से मिलती रही। दो-तीन बार घर भी आई और अवतारा जाने किस मजबूरी में इस लड़की के बारे में सोचने लगा। कई रातें जागता रहा।

इस लड़की को वह प्यार के साथ सामाजिक सुरक्षा दे पाता तो शायद उसे अपना आपा महत्त्वपूर्ण लगता। काश, वह साबित कर सकता कि जिन्दगी में वह भी कुछ करने का दम-खम रखता है। पर इस सबके विषय में वह इतना अनिश्चित था कि उसने दिव्या को कभी कोई आश्वासन नहीं दिया। भावुकता के क्षणों में भी वह अपने आपको सम्भाले रहा, "सुनो दिव्या, मेरा कोई स्वार्थ नहीं है।"

कई-कई दिन उससे कतराता भी रहा पर दिव्या ने उसे ज्यों सम्पूर्णता से ग्रहण कर लिया हो, तमाम खूबियों-खामियों सहित...।

घर जाने के वक्त दिव्या स्टेशन पर आई। एक उदास पीलापन उसके चेहरे को मुरझा गया था। वह जान गई थी कि अवतारे के विवाह की बात चल रही है और वह शायद ही दिव्या के बारे में अपने माता-पिता से कुछ कह पाए, या कहने पर भी वे अपनी स्वीकृति शायद ही दें। लीक-लीक चलनेवालों पर उसका विश्वास नहीं था।

अवतारे ने उसके मन की दशा जान ली, बड़े स्नेह से उसके कन्धों को घेरा और उदास स्वर में बोला, "तुम जैसी दोस्त पाकर मैं अपने को भाग्यशाली समझने लगा हूँ, दिव्या ! पर यह सच है कि तुम्हारे साथ शादी के बारे में मैं निश्चित नहीं हूँ। माँ अड़ जाए तो उसकी इच्छा के विरुद्ध मैं शायद ही ऐसा कदम उठा सकूँ। मैं जानता हूँ तुम मुझे बुजदिल, कायर समझोगी पर मेरे संस्कार मुझ पर बुरी तरह हावी हैं, इसके अलावा मैं माँ का दिल नहीं दुखाऊँगा। तुम्हें यह सब बताना जरूरी है।"

दिव्या की आँखों में जिबह होनेवाली बकरी का-सा हताश भाव उभर आया। पर

जल्दी ही वह सँभल गई, "मेरे लिए तुम्हारे साथ बिताए ये पल ही अहम हैं, हालाँकि मैं क्षणों को ही आखिरी सच नहीं मानती, पर हम कुछ दिन अन्तरंग आत्मीयता के भागीदार रह चुके हैं, यह याद करने के लिए काफी है। फिर मेरे भीतर उम्मीद भी है। मैं वक्त का इन्तजार करूँगी अवतार।"

भरे प्लेटफॉर्म पर अवतारे ने दिव्या को अपने सीने से भींच लिया, "तुमने कहा न, प्रेम देने की चीज है। सामाजिक अनुबन्ध उसका आखिरी सच नहीं है।"

"वो तो है, पर जिन्दा रहने के लिए कुछ सामाजिक शर्तों के साथ जीना पड़ता है न !"

सामाजिक शर्तें अवतारे पर ज्यादा हावी थीं। दिव्या चाहती तो उनसे मुक्त हो सकती थी, पर अवतारा ? क्या उसमें एक बने-बनाए ढाँचे को उखाड़ने की ताकत थी ? पंडितजी का सुपुत्र अवतारा ! पारम्परिक विश्वास की जड़ें, जो कहीं सही, कहीं गलत थीं, पर उस ढाँचे की जड़ें उसके अपनों के कोमल रगो-रेशों से जो जुड़ी थीं, उनका उखड़ाव क्या जख्मी होने और करने के बिना सम्भव था ? अवतारा जानता था। इसीलिए दिव्या को कोई आश्वासन न दे सका।

माई दिव्या को किसी भी शर्त पर स्वीकारने को तैयार नहीं होगी। दिव्या ब्राह्मण-वर्ग से जुड़ी न थी, पुरुषों के बीच काम करती थी, यानी कि वह सद्गृहस्थ की बहू बनने के योग्य नहीं थी।

अवतारे को पूरी स्थिति बड़ी क्रूर लगी। अपना व्यवहार, अपना सोच भी बड़ा नीच लगा, लेकिन साथ ही उसने अपने को बड़ा बेबस भी पाया। सचमुच, संस्कार शक्ति भी देते हैं पर निरीह भी बना देते हैं, लगता है किसी ने जीवन की ऊर्जा ही खींच ली हो।

दिव्या की जगह कोई दूसरी लड़की होती तो उसकी मनःस्थिति को अधूरी इच्छा, साहस की कमी, आदि कहकर उसे झिड़ककर अलग हो जाती, पर दिव्या अवतारे को जानने लगी थी। उसके जुड़ाव, उसकी ईमानदारी, उसकी विवशता को भी, जो बाहर से ज्यादा भीतरी थी, जिसका इलाज उसे आप ही करना था। दिव्या तो केवल उम्मीद ही कर सकती थी।

गरज यह कि दिव्या का प्यार अवतारे के लिए जबर्दस्त तनाव का कारण बन गया।

पाँच

अवतारे की माई ने बेटे के घर लौटते ही एक और तनाव का प्रसंग छेड़ा। यों वह प्रसंग अवतारे के लिए झील डल में खिले गुलाबी कमलों की शोख सुगन्ध लेकर आ सकता था। बेटे की जवान नसों में मचलती उमंगों को अच्छाबल के झरनों से सुकून भरे सुखद स्पर्श दे सकता था। लेकिन जाने क्यों ऐसा न हुआ। बल्कि अवतारे ने किसी पुराने

खरिंड पर गड़े नखों की चुभन महसूस की। हाँ, माई-बापू ने ब्याह की बात चलाई।

अवतारा उत्तर में भावहीन चेहरा ओढ़े माई-बापू को देखता रहा, उनके चेहरे पर, बेटे के अपेक्षित-अनपेक्षित उत्तरों की सम्भावना या आशंका से उद्भूत, कई रंग आते-जाते देखता रहा। विरोध करने या प्रश्न पूछने की बात वह सोच ही नहीं सका। दरअसल, वह अब तक जान न पाया था कि उसके दिमाग में भरे मूल्यवान संस्कारों में इस महत्त्वपूर्ण प्रस्तर का उत्तर क्या हो सकता था। सिर झुकाकर माई-बापू की इच्छा माथे पर धारण करना या उसकी होनेवाली संगिनी के विषय में कोई जिज्ञासा प्रकट करना, या अपनी ओर से अपनी पसन्द-नापसन्द के अधिकार का प्रयोग करना ?

शादी-ब्याह के नाम से उसके मन में एक बार जरूर उस गोरी-चिट्टी, सीधी-सादी लड़की की हँसी गूँज उठी थी, जो निहायत भोली और डरपोक लगने के बावजूद बड़ी हिम्मत दिखा गई थी। जिसने एक बार रूपा दी की बात पर टिप्पणी करते हुए अवतारे के लिए कहा था—ये ! ये बेचारा क्या कह पाएगा ?

यह वही लड़की थी जो चुन्नी माथे तक खींच, चिंगुड़ी-मिंगुड़ी गठरी-सी नजर आती थी और जो राह चलते उसे मुड़-मुड़कर देखती थी। उसी लड़की को देखकर तो उसे सफेद बत्तखें याद आती थीं, वह लड़की तो उसके भीतर करुणा के सोते उगाती थी। लेकिन उस लड़की से कुछ भी कहने का अवसर उसे मिला ही नहीं। अब तो वह गान्धरबल में सिन्ध नदी के किनारे लाल शिंगल के छतवाले घर में रहती थी, अपने प्रेमी पति के साथ। और उसका नन्हा बेटा उथले पानी में घुटनों-घुटनों भीगता छप-छप छींटे उछालता था और...और क्या मालूम उसने जिन्दगी में एक बार भी अवतारे को याद किया था ?

अवतारे ने उस लड़की को भी एक बार याद किया, जो बम्बई के एक तंग कमरे में माँ और चार छोटे-छोटे भाई-बहनों के साथ रहती थी जिसे उम्मीद थी कि अवतारा एक दिन उसे ब्याहकर वहाँ ले जाएगा जिसे भारत का स्विट्जरलैण्ड कहा गया है। जिस प्रदेश के सौन्दर्य से अभिभूत हो कल्हण ने राजतरंगिनी में लिखा कि तीन लोगों में श्रेष्ठ भूलोक में, उत्तर दिशा का हिमालय पर्वत अतिशय प्रशंसनीय है, और उस परम प्रशंसनीय हिमालय पर भी काश्मीर देश प्रत्येक दृष्टि से परम मनोहर है। मन-ही-मन हजारों सपने बुननेवाली उस लड़की ने महीनों उसकी रातों की नींद छीन ली थीं। लेकिन अवतारा ने कभी होश नहीं खोया था। उसने उस लड़की को कभी भी अपनाने का वादा नहीं किया। घर आकर तो उस बात की गुंजाइश भी न रही, क्योंकि माई ने लड़की देख रखी थी और अब बेटे की 'हाँ' की प्रतीक्षा में रुकी बैठी थी, 'ना' की तो वह बात सोच भी नहीं सकती थी।

अवतारे ने माई को एक बार फिर सिर से पैर तक देखा था। जवा-मखना भैया की बहुएँ लाने के बाद भी उसकी हौंस पूरी नहीं हुई थी। अबकी बार उसने जन्कुण्डली मिलाने के अतिरिक्त कुल-गोत्र ही नहीं, लड़की को भी देख लिया था। नहीं, घर जाकर नहीं। ऐसी नई रस्मों से बहकनेवाली अरुन्धती नहीं थी, वो तो रूपा उसे जानती थी

सो कॉलेज जाते दूर से दिखा दिया। माई को लड़की पहली झलक में ही भा गई थी। बापू ने घर आकर पूछा था, "भला एक नजर से ही लड़की तुम्हें गुणवन्ती कैसे दिखाई पड़ी ?"

माई ने माथे पर त्यौरियाँ चढ़ाकर उत्तर दिया, "भात की हाँड़ी पकी है या नहीं, इसके लिए उसे उलटकर हाँड़ी का तला नहीं देखना पड़ता, ऊपरले दो दानों से ही मालूम पड़ता है। बस, मैं जान गई।

एक बार अवतारा रूपा से पूछने का लोभ न छोड़ सका। दूसरे ही दिन रूपा के पास चला गया। यों भी कई साल के बाद आया था, रत्नी चाची से मिलने का तो फर्ज ही बनता था।

लेकिन रूपा से मिलकर भी अवतारा अपने बारे में बात न कर सका।

रूपा दी को देखकर उसे धक्का-सा लगता था। शरीर से वह झड़ गई थी, सोलह साल की छोकरी नजर आती थी, पर माथे पर बालों में चाँदी के तार झलकने लगे थे। रूपा दी ने दुनिया-भर के कामों में अपने को उलझाए या भुलाए रखा था। अवतारे ने बड़ी तकलीफ से उससे पूछा, "रूपा दी, यों वैरागिन बनने से जिन्दगी जी जा सकती है क्या ?"

"वैरागिन कहाँ हूँ अवतारे ?" रूपा उदास-सा हँसकर बोली थी, "दुनिया भर के धन्धे तो मैंने अपने सिर ले रखें हैं। देखो न, सुबह पाँच बजे मेरा दिन शुरू हो जाता है। घर भी देखती हूँ, स्कूल पढ़ाने जाती हूँ और शाम को, घर पर ही सिलाई स्कूल खोल रखा है, उसे देखती हूँ। शाम के सातेक बजे खाली हो जाती हूँ, फिर घंटा-दो घंटा खाना बनाने-खाने में निकल जाता है। रात को दिमाग और दिल दोनों इतने थके होते हैं कि नींद के सिवा कोई दूसरी बात सूझती ही नहीं।"

"चाची खाना नहीं पकातीं अब ? अवतारे ने आश्चर्य से पूछा। उसके मुँह में शायद बचपन का वरी-मसाला डला हरा-हरियाला साग और कटोरा भर भात का स्वाद घुल गया था।"

"नहीं अवतारे," रूपा की गहरी आँखों में सूनापन छलक आया था, "माँ बीमार हैं।"

"क्या हुआ चाची को ?" अवतारे को एक बार विश्वास नहीं आया कि हमेशा चुस्त-दुरुस्त, बात-बात पर ठहाके लगानेवाली चाची कभी बीमार भी हो सकती हैं, और ऐसी बीमार कि खाना भी न बना सकें।

"तुम्हें सुनकर अच्छा नहीं लगेगा, पर यह सच है कि वे थोड़े दिन की ही मेहमान हैं। डॉक्टर ने कैन्सर बताया है..."

"ओ गॉड !" अवतारे को ज्यों बिजली का करण्ट लगा।

"आखिरी स्टेज है।"

बापू ने उसे बताया तो था कि रत्नी बीमार है। रूपा उसे दिल्ली ले गई थी। दीवान भी साथ गया था। वहाँ उसे मेडिकल इंस्टीट्यूट में दिखाया गया। वहीं 'कैन्सर' मालूम

पड़ा होगा।

संसारचन्द ने रूपा की प्रशंसा की थी, रत्ती को जिन्दगी में कम-से-कम इतनी तसल्ली तो हुई कि रूपा ने लड़के-लड़की दोनों का कर्तव्य निभा लिया। मरते समय तक उसे अकेला न छोड़ा...माई ने एक आह खींचकर इतना ही कहा था, "कर्मों का फल तो भुगतना ही पड़ता है बेटा ! मैं ही क्या कम नरक भोग रही हूँ..."

माँ के कथन में इस बार करुणा का अंश जुड़ गया था। इस कारण बात में सनातन शिकायतों की गन्ध नहीं थी। रत्ती चाची के प्रति दया-भाव उपज आया था। वही दया, वही करुणा जो अन्ततः रहनेवाली एकमात्र चीज है। प्यार-मुहब्बत, रिश्ते-नाते, दोस्ती-दुश्मनी ये सब तो आदमी के दिए गए नाम और परिभाषाएँ हैं, रहनेवाली तो बस करुणा ही है जो व्यक्ति को व्यक्ति से जोड़े रखती है, और मुश्किल के वक्त टूटने से बचा लेती है। उसी करुणा ने अरुन्धती जैसी कट्टर धार्मिक स्त्री को रत्ती जैसी अधार्मिक स्त्री के प्रति आर्द्र कर दिया था। जीवन के मीठे-तीखे अनुभवों ने उसकी दृष्टि में विशालता भर दी थी या रत्ती की लाइलाज बीमारी ने ? अवतारा जान न पाया। उसने जानने की जरूरत भी न समझी। माँ के आगे वह नतशिर हो गया। माँ एकदम कई गुना ऊँची और बड़ी हो गई थी। छोटे-छोटे स्वार्थों के ऊपर। उसके हाथ अब काम करते थरथराने लगे थे। पर आँखों में संकल्प की कौंध जगी थी। अवतारे को लगा, अब माँ को अँधेरे-उजाले का फर्क महसूस होने लगा है। रूपा के पीछे दिन में दो-तीन बार वह रत्ती चाची को देखने आती थी, और उसे अपने हाथ से खिलाती थी।

अवतारे ने रत्ती चाची को देखा तो दुःख और आश्चर्य से स्तब्ध रह गया। बिस्तरे में लेटी वह हड्डियों का ढाँचा-भर रह गई थी। केवल पेट सूज गया था। वह सिर ऊँचा उठाकर ठसके से गली में कदम रखनेवाली रत्ती चाची एकदम छोटी, सूखी-मरियल-सी बच्ची लग रही थी। मांस गल गया था, हड्डियाँ भी ज्यों सिकुड़ गई थीं। लेटे-लेटे चेहरे पर जड़ी बड़ी-बड़ी आँखों से, खिड़की से बाहर घुमड़ते आकाश में जाने क्या खोजती रहती थीं। बोलती बहुत कम थीं। अक्सर किसी गीत की पंक्ति गुनगुनाती, फिर थककर आँखें बन्द कर लेतीं, ज्यों ऊँची पहाड़ी पर चढ़ती हाँफ गई हों और अब विश्राम करना चाहती हों। जीवन की सारी ऊर्जा, सारी ज़द्दोजहद ज्यों मौत के यख ग्लेशियर में कैद होकर जम गई थी। नहीं, यह रत्ती चाची नहीं थीं। मौत के रू-ब-रू चुनौती-सी खड़ी होकर जीनेवाली रत्ती चाची यह नहीं हो सकती थीं। रत्ती चाची मर गई थीं, यह उसकी परछाईं भर थी।

अवतारा रत्ती चाची के इस रूप को न देख सका। यों अब वह बड़ा हो गया था। बड़े होने का अर्थ होता है वक्त की धूल-धूप, आँधी सहकर खाल को सख्त-खुरदुरी बनाना। वह मौत की वारदातें सह सकता था, पर मौत की घिनौनी परछाइयों तले जिन्दगी को पीप-भरे फोड़े की तरह रिसते देखने के लिए बहुत बड़ा कलेजा चाहिए जो अवतारे के पास नहीं था। वह रत्ती चाची के पैर पकड़कर सुबक-सुबककर रोने लगा। रत्ती चाची ने कमजोर हड्डियल हाथ में हरकत की, "न...न...रोना नहीं..." धीमी आवाज

ज्यों किसी गहरे कुएँ से आ रही हो। "बहन को देख, कैसी बहादुर लड़की है।"

हाँ, बहादुर ही तो। रूपा सचमुच बहादुर लड़की थी। जिन्दगी को पल-पल रिसते देखते हुए भी जिन्दगी के लिए भाग-दौड़ करनेवाली लड़की बहादुर ही तो कहलाएगी।

रत्नी चाची ने उसे दिलासा दिया और कहा, "बहन से कह मेरे रहते ब्याह कर ले। मैं मर जाऊँगी तो करना ही पड़ेगा। मेरे सामने करती तो मुझे भी चैन मिलता, मानती नहीं, तू मना। तेरी बात सुनेगी। अकेली जिन्दगी नहीं निभती बेटे ! मैंने तो फिर भी उसके सहारे पहाड़ से दिन गुजारे, वह क्या करेगी ? जिन्दा रहने के लिए कोई वजह भी तो चाहिए..."

बोलते-बोलते रत्नी चाची हाँफने लगीं। अवतारे ने थोड़ा ग्लूकोज मिला पानी होंठों से लगा दिया और उसने पलकें मूँद लीं। बेहद थकी, निरीह-सी देह, और देह के भीतर शायद आत्मा भी अब थकने लगी थी।

थकने के कारण भी थे। यों जब तक रत्नी चाची स्वस्थ थीं, उसने कारणों को कभी महत्त्व न दिया। पर अब कमर झुक गई थी। पैर छलनी हो गए थे। दोस्त, नाते-रिश्तेदार किनारा कर गए थे। और रूपा भरे यौवन में संन्यासिनी बन गई थी।

दीवान पर रत्नी चाची को भरोसा ही नहीं गुमान भी था। रत्नी चाची ने परिणीता पत्नी की तरह उसके सुख-दुःख बाँट लिए थे। ऐलान गली में रहकर भी, अहल्ले-महल्ले की थू-फू फजीहत सहते भी वह गर्व से सिर ऊँचा किए जी ली थी, क्योंकि दीवान ने उसको अपनी बलिष्ठ बाँह का सहारा दिया था। रत्नी चाची की माँगें बहुत नहीं थीं। शायद अधिकार भी नहीं था। वह पाने से ज्यादा देने में सन्तुष्ट थी। देना उसकी अपनी विवशता थी। और वह जानती थी कि पुरुष के सहारे बिना वह लड़खड़ाएगी, भटकेगी। अपनी जरूरतों को उसने खुलेआम स्वीकारा था, बिना ढोंग, बिना पाखंड किए। लेकिन आखिरी घड़ियों में वह दीवान के दो बोल सुनने को तरस गई थी। अब वह दीवान के किस काम की थी ?

बस ! यही था प्रेम का अन्त ? अनिवार्य परिणति ? आखिर शरीर तक ही सीमित था उसका अनन्त अथाह अनुराग ? रत्नी ने बहुत पाने की लालसा न की पर अन्त समय मोह सने दो बोल सुनने का अधिकार तो उसे होना चाहिए था।

लेकिन मन की खौलती यह भावना भी रत्नी ने ज्यादा दिन न पाली। जानेवाले के साथ कौन कब गया ? पाने और देने की दुर्निवार आकांक्षाओं के बाद भी यह सच था कि हर व्यक्ति अन्तः अकेला ही रहेगा।

फिर भी रूपा का अकेलापन रत्नी से सहा नहीं जा रहा था। क्योंकि उसने अकेलेपन का खौफनाक संसार जी लिया था। उसके नखों की तीखी चुभन की पीर वह महसूस कर चुकी थी, लेकिन रूपा तो बेहद कोमल कली थी जो खिलने की आकांक्षाओं में वक्त से पहले ही मुरझा गई थी, धूल से लथपथ इस नन्हे गुलाब को रत्नी रौंदा हुआ नहीं देख पा रही थी।

अवतारा रत्नी चाची का दर्द महसूस कर गया। रूपा दी के कन्धे पर हाथ रखकर

बड़े बुजुर्ग की तरह आग्रह करने लगा, "रूपा दी, तुम्हें रत्नी चाची की आखिरी इच्छा पूरी करनी होगी।"

रूपा के भीतर इधर विस्तृत मरुस्थल फैलने लगा था। दूर-दूर तक कहीं कोई झाड़-झरबेरी, कहीं किसी कँटीले पेड़ की भी छाँह नहीं। लेकिन अवतारे का स्पर्श तपती धरती पर वर्षा की फुहार था, उसके भीतर गहराते बादल घुमड़ उठे, "यह तुम कह रहे हो अवे, तुम ? तुम जो उसे जानते थे, प्यार करते थे..."

अवतारा कुन्दन-रूपा के एक-दूसरे के प्रति चरम समर्पण और जीने की शर्तों को जानता था, तब बहुत कम पर अब उम्र और अनुभव हासिल करने के बाद बखूबी समझ सकता था। रूपा दी को समझाने का काम उसे नहीं करना चाहिए था, यह भी वह समझता था। लेकिन रत्नी चाची को भी तो समझाने की ताकत उसके पास नहीं थी।

अवतारे ने उस दिन स्वयं को बेहद कमजोर महसूस किया। उसे लगा, वह जो भी कहेगा, वह बनावटी होगा। रूपा दी के प्रश्न के उत्तर में उसे उसके कन्धे पर सिर रखकर रो लेना चाहिए था। लेकिन रूपा दी के सामने अब वह आठ-दस साल का छोकरा नहीं था जिसे कन्धों पर उठाकर वह 'तुले लंगुन तुलान छस' खेलती थी, जिसके साथ 'अकुस-बकुस तिलवान चकुस...' खेलते 'टेकिस टेका' पर वह चोर बन जाता था और रूपा दी भागकर उसे पकड़ लेती थी। पकड़कर कभी कान मसलती और कभी गालों पर चिकोटी काटती थी। अब अवतारा चौबीस-पच्चीस वर्ष का जवान लड़का था, एक प्राइवेट फैक्टरी में इन्जीनियर बन गया था। उसे व्यवहार में परिपक्वता लाना जरूरी था। उसने रूपा को गहराई से देखा, और समझने की कोशिश की।

भीतर नदी उमड़ती रही। भीतर के मानस का क्या करे कोई ? कोई अंकुश तो ऐसा बना नहीं, जो अवचेतन को ऊल-जलूल सोचने से रोक सके। फिर रूपा दी ? कहाँ-से-कहाँ पहुँच गई थी वह। कहाँ-से-कहाँ की यात्रा करते हैं हम सभी ? पीछे मुड़कर देखो तो मीलों लम्बा सफर क्षणों में आँखों के आगे गुजर जाता है, पर आनेवाले किसी भी क्षण का कोई तो संकेत मिल जाता हमें। मिलता तो रूपा दी अपने को जोड़े रखने के लिए कोई कोशिश तो कर लेती। यों बिखरते चले जाने की अजहद तकलीफ से तो न गुजरती। अवतारे ने गले की खराश दबाते एक ही प्रतिप्रश्न किया था, "रूपा दी ! कुन्दन भैया तो अकेला ही चला गया था न ?"

भले बादलों के गुबारों में ज्यों किसी ने सुई चुभो दी। पके हुए फोड़े को ज्यों हल्का-सा चीरा लगा दिया, रूपा दी अवतारे के कन्धे में मुँह छिपाकर सुबक उठी।

"नहीं अवे, नहीं ! वह अकेला नहीं गया। तुम्हारी रूपा दी भी उसी के साथ भस्म हो गई। अब इस लाश को देखकर तुम मेरे बारे में कोई धारणा मत बनाओ। कम-से-कम तुम तो मुझ पर रहम खाओ..."

रूपा रो रही थी, बहुत दिन के बाद उसकी आँखों से धार बनकर पानी बरसा था। रूपा दी को कन्धे से थामे अवतारा बहुत दूर पहुँच गया। वहाँ जहाँ सूखे से परेशानहाल लोग-लुगाइयाँ धूल-मिट्टी में लोट लगाते, खाली घड़े लिए आकाश से अनुरोध कर रहे

थे, चीख-चीखकर गा रहे थे :

रहमति बारान,
असि छिय प्रारान,
रहमति बारान...

और पानी झड़ियों में बरस रहा था। खाली मटके भर गए थे। अवतारे को अच्छा लगा।

गोकि अवतारे के भीतर घुमड़ती नदी हाहाकार कर उठी, संवेदन भी बड़ा बचकाना होता है, जहाँ दिमाग से काम लेना बेहतर हो वहाँ आदमी दिल जैसी नामुराद लिजलिजी चीज के हाथों गुलाम हो जाता है। अवतारे ने रूपा दी को बाँहों में भींचा, पीठ पर हाथ फेरते, बाएँ हाथ से आँख का गीलापन चोरी से पोंछ डाला और बड़े समझदार लहजे में बोला, "रूपा दी, रहम जैसी चीज तुम्हारे साथ नहीं जुड़ती। मैं तो तुमसे प्यार करता हूँ। तुम्हें जीते हुए, हँसते हुए देखना चाहता हूँ। यों सभी कुछ-न-कुछ जिन्दगी में खोते हैं, यह अनवरत खाने और फिर भी जिन्दा रहने की उम्मीद में पाने की तलाश ही तो अर्थ रखती है। तुम तो खुद समझदार हो। मुझसे बेकार में क्यों ऊँची बातें बुलवा रही हो। मेरा अनुरोध मान लो। प्लीज !"

शादी की इच्छा ही नहीं जगती अवतारे। बल्कि डर लगता है कि जिसके साथ जुड़ जाऊँ, कहीं उसका जीना भी तलख न कर दूँ। विश्वास ही जैसे खो दिया है। भीतर खालीपन के सिवा कुछ भी तो नहीं। कितनी कंगाल हो गई हूँ मैं।

शादी के लिए कोई उमंग नहीं बची थी, फिर भी रूपा ने शादी कर ली। रत्नी चाची ने ही वर सुझाया। कॉलेज में रूपा को एकाध वर्ष पढ़ाया भी था उसने। रूपा उसे पसन्द थी, उसे वह सराहता था, शायद प्रेम भी करता था। पर कुछ लोग अपने भीतर इतने बन्द रहते हैं कि प्रेम जैसी तीव्र भावना का वेग भी खामोशी से सह लेते हैं, भीतर-ही-भीतर तोड़-फोड़ महसूस करते हैं, पर उसे कोई शब्द नहीं देते। कॉलेज में लेक्चरर रूपा का पति नरेन्द्र भी उसी थान का कटपीस था। पर कहते हैं न चुप रहनेवाले का एकान्त बड़ा तीव्र होता है, विरह-मिलन दोनों का एकान्त ! नरेन्द्र ने रूपा को सुहागरात में ही आश्वस्त कर दिया कि प्रेम देने की चीज है, और यहाँ तुम किसी भी तरह वंचित नहीं रहोगी। बल्कि तुम्हारी इस वीरान बस्ती में लहलहाते सोते उग आएँगे, देख लेना।

इसे जिन्दगी की विडम्बना कहो या मन की रहस्य-भरी गुंजलक, आखिरी साँस तक भीतर के स्त्रोत नहीं सूखते। बार-बार टूटकर भी जुड़ जाता है आदमी, क्योंकि यह जोड़-तोड़, कभी अपने लिए, कभी दूसरों की खातिर होती है, यही साँसों को बरकरार रखने में मदद देती है।

अवतारे ने भी माई को विवाह के लिए स्वीकृति दी। वह अब तक समझ गया था कि प्यार और विवाह दो अलग-अलग चीजें हैं। मन और तन भी, गोकि जुड़े हुए हैं, व्यवहार में अलग हैं। बीच में एक शीशे की पारदर्शी चादर है, जिसके आर-पार देखा

जा सकता है, पर जिसे तोड़ना आसान नहीं होता, यह दीगर बात है कि हर प्रेम करनेवाले की आखिरी ख्वाहिश उस पारदर्शी शीशे को तोड़ने की ही होती है। पर उस शीशे की किरचें इतनी तकलीफदेह होती हैं कि आदमी खुद तो लहूलुहान होता ही है, अपने आसपास, अपने से जुड़े लोगों को भी जख्मी कर देता है। ना भई, अवतारा पहले से ही दुःखी माई-बाबू को और तकलीफ नहीं दे सकता था। और रूपा माँ को अन्तिम घड़ियों तक अपने दुःख से बाँधे नहीं रख सकती थी।

छह

मुहल्ले में दो शादियाँ एक हफ्ते में सम्पन्न की गईं।

दोनों शादियों में अरुन्धती ने रात-दिन एक कर दिया। शादियाँ थीं भी तो अपने ही बच्चों की, रूपा और अवतारे की।

रूपा की शादी में तामझाम ज्यादा न हुआ पर रीति-रस्म तो निभानी ही थी। रत्नी चाची बीमार जरूर थी, पर मुहल्ले में और भी कई चाचियाँ-ताइयाँ तो थीं। बेटी तो पूरे मुहल्ले की होती है। अभी भी गली में इस बात को माननेवाले बुजुर्ग बैठे थे। हीमाली-अरुन्धती ने 'लिवुन' से विदाई तक सभी जिम्मेदारियाँ अपने ऊपर ले लीं। उन्होंने ही रत्नी को नई साड़ी पहनाई और कन्धों का सहारा देकर लग्नमण्डप तक पहुँचा दिया। घंटा भर कुर्सी पर बैठकर रत्नी ने 'कन्यादान' किया।

'वनमाली' ने स्वयं आकर 'वनवुन' के वचन गाए, हालाँकि उम्र ने अब उनके गले पर अपना ठप्पा लगा लिया था। बोल वे बोल देतीं, पर 'हेंजेऽऽ...' से शुरुआत करने के साथ ही गला बैठने लगता था। हीमाली गला खोलने के लिए अपने घर से काली मिर्च और मिसरी लेकर आई थी। अब छोटी-छोटी बातों के लिए रत्नी को परेशान करना सही भी नहीं था। पहले जैसी बात होती तो उसके कहकहे और मजाक विवाह के धूम-धड़ाके में चार-चाँद न लगाते ? यों लग्न की रात जब महिलाओं ने मंगल-गीत गाए और दूल्हे-दुल्हिन को शिव-पार्वती का रूप समझ 'पोशपूजा' की, रत्नी ने भी 'सतिये बोतुय वेवाहकार' गुनगुनाकर बेटी को पार्वती के समान अखंड सुहागवती होने का आशीष दिया।

विदाई के समय मुहल्ले की लड़कियों ने 'रोव' किया। करीमे की पत्नी ने, जवा, मखना, शामू वगैरह की दुल्हिनों के साथ कन्धे जोड़कर विदा गीत गाये—

सन्दूकं ते कुंजे कर माजि हवालय,
नेरी कूरय वेरिवेन हवालय...

(सन्दूक और चाबियाँ माँ को सौंप दे बेटी और अब तू ससुराल चली जा...)

रत्नी ने काँपते हाथों से, रंगोलीवाले 'व्यूग' पर खड़े दुल्हे-दुल्हिन की 'मननमालें' बाँधी, फूल बरसाकर आशीष दिए। उस वक्त जब महिलाओं ने रोते-रोते विदाई के

करुण गीत गाए, रत्नी अडोल खड़ी रही—

हवाल करमख पीरि पीरानस,
चीर थफ करिजेस दामानस।

(बेटी, जा मैंने तुझे पीरों के पीर (भगवान) को सौंप दिया, अब तू उसी का दामन कसकर पकड़ लेना...)

रत्नी के होंठ धीमे से हिले, 'हवाल करमख पान भगवानस, चीर थफ करिजेस दामानस...' और उसका दुबला शरीर काँप गया।

रूपा विदा हो गई, अपने पीछे सूनापन छोड़ गई। भीगे-भिगोते आशीषों की हिलोर उठी और करुणा से छलछलाते हृदयों ने नूरुद्दीन बाबा को याद किया :

शाह ज्यन गाह प्यब मक्का मदीनस,
कूर ज्यन छोप गए नूरुद्दीनस।

दूल्हे शाह आकर बेटी को ले गया। तभी तो किसी ने कहा था, कि शाह जन्मा तो मक्का-मदीना में नूर छा गया और बेटी जन्मी तो बाबा नुरुद्दीन जैसे ज्ञानी-ध्यानी भी खामोश हो गए। महिलाएँ, पुरुष सभी बेटी की विदाई पर उसी तरह सदियों से खामोश हो जाते हैं। खुश, खामोश, आशंकित, पराए लोगों में भविष्य के अनिश्चय से आशंकित। लेकिन सभी लड़कियों की अन्ततः एक ही नियति है, अपनों को छोड़कर परायों से स्नेह-प्यार बाँटना और पीछे अगणित यादों के निशान छोड़ जाना।

रत्नी चाची सूने घर में बिस्तर पर दुबककर सिसक-सिसककर रोती रहीं।

बड़ा विचित्र था वह रुदन। रत्नी के भीतर ज्यों कसी हुई बन्द मुट्ठियाँ धीमे-धीमे खुल रही हों। ज्यों उसे पहली बार औरत होने का रहस्य मालूम पड़ गया हो। बरसों भीतर कैद घुमड़ते घटाटोप बादल ज्यों भहराकर बरस गए और मुक्त हो गए हों। नया ही बोध हुआ हो कि बस, यह देना, बाँटना और विगत से मोह तोड़कर अलग होना, यही तो औरत होती है, आदि से अन्त तक। यही रत्नी थी, यही रूपा है, यही रूपा की बेटी होगी, समय बदलेगा पर सृष्टि का अखंड नियम तो नहीं बदलेगा न ?

अरुन्धती, हीमाली, सतवन्त, लाजवन्ती, चुपके-चुपके आँखें पोंछती रहीं और किसी ने रत्नी चाची को आँसू बहाने से रोका नहीं। किसी ने नहीं कहा, "मत रो रत्नी, यह तो खुशी का मौका है। इसमें रोना कैसा ? तेरी उम्र भर की साध पूरी हो गई, तेरी तपस्या फली। तू तो गंगा नहाई रत्नी, मुक्त हो गई..." नहीं, कोई कुछ न बोली क्योंकि वे जानती थीं, रत्नी को यह सब बताने की जरूरत न थी। रत्नी जानती भी थी और रत्नी खुश भी थी। लेकिन ?

लेकिन, तमाम खुशी के बावजूद रत्नी अपने भीतर और बाहर भयावह खालीपन महसूस कर रही थी, लीलता हुआ खौफनाक खालीपन ! यह जानते हुए भी कि वह अब जिन्दगी के गिने-चुने बाकी दिन बिता रही है, वह सोच रही थी कि अब वे थोड़े से दिन जीने की भी क्या वजह होगी ?

यही शायद रूपा भी सोच रही थी। तभी न दूसरे दिन ही नरेन्द्र खुद आकर रत्नी

चाची को लेने आ गया। दरवाजे पर खड़ी मोटर देखकर अरुन्धती ने खिड़की से झाँका, हाँ, नरेन्द्र ही था। तो क्या रत्नी बेटी के पास रहने चली जाएगी ? पूरे मुहल्ले के रहते हुए ? जबकि बेटी के घर का पानी पीना भी इधर पाप समझा जाता था ? गोकि इधर नई रिवायतें शुरू हो गई थीं। लड़की के घर चाय-पानी पीने के शुरुआत हो गई थी पर उसमें भी शगुन वगैरह देने की रीत तो जारी ही थी न ?

मुहल्लेदारनियों ने नरेन्द्र से दबी जबान में कहा भी, "बेटा, रत्नी की चिन्ता तुम मत करो। हम सब देख लेंगे। क्यों मरने से पहले, बेटी के घर रहकर अपनी मिट्टी खराब करेगी ? नाते-रिश्तेदारों की बात जाने दो, क्या मुहल्लेदार मर गए हैं.."

अरुन्धती के शब्दों में आत्मीयता थी। पर नरेन्द्र ने बेहद विनम्रता से उनका विरोध किया, "आप सभी अपने हैं माँजी, पर मैं तो इनका बेटा बन गया हूँ। मैं इनकी बेटे की तरह ही सेवा करूँगा। फिर कुछ ही दिन की मेहमान हैं ये, इन्हें बेटी से अलग करके मैं पाप का भागीदार नहीं बनना चाहता।"

रत्नी ज्यों सबकुछ सोचने-समझने की शक्ति खो चुकी हो। बिटर-बिटर घर के कोने-अन्तरों को देखती रही। वह बेहद कमजोर और थकी-थकी लग रही थी। अनवर मियाँ ने गोद में उठाकर रत्नी को कार में बिठा दिया। हड्डियों का ढाँचा-भर ही तो बची थी वह। पूरा मुहल्ला विदा देने आया था। रत्नी ने जाते-जाते एक हसरत भरी नजर अपने घर पर डाली। दरवाजे पर झूलते ताले को क्षण-भर देखा और दोनों हाथ जोड़कर आँखें बन्द कर लीं। पता नहीं यह प्रणाम की मुद्रा किसके लिए थी, मुहल्लेवालों के उदास चेहरों के लिए या उस खाली घर के लिए, जिसे तमाम मातम के बाद भी उसने जिन्दगी की गरम साँसों से महकाए रखा था, जिसमें तीन लाशें निकलने के बाद भी कभी ताला नहीं पड़ा था। माता-पिता के आग्रह के बाद भी रत्नी ने उस घर को चार दिन के लिए भी छोड़ा नहीं था। उस छूतवाले मजार पर यज्ञ रचाकर उसने हवन की सुगन्ध से नया मन्दिर रच दिया था। उसी घर के मुख्य द्वार पर लगे मोटे ताले को देखकर पता नहीं रत्नी को कैसा लगा होगा !

रत्नी के मन की बात कोई न जान सका, क्योंकि उसने मुँह नहीं खोला। एक शब्द भी किसी से न कहा। यों तमाम खुलेपन के बाद भी रत्नी के भीतर की बात लोग बहुत कम जानते थे। रत्नी का मन समझना भी तो औसत आदमी के लिए आसान नहीं था। अपने भीतर विशाल झील छिपाए वह आभास दे भी देती तो छलछल करती हिलोरों की, जिन पर उसकी हँसी सूर्य की किरणों-सी झलमलाकर मन और दृष्टि दोनों को बाँध देती। कभी तो हरी जलकुम्भी बनकर वह भीतर उठती लहरों में भी ठहराव का आभास देती। देखनेवाले हरा गलीचा भर देख लेते, भीतर के नरकुल, शैवाल, जानलेवा पनियल, चिकने झाड़ और पानी के तल में पानी के लिए छटपटाती मछलियाँ, सभी रत्नी के मानस की अन्धी गुफा में कैद होकर भीतर-ही-भीतर फनफनाते रहते। रत्नी खामोश रातों में अकेली भीतर से झंझावत से लड़ती रहती। लड़ना, हर चुनौती का सामना करना उसका स्वभाव बन गया था। और अब तन-मन से थक चुकने पर भी रत्नी अपना स्वभाव

बदलना न चाह रही थी। बदलने का अर्थ लोगों की दया बटोरना होगा, जो रत्नी को स्वीकार नहीं था।

जाते-जाते रत्नी की सहेलियाँ रत्नी के मुँह से दो शब्द सुनने को उतावली हो रही थीं। उन्होंने सोचा रत्नी जरूर कुछ कहेगी। कोई हिदायत, कोई अनुरोध, कोई प्रार्थना, कुछ भी तो, कुछ नहीं तो मकान की देखभाल के लिए ही कोई हिदयात देगी। घर में तो औरत के प्राण बसते हैं। आखिर वह हमेशा के लिए अपना घर और गली छोड़कर जा रही थी। अरुन्धती ने रत्नी के बाल सहलाए, माथा चूमा। अनवर मियाँ की बूढ़ी आँखों में भी गीलापन तैर गया। "रत्नी भाभी, यों गली छोड़कर हमें दगा दे रही हो, सो यह मत समझो हमसे छुटकारा पाओगी...हम उधर मिलने आया करेंगे।"

हाँ, और क्या, अवतारे की बहू को लेकर आऊँगी मैं। तुम्हारा आशीष नहीं लेगी, तो कैसे चलेगा ?

बड़ा विचित्र समाँ था। रत्नी गली-मुहल्ले से जा रही थी, जीते जी, पर लग रहा था रत्नी हमेशा के लिए जा रही थी। ऐसा गली में आज तक नहीं हुआ था। पूरा मुहल्ला रत्नी की गाड़ी के आगे-पीछे इकट्ठा हो गया। शुभी की माँ और बहन भी आकर रत्नी से लिपट गईं।

"हम आएँगे उधर, बिटिया के पास, तुम्हें देखने। तुम्हारे बिना इधर मन कैसे लगेगा ?"

सच ही तो ! रत्नी के बाद भी रत्नी के ठहाके गली में गूँजेंगे, रत्नी के मजाक, रत्नी की दो-टूक बात ! रातों को लोग ऊँचे-पूरे कद के साथ गली-मुहल्ले में तनकर उसे चलते हुए देखेंगे, इस तरह बेहद निरीह और करुण काया में रत्नी की आत्मा नहीं खोजी जा सकती।

"रत्नी, कभी किसी की बात बुरी लगी हो तो मन में मत रखना"...अरुन्धती ने जाने क्या सोचकर रत्नी के कान में कहा।

रत्नी के होंठ हिले। बहुत धीमे से अवतारे ने सिर के पीछे तकिया लगा दिया। अनवर मियाँ चेहरा नजदीक लाकर बोले, "भाभीजान, हमारे लिए कोई हुक्म है क्या ?"

रत्नी सचमुच कुछ कह रही थी, लेकिन वह कोई हुक्म नहीं था, कोई अधूरी लालसा नहीं थी, वह तो अनुरोध था, जो ललदेदी ने सालों पहले लोगों को अपने सन्देश में दिया था। लोगों ने किंचित आश्चर्य से रत्नी को सुना, जाते-जाते ललदेदी का सन्देश देते हुए :

शेव छुय थलि-थलि रोज़ान
मो ज़ान क्योन हयोंद त मुसलमान,
त्रुखई छुख पननुई ज़ान परज़ान,
सोई छय साहिबस सत्य असली जान...

(शिव सबमें व्याप्त है। हिन्दू-मुसलमान में कोई भेद न समझो। पहले अपने-आपको पहचानो, वही शिव के साथ असली पहचान होगी।)

रत्नी, घोर सांसारिक स्त्री रत्नी, सचमुच शिवमय हो गई थी। लोगों ने अटकलें

लगाईं, व्याख्याएँ कीं, पर सभी इस बात से सहमत हो गए कि रत्नी अब ज्यादा देर नहीं जिएगी।

अवतारे ने लौटते हुए रत्नी चाची के खाली घर को देखा तो मन के भीतर तीखी पीर कौंच गई। बारिश-धूप से खस्ता हाल दीवारों-दरवाजोंवाला घर जैसे पहली बार मातम में सिर झुकाए खड़ा था। लेकिन अभी-अभी इस घर में शादी हो चुकी थी, एक विदाई के बाद दूसरी विदाई हो चुकी थी। इसी घर में रत्नी चाची रहती थीं। बन्द खिड़की के पार अभी भी रत्नी चाची की साड़ी का परदा टँगा होगा। अभी भी उसके कमरे में धूपबत्तियों की सुवासित गन्ध डोल रही होगी, अभी भी वहाँ दीवान और रत्नी के आत्मीय क्षण दीवारों-दरवाजों पर खुद गए होंगे। रूपा की कलोलें, शैतानियाँ, खुशियाँ और मायूसियाँ घर के इतिहास के पन्नों में सुरक्षित होंगी। मौत को जिन्दगी से जीतने की कोशिशों का अनवरत सिलसिला क्या रत्नी के जाने से खत्म हो जाएगा ?

अरुन्धती ने गरम निःश्वास लेकर घर पर नजर डाली, "रत्नी घर में अपनी आत्मा छोड़कर गई है, घर से बाहर उसके प्राण नहीं निकलेंगे।"

"लेकिन प्राणों को तो जर्जर काया छोड़नी ही है। अमर आत्माएँ थके-बुसे शरीर में कब तक रह सकती हैं ?" संसारचन्द ने ज्ञान की बात की।

"हाँ, सो तो है।" अरुन्धती ने पहली बार पति का समर्थन किया :

योत यिथ ज़नमस कुस क्याह छु प्रोविथ,
त्रेविथ छु गछुन वांगजवोर।

(यहाँ जन्म लेकर किसने क्या पाया ? आखिर तो यह किराए का घर छोड़कर जाना ही होगा।)

सात

उदासियों के बाद हँसी, कहकहे, और कहकहों के बाद शान्त, गम्भीर मुद्राओं में लौटना, यही तो जीवन का रंग-बिरंगा मेला है। रत्नी के जाने के चारेक दिन बाद ही अवतारे की शादी हो गई, यानी गली कुछ देर के लिए उदास जर्द रंग को झटक हल्का गुलाबी रंग ओढ़ गई।

अरुन्धती इस शादी पर मन की हौंस निकालना चाहती थी, पर अवतारे ने ज्यादा तामझाम के लिए मनाही कर दी । शादी से पहले 'दपनबत्तों' के सिलसिले में नाते-रिश्तेदारों के यहाँ जाकर खाना खाने के निमन्त्रण एकदम अस्वीकार कर दिए। उसे यह सब व्यर्थ की रस्में लगती थीं। उसने माई से कहा, "माई, वक्त बदल रहा है, अब हमें भी कुछ बदलना चाहिए। इन फालतू की रस्मों के लिए रिफार्म करना चाहिए..."

आश्चर्य ! माई अवतारे की बात बिना हीले-हुज्जत किए मान गई, "ठीक है, यों भी दस जगह खाने-पीने से तबीयत खराब हो जाती है।"

"और क्या, अब आदत छूटने से ज्यादा मसाला-बघार मुझे पचता भी नहीं। फिर दूसरों को जो परेशानी होती है सो अलग..."

परेशानी की बात अरुन्धती के गले से उतरी नहीं। आखिर शादी-ब्याह ही तो एक ऐसा अवसर है जिस पर जान-बूझकर एक-दूसरे के लिए परेशानी उठाई जाती है। देने-दिलाने के बहाने आपस में प्यार-सौहार्द बाँटा जाता है। मुश्किल के वक्त एक-दूसरे का हाथ बँटाया जाता है। कुछ जोड़-तोड़ करके भी अलाँ-फलाँ से ज्यादा लड़का-लड़की के हाथ में 'शगुन' के रूप में रखा जाता है। 'घरनावुन' के लिए 'सतराथ' तक नाते-रिश्तेदार, अहल्ले-मुहल्ले के लोग जुट जाते हैं। दस काम हँसते-खेलते, खुशबूदार कहवों और मलाईवाली 'शीरचाय' के बीच निभाए जाते हैं। कहीं मसाला कूटा जा रहा है, चावल छँटा जा रहा है, कहीं साड़ियों पर गोटा-किनारी-फॉल लग रहे हैं, कहीं दुल्हिन के तरंगे पर अबरक-माँड लगाया जा रहा है, कहीं तिल्ले की परान्दियाँ बन रही हैं... चोकर-भूसे को रंगकर व्यूग-मसाला तैयार हो रहा है। अकेले ब्याह-शादी का काम करना पड़े तो हो चुकी शादी !

"वह तो सही है माँ, लेकिन सोचो, हफ्तों यह आयोजन चलने से खर्चा कितना बढ़ जाता है..."

"खर्चे की क्या बात है इसमें ?" माई को बुरा लगा, "आखिर उम्र-भर आदमी खटता किसलिए है ? ब्याह-शादी पर दिल खोलकर खर्चा न किया तो कब करेगा आदमी ? मरकर साथ तो नहीं ले जाएगा उम्र-भर की कमाई ?"

खर्चे का क्या किया जाए, और किस तरीके से किया जाए, यह माई समझ नहीं सकती थी। क्योंकि उसने दो वक्त के साग-भात और शादी-ब्याह के सिवा कोई खर्चा जाना ही नहीं था। पहनने-ओढ़ने को साल में दो मोटी-मोटी साड़ियाँ भी चल जाती थीं। घूमने-फिरने के नाम पर 'नवरेह' को 'हारी पर्वत' या 'ज्येष्ठ अष्टमी' को 'खीरभवानी' जाने के सिवा बागों में घूमने का शौक तक उसे कभी नहीं हुआ। वह घर के लिए बनी थी, घर में जन्मी, घर में खटती और अन्ततः घरवालों की सेवा करती, घर में ही मरने को जीवन की महान उपलब्धि समझती थी। और खुश थी, जिस हाल में 'वह' रखे, उसी हाल में। अवतारे से वह कहती भी थी कभी-कभी, "परमात्मा का शुक्र है, जो उसने सबकुछ दिया है। एक हमारी देदी थीं (सासजी) जो बेचारी घर-भर को खिलाकर खुद चावल की पीच साग के साथ घोलकर पीने पर भी सन्तुष्ट थीं। हमें तो भगवान ने सबकुछ दिया है।"

ऐसे सन्तोषी वृत्तिवाले लोग गली में रहा करते थे, जिनके माथे पर कभी शिकन नहीं पड़ती थी। सुख-दुःख में समभाव आढ़े वे गम-खुशी को अर्जित कर्मों की देन समझकर स्वीकार लेते थे। आँखों पर पट्टी बाँधे कोल्हू के बैल की तरह अनवरत घूमने को परम कर्तव्य मानकर इहलोक और परलोक दोनों साधते थे। लेकिन वह तो पहले की बातें थीं। अब अरुन्धती के बेटे-बहुएँ ही अपनी चादर से बाहर पैर फैलाने लगे थे, ऊल-जलूल शौक पालने लगे थे। माथे पर त्रिपुण्ड डाले हरदम बौखलाए हुए रहने लगे

थे। अरुन्धती सब देखती-समझती थी, लेकिन फिर भी सही-गलत का मूल्यांकन वह अपने ही सोच के मुताबिक करती थी। सन्तोष में ही बरक्कत है, असन्तुष्ट व्यक्ति अच्छी-भली जिन्दगी में भी दस खुच्चड़ निकालकर अपने-आपको दुःखी करता है। यों लालसाएँ तो अन्तहीन हैं पर मनुष्य वही है न, जो सांसारिक आकर्षणों से खुद को बचाए रखे। दो रोटी भगवान दे और पाहुन दरवाजे से भूखा न लौटे, बस। और क्या चाहिए ? यह बात अरुन्धती अपनी मोटी-झोटी बोली में बोलती और मास्टरजी कबीरदास को उद्धृत करके, 'साईं ऐसा दीजिए जा में कुटुम्ब समाय, मैं भी भूखा ना रहूँ साधु न भूखा जाए'। पर फर्क क्या था ? गली का दर्शन तो एक ही था न ? पढ़े-लिखे, ज्ञानी-ध्यानीजन हों या अनपढ़-गँवार ! जिन्दगी का फलसफा आर्थिक अभावों में सन्तोष राग गाकर खुद को भुलावे में ही रखना था न ? यह बात बुजुर्ग भले न मानें, पर नई पौध तो बड़ी बेदर्दी से उनकी मनःस्थिति का विश्लेषण विज्ञान के पैने छुरी-चाकुओं से ही करती थी। उन्होंने बदलते वक्त का इतिहास देखा था। रहा होगा यह धरती का टुकड़ा, ऋषि-भूमि कभी। सदबीस साल जीनेवाले संन्यासियों की धरती, गूँजी होगी। अशोक, ललितादित्य और हर्ष की गौरव गाथाएँ इस प्रदेश में कभी, जैनुलाबदीन बड़शाह शोकातुर होकर नुन्द ऋषि की अर्थी के पीछे चला होगा और चार गाँव में नुन्द ऋषि को दफनाया गया होगा। अकबर, जहाँगीर और यूसुफशाह चक ने प्रेम और सौन्दर्य को साकार किया होगा। प्रतापसिंह जैसे दानी प्रजापालक राजा भी रहे होंगे, यहाँ। इतिहास बच्चे पढ़ते हैं पर जवान लड़कों ने तो प्रदेश का वर्तमान जन्म से ही अनिश्चित और स्खलित देखा है। कबाइली आक्रमण के वक्त हिन्दू-मुसलमानों के खून की नदियाँ बहते हुए देखी हैं और आश्चर्य किया है कि इसी धरती पर हब्बाखातून व ललदेदी ने कभी भाई-चारे और प्रेम के नगमे गाए थे। भाई-भाई में फैलता जहर देखा है। डिग्रियाँ प्राप्त करने के बाद बेरोजगारी, अपनी जड़ों से उखड़कर देश-प्रदेशों में भटकना और हजारों अनचाहे प्रश्नों के उत्तर देना। इनके बीच गुरजते अपने बौनेपन के अहसास को जिया है। सो वे, 'सन्तोष' व 'सबकुछ मिला है' की नीति के कायल कैसे हो सकते थे ?

अवतारा भी माँ की नीति का कायल न था,परन्तु वह माँ के साथ बहस नहीं करता था, क्योंकि वह जानता था कि माई अपने विश्वासों में ही जी रही है, वे ही उसके जीवन का सम्बल हैं, तभी तो टूटने की स्थितियों में भी वह अपने को साबुत बनाए रख सकी है। फिर बेटे का विवाह तो अरुन्धती के लिए जीवन का महानतम कार्य ही नहीं था,उसकी पवित्र आकांशाओं की आकाशी पतंग भी थी जिसकी डोर उसी के हाथ में थी, और वह अपना सन्तुलन खोनेवाली महिला नहीं थी।

सो अरुन्धती ने बेटे की बात प्रकारान्तर से मान ली और अपना सन्तुलन बनाए रखा। लड़कीवालों को भी सन्देशा भेज दिया गया कि विवाह में फालतू खर्च नहीं होगा। 'ह्योत-ग्योत' के भी केवल 'शगुन' का निर्वाह ही किया जाए। लड़का 'सोशल रिफार्म' में विश्वास करता है।

फिर भी अपनी ओर से अरुन्धती ने नाते-रिश्तेदारों का दिल खोलकर स्वागत

किया, भोज का आयोजन हुआ। रसोई दो जगह पकाई गई। मुसलमान भाइयों के लिए अलग से 'शामी कबाव' और 'कबरगाह' पकाए गए। खुशबुओं का अम्बार उठा। अरुन्धती अपने इस आखिरी 'कारज' में किसी को शिकायत का मौका नहीं देगी। अपने पेट-पोंछने बेटे के विवाह में मन की सभी साधें पूरी होंगी, आखिर उसका बेटा 'इन्जीनर' बन गया था।

सो 'शुक्लम करिथय वनवुन हयोतुंथय, जंगि कुस ओयेय महागणपत' के मंगलगीत गाकर घर की लिपाई-पुताई शुरू हो गई। मेंहदी-रात में रात-भर 'छकरी' गाकर 'रोव' करके महिलाओं ने अवतारे को मेंहदी रचाई। 'मुबारक मंजि महाराजस' कहकर अवतारे को मुबारकबादें दी गईं। मालकिन से बार-बार 'ताति चमय चाय' गा-गाकर चाय की फरमाइशें की गईं, और अरुन्धती कुल्चों की टोकरी लिए स्वयं चाय के साथ कुल्चे बाँटती रही। कहवा, शीरचाय, और इधर 'लिपटन चाय', तीन चायें तो बाँटनी जरूरी थीं। देबगोव पर अरुन्धती के साथ बहुओं ने भी नई साड़ियाँ पहनकर पूजा की। बहुएँ चाहे लाख अलग चूल्हे जलाएँ, घर के कारज में छम-छम करते दसियों काम उन्हीं को सँभालने हैं। उनसे उनका अधिकार भला कोई छीन सकता था ?

अवतारे की दस्तारबन्दी हुई। मामा-चाचा ने दूल्हे को सजाया, महिलाओं ने 'गंडयो वोलास, दिमयो दिलासे, पेरथो गिलास, कुलिनय तल' गाकर खुशियाँ प्रकट कीं। खुशी के मौके पर—अवतारा अपनों-परायों से घिरा अनायास ही उस आवाज को महसूस करने लगा जो उसकी कुछ भी न लगने पर उसका नाम ले, माँ की हौंस सूनी गोद थपकाकर पूरी कर लेती थी। हाँ, वही लच्छी काकी। अवतारा उस माँ को कैसे भूल सकता था ?

शुभ घड़ी में जया बहू घूँघट से ढकी-छिपी गृहप्रवेश कर गई। 'बुरके मुचरावी व्यसी, असि रोय हावी व्यसी' के गाने के साथ अरुन्धती ने बहू का मुँह देखा और मुँह-दिखाई की रस्म में सोने की चेन पाई। ढेर-ढेर बधाइयों में अरुन्धती फिरकनी-सी घूमती आशीष देती रही, बधाई देनेवालों को मना-मनाकर खिलाती-पिलाती रही।

सात दिन की थकान, रतजगों और कमरतोड़ दौड़-धूप के बाद 'सतराथ' के दिन मेहमान अपने-अपने घरों को रवाना हुए। दूल्हा-दुल्हिन मिल गए तो बारात फीकी पड़नी ही थी। दूल्हा-दुल्हिन भी रस्मों के नाटक के कुशल-अभिनय के बाद आखिर सुहाग-सेज तक पहुँचाए गए।

अवतारे की सुहागरात ! खचाखच सामान से भरे कमरे में गद्दा बिछाने-भर की जगह निकालकर अवतारे का सुहाग-कक्ष सजा। भाभियों ने गेंदे-गुलाब के फूलों से बिस्तरा सजाया। बुआ ने दूल्हा-दुल्हिन को बिस्तरे पर बिठाकर दही-रोटी के दो कौर खिलाए। मुहल्ले की चार-छह भाभियों ने दो-चार मजाक कान में उँड़ेलकर अवतारे के कान की लवें तक दहका दीं, हँसी, कहकहों के बीच घूँघट में छिपी जया दुहरी-तिहरी होते सिमट गई, याने कि विधिवत् सभी रस्में निभाने के बाद ही दरवाजा बन्द हो गया।

अवतारे ने तब कहीं जाकर सुहाग-कक्ष को देखा। भाभियों के मजाकों व ठहाकों की ध्वनि उसके कानों में थी। एक बार तेजी से खिंचती रील की तरह कई फिल्मी

सुहागरातें उसकी आँखों के आगे गुजरती गईं। बेपनाह हसरतों और मदहोश करनेवाली मुद्राओं के दृश्य ! दुल्हिन फूलों में झालरों से सजे हुए पलंग पर सिमटी हुई बैठी है। सिल्क के कुर्ते में तरोताजा दूल्हा फूलों के झालर सूँघता-हटाता दुल्हिन के पास बैठ जाता है, तब दुल्हिन का मुँह अपनी तरफ घुमाकर वह उसका घूँघट उठाता है। ठोढ़ी ऊपर उठाकर आँखों में झाँकता है, दुल्हिन धीरे-धीरे बड़ी अदा से पलकें उठाकर नीचे गिराने लगती है। पार्श्व में गीत बज उठता है, 'सुहागरात है, घूँघट उठा रहा हूँ मैं, सिमट रही है तू शरमा के अपनी बाँहों में...' नहीं, दूल्हा-दुल्हिन का सिर अपनी गोद में लेकर हौले-हौले...ओफ ! अवतारा ज्यादा देर सोच न सका। उसका रेशमी कुर्ता सलवटों भरा, पसीने से चिपचिपा रहा था। दिनभर की रस्में निभाते कमर अकड़ गई थी। लग्न-कुण्ड के धुएँ से आँखें अभी भी कड़ुवा रही थीं। कमरे में अस्त-व्यस्त कपड़ों के ढेर के बीच जया के मायके से आए दहेज के दो ट्रंक, दही के मटके, और मिसरी के बड़े घड़ेनुमा कूजे और पता नहीं क्या-क्या कबाड़ रखा हुआ था। कमरे के बीचों-बीच तार से लटका साठ वाट का बल्ब दीवार पर हिलती हुई परछाइयाँ बना रहा था। अजीब हुलिया बन गया था कमरे का।

अवतारे ने दिमाग को झटक लिया। नहीं, यहाँ कोई फिल्मी गीत नहीं गुनगुनाया जा सकता था। कमरे की घुटन से उसके माथे पर पसीना चुहचुहा आया था—उसने उठकर अलगनी से तौलिया खींचा और पसीना पोंछ डाला। तब पहली बार उसने बिस्तरे पर सिकुड़ी-सिमटी जया को देखा और सोचा, बेचारी जया का भी तो घूँघट के भीतर दम घुट रहा होगा। उसने अक्लमन्दी से तौलिया जया की ओर बढ़ाया और कहा, "घूँघट खोल दो सब लोग चले गए हैं। ये तौलिया लो और पसीना पोंछ लो..."

लेकिन जया ने हाथ बढ़ाकर तौलिया नहीं लिया, न ही कोई हरकत की। अवतारे ने एक बार फिर अपनी बात दुहराई, "खुलकर बैठो जरा, बहुत गर्मी है..."

जया बेहरकत बैठी रही। घूँघट के भीतर उसके चेहरे के भाव नहीं पढ़े गए, पर वह जरूर आश्चर्य और उलझन के भाव रहे होंगे, 'अरे, यह कैसा दूल्हा मिला है मुझे ! बड़ा बम्बई-दिल्ली वाला बनता है। कोई गीत-वीत गाना न आता हो पर कम-से-कम कोई मीठी छेड़छाड़ ? जैसी शीली, कृष्णा, विम्मी वगैरह के साथ हुआ था। ये साहब तो घूँघट भी मुझे आप ही उठाने का हुक्म दे रहे हैं। क्या सभी दूल्हे ऐसा ही करते हैं।'

सभी दूल्हे किसी बने-बनाए पैटर्न के मुताबिक कार्यवाही तो नहीं करते होंगे पर कुछ तो वैसा हो जैसा उसने सहेलियों से सुना था।

इधर अवतारा कुछ पल तौलिया लेकर खड़ा रहा, पर कपड़ों की गठरी-सी बैठी जया जब न हिली, न डुली तो उसके पास आकर उसकी जरी झालरवाली भारी साड़ी छू ली, "इसे खोल दो, मुचड़ जाएगी।"

न, जया ने फिर भी कोई हरकत न की। सहसा अवतारे के दिमाग की घंटी बज उठी। होंठों से मुस्कराहट फिसल गई। कैसा गोबर-गनेश है वह भी। दिन-भर कमरतोड़

रस्में निभाते वह भूल कैसे गया कि अभी भी उसके लिए विधिवत् व्यवहार करना जरूरी है। आखिर यह उसकी सुहागरात है। उसकी पत्नी जया की सुहागरात, जिसकी उम्र उन्नीस-बीस वर्ष से ज्यादा नहीं है, उसके उमंगों और उल्लास को गुदगुदानेवाली रात, कुँवारी के डर, वहम, आतंक भरे सुख की रात, जिसका एक-एक पल मन के भीतर हलकोरे लेते तूफानों को जन्म देता है। क्या ? कैसे होगा ? अनछुए जिस्मों के आशंकित प्रश्नों से रोम-रोम में पुलक के काँटे उग आते हैं ! अवतारा चाहे निपट अनाड़ी न हो पर जया के बारे में वह कोई धारणा कैसे बना सकता है ? अवतारे को सभी आयोजनों की तरह इस अमूल्य रात्रि को भी विधिवत् मनाना चाहिए।

उस रात, हालाँकि पलक झपकते ही उन्हें नींद आनी चाहिए थी, थकान के मारे बुरा हाल जो हो रहा था, पर वे दोनों आधी रात तक आँखों में अँगुली डाले पड़े रहे। नींद जैसे कोसों दूर भाग गई। ऊह ! अभी सोएगा तो उम्रभर सोता ही रहेगा, अवतारा पच्चीस-छब्बीस साल का ऊँचा पूरा मर्द था ! कमबख्त नींद के आगे हार मान लेता क्या ?

जया, जो पहली नजर में लगा गूँगी-बहरी ठंडी लड़की है, छूते ही तत्ता अंगार बन गई। अवतारे ने नसों में रक्त का प्रवाह दुगुने वेग-से दौड़ते महसूस किया। जया हाथ लगाते ही छिटक गई। "क्यों ? क्या बात है ?" अवतारे ने हँसकर पूछा, "मुझसे डर लग रहा है ?" "हाँ !" जया ने स्वीकारात्मक मुद्रा में सिर हिलाया।

"कोई बाघ-भालू दिखता हूँ क्या जो खा जाऊँगा ?"

जया ने पलकें उठाईं, अवतारे को मुस्कराते पाया तो हाथों में मुँह छिपाकर शरमाई।

क्या सच स्त्री की मुस्कान और लाज पुरुष के मन में मोह जगाते हैं ? अवतारा किसी अदृश्य डोर से खिंचता गया, "कसम खा लो पहले।" जया भीष्म-प्रतिज्ञा कराने पर तुली हुई थी।

"किसलिए ?" जाहिर है सभी शब्द जुबान पर लाए नहीं जा सकते।

"ऐसे ही।"

"ऐसे ही क्यों ?" अवतारा जया की मीठी गुनगुनाती-सी आवाज बार-बार सुनना चाहता था। अछूती, अबोध, उम्र होने पर भी नादान लड़की।

--मुझे डर लगता है !

अवतारे ने जया का मन रखा, यानी कि कसम खा ली। गोकि नवेली की महक और चहक से अभिभूत भी वह इस बात को महसूस किए बिना नहीं रह सका कि जया बेहद सीधी, सरल, घरेलू किस्म की लड़की है, जो उसकी भाभियों की तरह भले ही व्यवहार-कुशल न हो पर अपने निष्कपट मन और सुसंस्कारों से माई का दिल अवश्य जीत लेगी।

अपने और जया की जोड़ी के बारे में अवतारे ने नहीं सोचा। सोचता तो जाने शुरूआत में क्या-क्या खुच्चड़ निकाल लेता। यों वह रात गम्भीर सवालात को सोचने की रात थी भी नहीं। उस पर मोह का भीना आवरण छा रहा था, नशीला आवरण जो

उसे अपनी मीठी गुँजलक में कसता जा रहा था। औतारे का सोच जाने क्यों कुन्द हुआ जा रहा था। अवतारा भूल गया था अगला-पिछला सब कुछ। शुभी तो खैर ब्याही गई थी पर वह बम्बईवाली लड़की, जो शायद अभी भी उसके लौटने की प्रतीक्षा के सपने बुन रही हो ? अवतारा सम्बन्धों को सतही नहीं मानता था। फिर ? क्या यह समय का ही स्वभाव है, भूलना ? वह सिर्फ देख रहा था और सुन रहा था, बाँहों पर सिर टिकाए जया की अनवरत बातें! ज्यों किसी हरे-भरे वृक्ष पर कोयल कुहुक रही हो, अपने में मस्त। अवतारे ने उसे निश्चिन्त जो कर दिया था।

जया ने लम्बे बाल ढीले जूड़े में समेट गद्दे के एक कोने की तरफ सरकना चाहा तो अवतारे ने उसे अपनी बाँहों में हल्के-से भींचकर याद दिलाया कि वह लाख कोशिश करने पर भी जिन्दगी में की गई अपनी भीष्म-प्रतिज्ञाओं को निभा नहीं सका है। इसमें बचपन की दो प्रतिज्ञाएँ भी शामिल थीं, जनेऊ न पहनने की और राधे नानबाई के कुल्चे न खाने की ! वो प्रतिज्ञाएँ तो दो-एक माह निभा भी लीं लेकिन आज की रात इस चुलबुली मासूम लड़की को बाँहों में समेटने पर दूसरे दिन तक भी प्रतिज्ञा निभा पाना उसके लिए असम्भव होगा।

जया ने तरेर भरी नजरों-से देखा, ज्यों दूल्हे ने पहली रात ही झूठ बोलकर उसे ठग लिया हो।

"ऐ ? जब 'रोठ खबर' के साथ मायके चली जाएगी तो तुम्हारी सहेलियाँ तुमसे कई-कई सवाल पूछेंगी ! तो उनका क्या जवाब दोगी ? बोलो ? और जब तुम्हें नए कपड़े पहनाते तुम्हारा कोरा-कोरा ब्लाउज-पेटीकोट देखेंगी तो मेरे बारे में क्या सोचेंगी ? इस बात का कुछ खयाल है ?"

जया का गला सूखने लगा। उसका दिल इतना जोर-जोर से क्यों धड़क रहा था ? उसके जिस्म के रोएँ काँटों की तरह उसे क्यों गड़ने लगे थे ? जया की समूची देह काँप गई। लेकिन अवतारे ने इस बार उसकी कोई जिद नहीं मानी, जया के दहकते शरीर को बाँहों में समेट लिया, खिड़की से चाँदनी का छोटा-सा टुकड़ा झाँक रहा था, हँस रहा था। अवतारे ने यह आयोजन भी विधिवत् पूरा कर दिया था।

आठ

देखते-देखते महीना बीत गया। समय कोई पालतू तोता तो नहीं कि उसे पिंजरे में कैद करके रखा जाए। वह तो मुक्त पाँखी की तरह आकाश में उड़ान भरना जानता है। गोकि कोई ऐसा वक्त जरूर होता है, जब उसे मुट्ठी में भींचकर जकड़ने को जी करता है लेकिन सूर्य का रथ रोकने की ताकत कितनों में होती है ? बहरहाल।

महीना बीतते ही अवतारे को बम्बई लौटने की चिन्ता सताने लगी। चिन्ता इसलिए कि अपने पूर्व नियोजित कार्यक्रम के अनुसार वह अपने माई-बापू और जया को अपने

साथ लेकर ही वापस जाना चाहता था, लेकिन ऐसा सम्भव न हुआ। यों फैक्टरी की तरफ से उसे बम्बई जैसे भीड़-भरे शहर में दो कमरे मिल गए थे, जिसमें बखूबी गुजारा हो सकता था, लेकिन माई अड़ गई।

"बहू का पहला-पहला वर्ष है ससुराल में। कितने तो रीति-रस्म निभाने हैं, बड़े दिन मनाने हैं। एक तो बहू को ही इस वर्ष घर से बाहर भेजना गलत है। ऊपर से मैं भी घर-द्वार छोड़कर जाऊँ तो अहल्ले-मुहल्ले वाले क्या सोचेंगे ?"

"क्या सोचेंगे माँ ? आखिर जाना तो पड़ेगा ही, मेरी नौकरी जो बाहर है..."

"वह तो ठीक है अवे।" माई ने समझाने के अन्दाज में कहा, "पर मैं तो इस बार जा न पाऊँगी। बहू का घर में पहला साल है..."

"ओफ्फो ! पहले साल बाहर जाने की मनाही है क्या, माँ ? तुम भी किन सदियों में जी रही हो। आज तो इधर शादी हुई, उधर बोरिया-बिस्तरा लपेट सात समुद्र पार चले जाते हैं लोग। साल-साल-भर इन्तजार करने का वक्त किसके पास है अब ?"

"मेरे पास है अवतारे।" माई संजीदा हो गई। "देख बेटे, मेरे साथ तू बहस मत कर, जितनी बात मुझे माननी थी तेरी मैंने मान ली। सादी-सादी शादी कर दी, दान-दहेज में भी, जो उन्होंने भेजा, खुश होकर ले लिया। कोई टिप्पणी नहीं की। पर बिरादरी में रहकर जो दूसरों का खाया-पिया है, अपनी बारी आने पर वह ऋण चुकता कर ही कहीं जाऊँगी। होंगे ऐसे लोग जो अपनी बारी मुकर जाते हैं, तुम्हारी माई वैसा नहीं करेगी। यों घर के रीति-रस्म जानना बहू के लिए भी जरूरी है। आगे मेरे पीछे घर की रानी बहू ही होगी 'शिशुर' लगना है, 'पन' देना है, यह बातें उसके घर में रहने पर ही होंगी। फिर भी, जो तुम ठीक जानो करो, अब तो तुम सयाने हो गए हो..."

सयानेपन का उलाहना पाकर अवतारा एकदम चुप हो गया। दरअसल, माता-पिता के रहते लड़के-बाले जिद और बहस-मुबाहसा करें, यह हठधर्मिता थी, सयानापन नहीं। दानाई तो मुँह बन्द कर माता-पिता का आदेश स्वीकारने में ही है। श्रीराम ने पिता राजा दशरथ से बहस-मुबाहसा किया था ? मुँह उठाकर 'कारण' पूछा था ? आखिर अनुभव के ताप से तपी उम्र सही-गलत का फैसला करेगी या चार अक्षर पढ़े कल के छोकरे ? जिनकी मसें भीगे जुम्मा-जुम्मा आठ दिन हो गए हों ?

माई को समझाना पड़ा। हालाँकि अवतारा जानता था पर जानने और समझने में तो फर्क है न ?

विवाह का पहला वर्ष, यानी कि हर त्यौहर पर देने-दिलाने, खिलाने-पिलाने की रस्में। बहू के मायके से भी चीजें आएँगी, खिलाने-पिलाने की, पहनने-ओढ़ने की। दस जनियाँ देखेंगी, मुँह मीठा करेंगी और असीस देंगी। इससे अपने-परायों से परिचय बढ़ेगा, प्रेम पलेगा। जन्माष्टमी पर फल, दही, मिसरी, शिवरात्रि पर अखरोट, मट्ठियाँ, जन्मदिनों पर भोज, 'बतस्युन', दीवाली पर मिठाई वगैरह-वगैरह, इन्हें मुहल्ले-टोले में बाँटना है, अरुन्धती थोड़ी अकेली बैठकर वह सब ओढ़े-बिछाएगी ?

अरुन्धती 'पन' भी देती थी। इस बार नई बहू ही 'पन' के रोट बनाएगी और 'बीब

गरजमेज्य' की पूजा पर बैठेगी। अखंड सुहाग और पुत्रवती होने का आशीष माँगेगी। माँ का दिन कितना महत्त्वपूर्ण हैं, अवतारा क्या जानता नहीं ? सुनाई नहीं थी माई ने कई बार अवतारे को उस राजा की कहानी जिसे समृद्धि और पद-प्रतिष्ठा का अभिमान हो गया था ? जिसने 'बीब गरजमेज्य' के रोट के नैवेद्य को पैर से ठोकर मार दी थी ? और तब, ईश्वर न करे, दोस्त-दुश्मन, किसी के भी घर पर माँ का वैसा कोप बरसे, जैसा उस भाग्यहीन राजा पर बरसा था। देखते-देखते उसका सारा राज-पाट छिन गया था। शत्रुओं ने देश पर हमला करके उसे भी सपरिवार बन्दीगृह में डाल दिया था। यह तो, एक दिन किसी दूसरे को 'पन' के रोट बनाते देख राजा की बेटी को याद आया कि वे भी विनायक चतुर्थी को 'पन' दिया करते थे। तो उस अभावग्रस्त स्थिति में भी वह माँ के साथ घोड़े के तबेले से जौ बीन-बीनकर लाई। उसे धो-धाकर चक्की पर पीसा। गेहूँ कहाँ से ले आती ? बड़ी निष्ठा से एक रोट देवी के नाम पर बनाया। श्रद्धा से पूजा की। रात-भर घड़े पर रोट ढँककर रख दिया। दूसरी सुबह कपड़ा हटाकर देखा तो देखती रह गई। रोट रातों -रात सोने की ठोस डली में बदल गया था। माँ का ही तो प्रताप था वह सब। बेटी की श्रद्धा-भक्ति ने पूरे परिवार की समृद्धि लौटा दी थी। फिर तो पता भी न चला कि कैसे राजा जेल से मुक्त हुआ, कैसे उसका छिना हुआ राज-पाट दुबारा मिल गया और कैसे वे सब दुबारा सुख-सम्पन्न जीवन व्यतीत करने लगे। माँ ने जैसे उनके दिन फिराए वैसे सबके फिरें।

ऐसे-ऐसे त्यौहारों का महत्त्व अभी भी गली में बरकरार है। मजाल है कोई 'पन' के रोट बनाने में आलस कर जाए ? फिर नई बहू के लिए तो ये दिन और भी महत्त्व रखता है, आखिर वह गृहलक्ष्मी होती है। घर की आधारशिला ! बड़े-बुजुर्ग क्या हमेशा बैठे रहेंगे ?

और साहिबों की सप्तमी ? वह रूपभवानी का दिन क्या भूलनेवाली चीज है ? विरासत में मिलनेवाला यह शुभ व्रत अरुन्धती को ससुराल से ही मिला है। जया बहू के मायकेवाले इस व्रत से वंचित हैं। उसे तो रूपभवानी की महानता से परिचित कराना होगा। ऐसी बरक्कतवाली देवी रूपभवानी जिसके मायके से एक बार छोटी-सी खीर की देगची आई और सास ने क्रोध किया, "किस-किसको बाँटू यह खीर रूपी ?" मुहल्ला तो इतना बड़ा है ? तब रूप देवी ने नम्रता से कहा, "माँ, आप बाँटना शुरू कर दो, जितना जी चाहे।" सास ने जल-भुनकर बड़ी-बड़ी कटोरियाँ भर-भरकर मुहल्ले में बाँट दीं। सोचा चार कटोरियों में देगची खाली हो जाएगी और तब बहू का गुमान उतर जाएगा। लेकिन मालूम है क्या हुआ ? सास बाँटते-बाँटते थक गई मगर खीर की देगची भरी की भरी रही। भगवान करे, ऐसी बरक्कतवाली देवी बहू सबको मिले। उसका आशीष चाहिए कि नहीं ? इस सबके बावजूद अवतारे को जाना ही था। छुट्टियाँ खत्म हो रही थीं और माई की कहानियों से वो बचपन के दिन की तरह अब आश्वस्त नहीं हो पा रहा था। पता नहीं आगे कब छुट्टियाँ मिलें और फिर लम्बा सफर, कई-कई तो दिक्कतें थीं।

अवतारा विदा लेने मास्टरजी के पास गया और उनसे माँ को समझाने के लिए आखिरी कोशिश की, "चाचाजी, आप माँ को समझा दें मेरे साथ चले। इससे हम सभी को सुविधा रहेगी। वे व्यर्थ की रीति-नीतियों के कारण हठ पकड़े हुए बैठी हैं। आखिर वक्त के साथ अपने को थोड़ा बदलना ही पड़ता है। कुछ छोड़ना पड़ता है। आप उन्हें यह बात समझाते तो शायद वे मान जातीं।"

मास्टरजी इधर कुछ कमजोर हो गए थे। उम्र की सन्ध्या में जीवन के विविध रंगों ने उनके चेहरे की झुर्रियों को पक्का ताम्बई रंग दे दिया था। अवतारे की शिकायत सुनकर वे उदारता से मुस्कराए, "यह बात उन्हें समझाना बड़ा कठिन है अवतारे ! बदलना जरूर पड़ता है और हम सभी बदल रहे भी हैं। हालाँकि उस तेजी से नहीं, जिस तेजी से तुम चाहते हो, लेकिन..."

"मुझे लगता है माई अभी भी त्रेता में जी रही है..."

"नहीं अवतारे, ऐसा नहीं है।" मास्टरजी हुक्के का कश खींचते हुए बोले, "बदलना वह ही नहीं है जो तुम्हें दिखाई देता है। बदलने की क्रिया बड़ी सूक्ष्म होती है जो हमारे भीतर जन्म लेती है। हम सभी वक्त के साथ बदल रहे हैं, बल्कि अपने को मना-मनाकर वक्त के साथ चल रहे हैं। चलेंगे नहीं तो टूट जाएँगे। बहुत पीछे पड़ जाएँगे। माँ ने तुम्हारी शादी में तुम्हारी सलाह मान ली, यह क्या कम बदलाव है ? उन्होंने दूसरा वक्त देखा है बेटे ! तब तो बेटा दिन के उजाले में पत्नी को देखता भी नहीं था। उसके साथ जुड़े सवालों के जवाब माँगना तो दूर की बात है।"

"लेकिन तब हालात भी तो दूसरे थे। अब परिवार ही जब तेजी से टूट रहे हैं तो अपनी बात आप ही करनी पड़ती है।"

अवतारा मास्टरजी से निःशंक बात कर सकता था। इसलिए नहीं कि अब वह सयाना हो गया था, बल्कि इसलिए कि मास्टरजी ने अपने स्वभाव की अक्खड़ता छोड़ दी थी और भीतर से एक कोमल वृत्तिवाला पिता झाँक आया था। मास्टरजी ने अवतारे को धैर्य से सुना और बोले, "तभी तो बेटा, तभी तुम्हारी माई भी अब झुकने लगी है पर तुम अपनी जिद से उसे इतना मत झुकाओ कि वह टूट जाए। आखिर जिस आसानी से तुम छोटे वीर की लचीली टहनियों को झुका सकते हो, उस आसानी से चीड़-देवदार को नहीं झुका सकते। उम्र के साथ तो पक्कापन आता ही है, साथ में ठोस संस्कारिता भी, उसे झुकाना बड़ा मुश्किल होता है..."

"देखने में बड़ी छोटी-छोटी बातें होती हैं, जो तुम्हारे लिए कोई अहमियत नहीं रखतीं, पर बुजुर्गों के लिए वह गहरा अर्थ रखती हैं।"

हीमाली चाची ने अवतारे को खुशबूदार कहवा पिलाया और समझाते हुए कहा, "अरनी से नाराज मत होना बेटा। तुम्हारी बातें सही हैं, पर उम्रभर के तौर-तरीकों को झटके-से तोड़कर अलग होना हमसे अब न होगा। यों अपने घर में तुमने देखा होगा कि अब वो पुरानी बातें खत्म होती जा रही हैं। अरनी जब ब्याह कर आई थी तो चार हाथ घूँघट निकाले वर्ष-भर नई दुल्हिन बनी बैठी रही थी। शादी की वर्षगाँठ के बाद

ही वह काम के लिए उठी थी। तुम्हारी बहू ने तो घूँघट भी नहीं किया और हाथ की मेंहदी फीकी भी न पड़ी कि घर के छोटे-मोटे काम करने लगी। इसे तुम बदलना नहीं कहोगे ?"

हीमाली चाची ने अपनी तरफ से अपनी पीढ़ी की पैरवी की। मास्टरजी ने अपने जीवन के कुछ प्रसंगों का उदाहरण देते हुए अवतारे को हठधर्मिता छोड़ने का उपदेश दिया। इसे दो पीढ़ियों के टकराव का कारण बताते हुए सुझाया कि " 'ज्वाइण्ट-फैमिली' की एक बड़ी जरूरत है लचीलापन यानी इलास्टिसिटी। एक तरफ अड़ जाए तो दूसरे को थोड़ी ढील देनी चाहिए। दूसरे शब्दों में यही एडजेस्टमेन्ट है।" जीवन में कई भूलों और कमियों का कारण अपनी 'रिजिडिटी' को बताते हुए उन्होंने अवतारे से कहा, "यों तो जिन्दगी जैसा अध्यापक कोई दूसरा नहीं होता। फिर भी यदि बुजुर्गों के अनुभवों से कुछ निचोड़ सको तो तकलीफ कम होती है।"

हीमाली ने बादाम-इलायची देते हुए आशीर्वाद दिया, "खुश होकर जाओ। पीछे की चिन्ता मत करो। ऊँच-नीच सभी घरों में चलती रहती है, आगे भी चलेगी। जहाँ दो बर्तन साथ रहेंगे, खनकेंगे जरूर। इसमें सोच कैसा ? हम सभी यहाँ हैं, साल-भर बीतने में क्या लगता है ? अगली बार आकर साथ ले जाना। अभी अरनी को मन की हौंस निकालने दो। हम भी चार दिन बहू को देखेंगे। जाओ, माथा ऊँचा हो, लम्बी उमर पाओ..."

मास्टऱजी ने पीठ थपथपाई और आशीर्वाद के साथ सीख भी दी, "खूब खुश रहो। तुम एक बड़े समाज में जा रहे हो। वक्त की ऊँच-नीच को समझो, खूब नाम कमाओ, मगर भेड़-चाल कभी न चलना, पानी के बहाव में बहते हुए भी अपने को साबुत रखना जरूरी होता है..."

जाने से पहले के भोजन-सम्बन्धी आग्रहों को अवतारे ने नम्रता से 'समय नहीं है' कहकर टाल दिया पर दोस्तों के आग्रह पर एक दिन पिकनिक का प्रोग्राम अवतारा टाल न सका। उन्हें शिकायत थी, "क्या यार, तुम तो प्रदेश छोड़ते ही पुराने संगी-साथियों को भी भूल गए, क्या वहाँ कभी भी हमारी याद नहीं आती ?"

"दोस्तों को कभी कोई भूलता है चन्दन ? फिर तुम लोग तो मेरे लंगोटिया थे। मुझे तो वह दिन भी याद है जब एक बार मुझे काका की बिच्छू बूटी से बचाने के लिए तुम खुद बर्फ में घंटा-भर नंगे खड़े रह गए थे। और इस बन्ते, करीमे ने तो एक बार जनेऊ निकालने पर मुझे इतना धमकाया था कि मैंने चोरी-चोरी धागे के तीन तार लपेटकर गले में डाल दिए थे, और..."

यादों का अथाह सिलसिला था। विगत के खट्टे-मीठे अनुभवों, सम्मोहनों और यादों से मुक्त होना शायद किसी के लिए भी सम्भव नहीं होता। तीखी स्मृतियाँ भी वक्त की बरखा से घुलकर साफ-शफ्फाक हो जाती हैं और भीड़-भरे शहरों के भयावह अकेलेपन से जन्मे शून्य को भीगी यादों से पूर देते हैं। उन सभी के पास कहने को बहुत कुछ था। एक-दूसरे से बतियाकर खोए हुए वक्त को फिर से जीने की तीव्र

आकांक्षा थी। कम-से-कम एक दिन तो वे जी खोलकर बतियाएँगे। बढ़ती उम्र और परेशानियों को भूलकर पुरानी यादें ताजा करेंगे, आनेवाले समय की बोरियत कम करने और नई ताकत बटोरने के लिए यह क्या जरूरी नहीं था। था तो, तभी तो उन्होंने, यानी अवतारे, चन्दन, शामू, करीमा, बन्ता, तेजा आदि ने पिकनिक का प्रोग्राम बनाया।

नौ

खुली धूप और पहाड़ों से टकराकर आती खुशनुमा हवाओं भरा दिन ! ऐसे में स्प्रिंग-शिकारे में झील डल के हलकोरे लेते सीने पर थिरकने का मन करता है। बोट में बैठकर चेहरे पर खुली हवाओं को महसूस करते पैडल-बोटिंग करने का जी होता है। सिर्फ राइडिंग की तेज रफ्तार में कछुआ चाल जिन्दगी की ऊब को डुबाने की लालसा जगती है। लेकिन वक्त की कमी के कारण अवतारे ने बस से ही बागों की सैर का प्रोग्राम बनाया। केवल एक दिन। गुलमर्ग, पहलगाँव जाने का समय ही नहीं था।

इधर डिपार्टमेण्ट आफ टूरिज्म ने कई लक्जरी बसों को भी बागों की सैर के लिए चलाना शुरू किया है बीसेक रुपयों में 'साईट-सीइंग' हो जाती है, लेकिन उसमें समय का पाबन्द रहना पड़ता है, जो न अवतारे को मंजूर था न उसके दोस्तों को। सो उन्होंने लोकल बस में बैठकर ही सैर का प्रोग्राम बनाया।

गुपकार रोड से जाते, जेठियार को मुड़ती सड़क, घने चिनारों और कीकर के पेड़ों के सायों में खामोश लेटी हुई थी, वर्षों पहले की तरह अवतारा उस सड़क से गुजरते अतीत के खंडहरों में घूमने लगा। लच्छी काकी का पल्लू पकड़े कदम-कदम घिसटते और थककर, बार-बार 'गोदी चढ़ने के लिए मचलते ! लच्छी काकी तब उसे कन्धों पर चढ़ाकर पहाड़ी चढ़ने लगी थी, क्या करती बेचारी ! एक तो अवतारे की जिद कि काकी की ही गोद चाहिए, उस पर काकी खुद भी चढ़ाई के कारण हाँफने लगी थीं। काकी के कन्धों पर चढ़कर उसने अपने को बेहद ऊँचा और सुरक्षित महसूस किया था और काकी उसे मन्दिर की सीढ़ियों पर उतारकर देर तक अपनी हँफनी पर काबू पाने की कोशिश करती रही थी। काकी की याद के साथ उसे काकी से जुड़ी अनेक यादें ताजा हो गईं। काकी की कहानियाँ, काकी की काँगड़ी में भुने हुए आलू, काकी की बनाई हुई चावल के आटे की 'याजि', काकी का 'वारिमुठ' जो वह अवतारे के लिए ही पकाया करती थी।

झील डल में चार चिनारों की गोद में बैठी सोना लांक निःसंग और अकेली नज़र आई गोकि टूरिस्ट शिकारों में बराबर आवाजाही कर रहे थे। वह अचानक ही भावुक होने लगा था। शायद भीतर-ही-भीतर वह अपने को साँसों में बसी उस अपनी धरती की महक से कटा हुआ और पराया महसूस करने लगा था। गुजरे वक्त की यादें उस पर हावी होने लगी थीं। याद-दोस्तों के साथ मनाई पिकनिकें, झील में रबर-व्हील पर

सीखी तैराकी और कॉलेज के साथियों के साथ बोट रेसिंग। एक-एक कर दृश्य आँखों के आगे सजीव हो गए थे। चारचिनारी पर घूमते, उसे मछलियों की ताक में बैठे बगुले को ध्यानमग्न होकर देखते बन्ते ने छेड़ा, "क्या यार, बड़ी बारीकी से देख रहे हो, क्या बगुले से भगती सीखने का इरादा है ?"

अवतारा मुस्कराया, "तुम्हारे जैसे दोस्तों की मेहरबानी से तो वह कब का सीख चुका हूँ, लेकिन अभी मैं बहुत पीछे लौट गया था..."

सच ही तो ! स्मृति की गहन कन्दराओं में अवतारा भटकने लगा था, बहुत पीछे। बूढ़े चिनार की फैली हुई जड़ों को झील का पानी थपक-थपककर सहला रहा था। उसे लगा तने के दूसरी तरफ, वहाँ, जहाँ एक मोटी शाख झुककर नीचे झूल आई है, माई बैठी है और खाने की थालियाँ रेतीली मिट्टी से रगड़-रगड़कर माँज रही है। अवतारा पास में बैठा एकटक पेड़ की शाखों में छिपे ध्यानमग्न बगुले को उत्सुकता से निहार रहा है। कभी नजरों की हदें बाँधते पानी के विस्तार को असमंजस से देखने लगता है। झील की दाईं तरफ मुस्तैदी से खड़ी बर्फ-ढँकी पहाड़ियों की आकाश-छूती चोटियों पर मँडराते बादलों के चेहरे पहचानने की कोशिश कर रहा है। लहरों से उठी पनीली कमल-गन्ध उसे मोहाविष्ट क्यों कर रही हैं ?

लेकिन माँ निष्ठा से बर्तन माँज, दो थालियाँ उसे पकड़ा देती है, "चल उठ, भीतर ढोंगे में चलकर बैठ। इधर अकेले बैठना ठीक नहीं।"

तट के पास नन्ही-नन्ही स्याह-सुनहरी मछलियाँ फुदक-फुदककर, पानी में मुँह ऊपर उठाकर दाना लेने पास आ जाती थीं। छोटा-सा अवतारा तन्मय उन्हें ताक रहा था, "मैं बैठूँगा इधर माई, देखो न, यह लम्बी चोंचवाला पंछी भी पानी का नजारा देख रहा है..." "वो ?" माई ने पेड़ की ओर मुँह उठाकर देखा, "बगुला है। बड़ा नजारा देखेगा वह !" माँ नजारे शब्द पर मुस्कुराई थी, "मछली की ताक में नजर गड़ाए बैठा है पापी।"

तभी 'झप्प'-से बगुले ने पानी में चोंच डुबोकर नन्ही-सी उछलती मछली को दबोच लिया था।

"देखा न ! चल अब। कहीं चील-वील अकेले पाकर झपट्टा न मार ले..."

वह छोटा-सा था। पाँचेक वर्ष का ही, डरपोक-सा लड़का। पर उसे तब भी आश्चर्य हुआ था। माई झील की गन्ध को महसूस क्यों नहीं करती ? ढेर-ढेर गुलबकावली, गुलचीनी और गुलाबों की महक और चिनार के नक्काशीदार पत्तों से छनती हवा से बौरा क्यों नहीं जाती ? अवतारे के साथ ही ऐसा क्यों होता था ?

लेकिन अब वह समझ सकता था कि वह गन्ध माई और माई जैसे अनेकों ने अपने जीवन में उतार ली थी। वह उनकी अपनी चीज बन गई थी। मेंहदी ज्यों हथेली में रचकर अपना रंग बदल गई हो।

अवतारा दोस्तों के साथ निशात, शालीमार, हारवन और नसीम तक घूम आया। निशात में, डेजी के फूलों से भरे हरियाये लॉन पर बैठकर उन्होंने आबशारों की सदाएँ सुनते नान और कबाब खाए। कबाब करीमे की पत्नी ने बनाए थे। नसीम में बैठकर

वे घंटा-भर ताश खेलते और गप्पें लगाते रहे।

नगीन लेक में पालवाली नावों पर, लहरों के साथ बहते वे चुपचाप नीले पहाड़ों के ऊपर घूमते भापीले बादलों के बनते-बिगड़ते आकार देखते रहे। मौसम भी खूब उजला-उजला था। हवा में बादाम, आड़ू के बौरों की गन्ध समा गई थी। थिरकती लहरों के बीच खिलखिलाते कमलों और खिलवत्तरों पर पारे-सी फिसलती पानी की नन्ही-बुँदियों को पकड़ने की कोशिश में वे बच्चों की तरह खिलखिलाए। सिद्ध-योगियों और वयोवृद्ध ऋषि-मुनियों का गाम्भीर्य लिए चिनार की छतनार छाया में लेट उन्होंने गुगी की सदियों पुरानी शिकायतें सुनी, 'गु गू गु, गु गू गु, माजि लोयनम, काजवट सत्य, ब्यनि लोयनम यनि कानि सत्य...' (माँ ने मारा सिलबट्टे से, बहन ने मारा कती हुई पूनियों से...) और उत्तर में चिनार पत्तेवाले हाथों से थपका-थपकाकर तसल्ली देते रहे।

झील के किनारे खड़े कतारबद्ध 'वीपिंग विलोज़' की झुकी हुई डालियाँ पानी से मीठी छेड़छाड़ करतीं, गुदगुदाती हिलोरें उठा रही थीं, निःसर्ग का उन्मुक्त व्यवहार अपने साथ बाँधे जा रहा था। मुग्ध अवतारा ज्यों पहली बार अपनी ही धरती को पहचानने की कोशिश कर रहा था :

गर फिरदौस बर रुए जमीं अस्त,
हमीं अस्तो, हमीं अस्तो, हमीं अस्त।

(अगर जमीन पर कहीं स्वर्ग है, तो वह यहीं है, यहीं है, यहीं है।)

"किसने कहा था यह चन्दन ?"

"मुगल सम्राट जहाँगीर ने।"

"जरूर उसने इन झीलों-झरनों की गन्ध रगों-रेशों में महसूस की होगी।"

"यार, तू तो बिल्कुल बहिश्त में ही पहुँच गया। अपनी गली को तो एकदम से ही भूल गया", करीमे ने अवतारे को कुहनी से टहोका।

"हमारे लिए तो यह सब घर की दाल है भइया !" बन्ता पिता की दुकानदारी सँभालते बुजुर्गों की तरह बोलना सीख गया था, "अवतारा भाई, तो साल-दो साल में विजिटर की तरह दस-पन्द्रह दिन के लिए आते हैं तो जाहिर है, अब वे विजिटरों की तरह बागों की सैर ही करेंगे, घर में रहने नहीं आएँगे। सो उनके लिए, वो कहा है न—

सुबहो दर बागे निशातो, शाम दर बागे नसीम,
शालामारो लालाज़ारो, सैरिकशमीर अस्तो बस्त।

(सुबह निशात में, शाम नसीम बाग में, शालीमार और लाला के फूलों की वाटिकाएँ बस, यही तो काश्मीर में देखने योग्य चीजें हैं, और कुछ नहीं।)

"हाँ भई। फिर तो स्वर्ग-ही-स्वर्ग दिखना है।" शामू की आवाज में कड़वाहट थी। इधर सीधी-सादी बातों में भी दस खुच्चड़ निकालना, उसका स्वभाव-सा हो गया था। "हाँ दोस्त ! एक हम जो रह गए हैं, गली का जहर पीकर नीलकण्ठ बनने के लिए। बस, कुएँ के मेंढक समझो। गली-पुराण चालू रखकर टरटराते रहो, हवा-पानी खाते रहो और सुख की डकारें ले लो..."

"नहीं शामू", अवतारे ने शामू की बात काटकर कहा, "गली का संसार तो अपनी रगों-रेशों में घुला हुआ है। मुझे तो वहाँ इन झीलों-झरनों से ज्यादा मन्दिर में तुम्हारे साथ किए गए दंगल, वह 'छन्न तेरी कब्बडी', और 'काठ शाले बोम', ही याद आते हैं। तुम हँसोगे यह बात सुनकर, पर यह सच है।"

"मैं तो कहता हूँ शामू, कई अर्थों में तुम लोग खुशकिस्मत हो। कम-से-कम अपनी मिट्टी से गहरे जुड़े तो हो। इधर तुम्हें कोई पराया तो नहीं समझता ?" लोके की अपनी कोई रग दुखने लगी थी।

तेजा पटियाले में किसी प्राइवेट फर्म में चार्जमैन लगा था। उसे वहाँ अक्सर घर के शलजम, नदरू और कानुल साग की याद आती थी। उसने अपनी बात कही, "हवा-पानी भी बड़ी चीज है यार, हमें तो वहाँ मीट-मछली में भी घासफूस का स्वाद मालूम पड़ता है। यहाँ के पानी में जो खास बात है..."

"यह वही कुएँ के मेंढकवाली मनःस्थिति तुमसे बुलवा रही है तेज भैया। अरे साइन्स ने दुनिया को कितना छोटा कर दिया। विभिन्न ग्रहों पर लोग घूमने लगे हैं। पर तुम अभी भी अपने घर और अपनी जमीन का पुराणपन्थी मोह छोड़ना नहीं चाहते।"

अमरनाथ का लोका बंगलौर में एच.एम.टी. में इन्जीनियर है। खट्टे-तीखे अनुभव उसके भी कम नहीं हैं। वह भी शामू के विचारों से सहमत नहीं हुआ, "चाहे दुनिया-भर में घूम आओ भई शामू, वह अलग बात है। पर शहरों के अजनबी माहौल में रहकर पराएपन का बोध डसता ही है। तब अपने घर की आत्मीय गन्ध की स्मृति के बिना आदमी जी नहीं सकता। यह मेरा निजी अनुभव है। मुझे ही देखो, मेरी अच्छी नौकरी है वहाँ, इसमें कोई शक नहीं। आगे उन्नति की भी सम्भावनाएँ हैं। मगर मालूम है, मुझे किन-किन बेहूदा सवालों के जवाब देने पड़े हैं ? अपने ही देश में ! विदेशों की बात तो जाने ही दो।"

लोके का स्वर शर्म के अहसास से दब-सा गया, "मुझसे इण्टरव्यू में ही पूछा गया कि मैं काश्मीर से बंगलौर नौकरी करने क्यों आया ?"

"सो तो पूछते ही हैं।" अवतारे ने समर्थन किया।

"लेकिन इसके साथ जो भी प्रश्न पूछे गए थे, वे मुझे बेहद अपमानजनक लगे। चेयरमैन ने खुद पूछा कि भारत सरकार तुम्हारे लिए इतना कुछ करती है, विशिष्ट सुविधाएँ, योजनाओं के लिए अधिक ऋण देती है, वगैरह-वगैरह। उस पर भी भारत का कोई भी व्यक्ति वहाँ जमीन लेकर बस नहीं सकता। तुम लोगों ने जब अपने को अलग कर लिया है, तो तुम यह उम्मीद क्यों करते हो कि भारत के किसी भी भाग में तुम बस सकोगे, तुम्हें अच्छी नौकरियाँ मिलेंगी ?"

लोके का मुँह तमतमा आया था।

"राजनीतिक-आर्थिक व्यवस्था के दंश तो हमें सहने ही पड़ेंगे।" तेजे के स्वर से असहाय उदासी का अहसास छलक रहा था।

"लेकिन ऐसे-ऐसे सवाल सुनकर मन में क्षोभ नहीं उठता ? अपना आपा न घर

का और न घाट का महसूस नहीं होता ?"

"छोड़ो लोके, क्यों बेकार में खुद को परेशान कर रहे हो ? एक बार बाहर निकलो तो ऐसी बातें कहीं भी सुननी पड़ेंगी। जो लोग अमरीका-इंगलैण्ड जाते हैं, वे क्या, कम सुनते हैं ?"

"लेकिन भारत तो अपना देश है न ?" लगता था, लोका किसी भी तर्क से सहमत होने को राजी नहीं है, "दरअसल, हमारी हालत खानाबदोशों की-सी हो गई है। आजादी के वक्त देश के विभाजन में पाकिस्तान बनते समय जो लोग बेघर हो गए उन पर तो कम-से-कम तरस ही खाया जाता है, लेकिन हम पर तो रोष ही बरसाया जाता है। हर साल ढेर-ढेर इन्जीनियर, डॉक्टर डिग्रियाँ लेकर निकलते हैं, पर घाटी में कितनों को काम मिल सकता है ? नौकरियों के लिए तो हमें देश-विदेश में भटकना ही पड़ता है न ?"

"तो तुम्हें कौन बेघर कर रहा है ? कौन तुम्हें भटकने पर मजबूर कर रहा है ? अपनी महत्त्वाकांक्षाएँ ही न ?" बन्ते ने अपनी समझदारी का सबूत दिया, "हमें देखो, अपने घर में अच्छा-खासा कमा लेते हैं, मस्त बैठे हैं। खूब मौज है। यह सुबह-शाम का रोना तो नहीं है !"

बन्ते के भीतर 'ऐलान गली जिन्दा है !' अवतारा लक्ष्य करके मुस्कराया।

"महत्वाकांक्षाएँ न हों, तो फिर संन्यासी बनना अच्छा है। कमरतोड़ पढ़ाई में उम्र का आधा भाग गुजारने पर डिग्रियाँ बटोरी जाती हैं, उसके बाद तो दुकानदारी भी नहीं होती बन्ते !"

लड़के अवश-सी असहायता के अहसास के साथ अकारण ही एक-दूसरे को छीलने लगे थे। शामू को मलाल था कि पिता उसे समुद्र पार जाने की इजाजत नहीं देते। जबकि नरेन्द्र भाई अमरीका में उसके लिए कुछ-न-कुछ जुगाड़ बिठाने का वादा कर गए हैं। शामू पिता के अस्वीकार को रूढ़ नैतिकता, परम्परावादिता व कूपमण्डूकता आदि विशेषणों से सम्बोधित कर मन का क्षोभ प्रकट करता है।

शामू ने मास्टरजी से अपनी सिफारिश भी करवा दी थी। उन्होंने शामू के पिता से कहा भी था, "लड़के को अपनी किस्मत आजमाने का मौका दे दो भाई !" लेकिन शामू के पिता बेटे को ऐसा, अपने पैर पर आज ही कुल्हाड़ी मारने जैसा, मौका देने का साहस न जुटा सके। उनके अपने कारण थे। शामू उनकी अकेली सन्तान था, बुढ़ापे में उनकी अकेली आस ! वे अपनी वृद्धावस्था के साथ प्रयोग करने को कैसे तैयार हो सकते थे ?

शामू की आँखों में हजारों दियों की रोशनीवाले ख्वाब कौंध रहे थे। अपनी बूढ़ी माँ को थरथराते हाथों से राख-मिट्टी के बर्तन घिसते और गीली धुईली लकड़ियों पर भात पकाते देख वह न जाने किसके प्रति अवश क्रोध-से भर उठता। गली में खड़े, अंजर-पंजर ढीले अपने पुराने बदरंग मकान को देखकर वह शानदार बंगलों में रहनेवालों के प्रति क्रूर होकर सोचने लगता था। सुबह से शाम तक अपनों-परायों की हजारहा

तकलीफों का रोना रोते और दूसरी की उलझनें सुलझाते, अपनी उलझन भूलनेवाले अपने समाज से उसे वितृष्णा होने लगती ! वह रूढ़िग्रस्त समाज की घुटन से दूर खुली हवा में साँस लेना चाहता था। दूसरों के मामलों में 'टाँग घुसाई' के बदले अपने लिए जीने के अर्थ खोजना चाहता था। शिक्षा के प्रसार ने जीवन से अपेक्षाएँ भी तो बढ़ाई थीं। सुबह-शाम साग-भात, सिर पर छत और तन ढकने को मोटा-झोटा पहनकर शिवालयों में माथा टेककर सन्तोष छिटकानेवाले माता-पिता उसे नितान्त निरीह, बेबस और अज्ञानी मालूम पड़ते थे। दूसरों के झोले में जो सुख छिपे थे, उनका हकदार शामू क्यों नहीं हो सकता था ?

"एक सौ अमरीकी डॉलर का अर्थ हजार ग्यारह सौ रुपया होता है बन्ते, मैं किसी तरह वहाँ जा पाता तो बब्बा को साल-छह महीने में चारेक सौ डालर भी भेजता तो सात पुश्तों का दारिद्रय न मिट जाता ?"

"लेकिन तुम्हारे बब्बा ने कभी तुमसे रुपयों की माँग तो नहीं की शामू भैया।"

"हाँ, नहीं की। मैंने जब भी पैसों की बात की, जवाब में उन्होंने घिसी-पिटी बहरे तवील सुनानी शुरू की, 'पैसा अपनी जगह है बेटा, वह बूढ़ी हड्डियों को सहला नहीं सकता। प्यासे के मुँह में दो बूँद गंगाजल नहीं डाल सकता। तुम लोग ब्राह्मण के बेटे होकर बनियों की तरह सोचने लगे हो'..."

शामू के पिता का सोच औसत सोच था जिससे सभी लड़के परिचित थे, इसलिए सिर झुकाए सोच में पड़ गए। शामू के भीतर उस सोच के विरुद्ध विद्रोह पल रहा था, "दरअसल, बब्बा नरेन्द्र के नाम से ही चिढ़ते हैं। कहते हैं, 'वह नरेन्द्रा तुझे क्या सही रास्ता बताएगा, जो आप ही रास्ता भटक गया है। अमरीका में बसकर दूसरी शादी कर बैठा। इधर बीवी-बच्चे पड़े बिलख रहे हैं'..."

"अब बोलो, इनसे कौन पूछे कि उसकी निजी जिन्दगी में तुम्हें दखल देने का क्या हक है ? होंगे उसके भी निजी कारण ? अपना फर्ज तो वह निभा रहा है—वो जो हर साल-छह महीने में एक तगड़ा चेक घर भेजता है, वह कोई माने ही नहीं रखता जैसे ! उससे तो बच्चे कान्वेण्टों में पढ़ते हैं और खाने को मक्खन-घी मिलता है, वह मिल जाता अगर नरेन्द्र यहाँ रहता ? मगर बब्बा से कुछ कहो तो जवाब हाजिर 'पैसा उसकी पत्नी को पति और निके-बेटे को पिता का प्यार दे सकता है ? यह तो बूढ़े जिया और गुणी अभी बैठे हैं तो निभ रहा है आगे परमात्मा ही तो रखवाला है।' उन्हें लगता है, लड़के जिम्मेदारी से मन झटककर, छुट्टे साँड बनकर घूमना पसन्द करते हैं, पर क्या सचमुच ऐसा है ?"

बड़े-बुजुर्ग बच्चों के चिन्तन से नाराज हैं। वे समझते हैं कि लड़के आत्ममुग्ध हैं। लेकिन लड़के इस नाराजगी से ही विद्रोह कर बैठे हैं, "न जाने क्या चाहते हैं ये लोग हमसे ?" एक प्रश्न तेजाब की तरह काटता है उन्हें, जिसका उत्तर जानकर भी वे उससे सहमत नहीं हो पाते।

"क्यों जिएँ हम घिसे-पीटे ढंग-से ? अँधेरे से रोशनी में आने पर कोई फर्क महसूस

नहीं होगा ? सोच में तब्दीली नहीं होगी ?"

लड़के नए सन्दर्भों में अपने को जानना व पाना चाहते हैं, अपने लिए नए रास्ते तलाशना चाहते हैं।

शामू को शिकायत है, "माता-पिता के पल्लू से बँधकर अपने को निरन्तर मारना ही पड़ेगा न ? भले ही इसे तुम एडजेस्टमेण्ट कहो। क्या पीढ़ियों के सोच का अन्तर मिटेगा कभी ?"

बोलते-बोलते शामू के माथे पर तनाव-भरी सलवटें पड़ने लगी थीं। आवाज उत्तेजना से टूट-टूट जाती थी। जाहिर है सभी लड़के इस तनाव को किसी-न-किसी रूप में अपने भीतर महसूस कर रहे थे। पर आज का पिकनिक तो इन सनातन सवालों के उठाने का वक्त तो नहीं था !

चन्दन अपेक्षाकृत शान्त था। उसने कॉलेज की अध्यापकी करते ही पी-एच.डी. की थीसिस भी लगभग पूरी कर ली थी। उसकी भूरी आँखों में निश्चय का तेज था। यद्यपि मास्टरजी ने उसकी अध्ययन-शक्ति और क्षमताओं को देखकर कई बार चाहा कि लड़के को बेहतर सुविधाएँ मिलें। दो-एक वर्ष किसी अच्छी यूनिवर्सिटी में नए टेक्नीक्स आदि के विषय में नई जानकारी हासिल करे। पर चन्दन खुद ही बाहर जाने को राजी नहीं हुआ था।

"चन्दन की जगह मैं होता तो आँख मूँदकर चला जाता।" जाहिर है, शामू की ही टिप्पणी थी, "यह पता नहीं किस सुधार की आशा में यहाँ पड़ा रहकर अपने भविष्य को बिगाड़ रहा है।"

लेकिन चन्दन ऐसा नहीं सोचता था। चन्दन को भविष्य से बहुत ज्यादा आशाएँ न भी हों पर थोड़े-बहुत सुधार की उम्मीद तो थी ही शुरुआत वह घर से ही करना चाहता था।

यों सभी लड़के चन्दन नहीं हो सकते थे। उसके अनुभव भिन्न थे। कच्ची उम्र में ही खट्टे-तीखे अनुभवों ने उसके स्वभाव और चिन्तन में गाम्भीर्य भर दिया था। भाई की आत्महत्या और बहन के पागलपन के पीछे का इतिहास उसके लिए खंड-खंड हुआ एक आदमकद शीशा था, जिसमें वह जिन्दगी के कई चेहरे एक साथ देख लेता था। मन में बेहद करुणा भी थी। तभी शायद वह घोर आदर्शवादी पिता के कट्टर अनुशासन के पीछे उनकी महत्वाकांक्षाओं के टुकड़े होते संसार के प्रति दयार्द्र था। वैसे भी वह बचपन से ही गांधीवादी विचारधारा से प्रभावित था। वह कहता भी था, 'जब मेरा प्रदेश मेरी क्षमताओं के लिए छोटा पड़ जाएगा, तब मैं पूरे विश्व में घूमने निकल पड़ूँगा। फिलहाल तो यहीं ठीक हूँ।'

अवतारा ही नहीं, बल्कि उसके सभी दोस्त चन्दन से प्रभावित थे। उसकी अपनी सीमाओं में रहकर भी, सीमाओं से ऊपर उठने की आकांक्षा और स्थितियों के उजले पक्ष देखने की कोशिश देखकर लगता था कि कवि महजूर ने उसी जैसे व्यक्तियों के बारे में कहा था—

वलो हा बागबानो, नव बहारुक शान पैदा कर।
फोलन गुल, गथ करन बुलबुल, तिथी सामान पैदा कर।

(आओ माली, बाग में नई बहार की शान पैदा करो। फूल खिल उठें, बुलबुलें चहकें, ऐसे साधन पैदा करो।)

घर लौटने में शाम हो गई। झील डल की लहरों पर अँधेरा बारीक लच्छों की तरह गिरने लगा। बुलिवार्ड की मरकरी ट्यूबों की रोशनियाँ लहरों के काँपते संशय को फोक्स में ले आईं। हवा में बर्फीली चोटियों की ठंड समा गई। अपने बैग-झोले कन्धे पर लादे लड़के खामोशी से बस स्टॉप पर खड़े बस का इन्तजार करने लगे। सहसा शामू ने अवतारे का कन्धा छूकर पिघली-सी आवाज में कहा, “अवतार भैया, क्या तुम वहाँ मेरे लिए कुछ नहीं कर सकते ?”

उसकी आवाज के भीगेपन से एक बार अवतारा चौंक गया। स्वर में पहली-सी तिक्तता होती तो शायद उसे नजरअन्दाज किया जाता। बन्ता तो एकाध फिकरा कसने से भी नहीं चूकता, “शामू घर से बाहर कहीं भी चला जाए, तो आइंसटेन, आर्किमिडीज, नहीं तो प्लेटो-सुकरात बनकर ही लौटेगा। क्या करे बेचारा, इधर तो कोई ‘स्कोप’ ही नहीं है...”

लेकिन बन्ता भी उसकी आवाज के भीगेपन से भीतर-ही-भीतर उदास हो गया था। कुछ गहरे साल रहा था शामे को। या शायद उसका आकार इतना बढ़ गया था कि अच्छा भला घर उसे मुर्गी का दड़बा नजर आने लगा था, जिसमें वह अपने पूरे कद के साथ खड़ा नहीं हो सकता था।

“कर लेना यार, कुछ इसके लिए। देख लेगा उधर की जिन्दगी यह भी। तसल्ली हो जाएगी। घूमने-फिरने से तजुर्बा भी बढ़ता है...”

करीमा व्यस्तता से बात उछाल आती हुई बस की तरफ लपक गया। उसने शालों का व्यापार शुरू कर लिया था। एक-दो साल एग्रीकल्चर ट्रेनिंग में गँवाकर अधबीच ही छोड़ आया। पढ़ाई की तरफ उसका रुझान ही नहीं था। पिता ने बेटे की काबिलियत का अन्दाजा लगाकर शालों का व्यापार सुझाया था जोकि बेटे को रास आ गया। अब उनसे अच्छा-खासा मुनाफा भी होता था।

करीमा अमली और कानी शालों का फर्क बता सकता था। मुगलकाल में प्रचलित, अँगूठी के बीच से निकाले जानेवाले ‘रिंगशालों’ की जानकारी दे सकता था। छबी, चिकन, डूरी, ईरमा, अमली कसीदाकारी की बारीकियाँ समझ सकता था, और समझा भी सकता था, लेकिन मन के भीतर पड़े बारीक झोल वह समझ नहीं सकता था। क्योंकि शालों के धन्धे से लगकर वह नफा-नुकसान की तरकीबों में मसरूफ हो गया था और उसे दिमागी पतंग उड़ाने का मौका ही नहीं मिला था। उसकी अपेक्षाएँ उसके व्यापार तक ही सीमित थीं। उसी के सिलसिले में वर्ष में दो-तीन महीने दूर-पार के प्रदेशों तक घूमना होता था। मुनाफे की दृष्टि से यह जरूरी भी था। पर वह जहाज का पंछी था, जो दूर-दूर तक उड़ान भरने के बाद भी जहाज पर लौटने को बेताब रहता था।

जहाज के पंछी शायद अवतारा, लोका, तेजा आदि युवक भी थे जो नौकरी या व्यवसाय के कारण दूर-दूराज पड़े थे। रोजी-रोटी के सवाल ने उन्हें यायावरी पर मजबूर कर दिया था, पर मन जिसका जब-तब गली के आस-पास ही मँडराया करता था।

लेकिन यायावरी जिन्दगी का सच बन गई थी, क्योंकि सोच का दायरा बढ़ गया था। उसके साथ ही वृहत्तर परिवेश को खुली आँखों से देखने-जानने की जिज्ञासा भी तीव्र हो आई थी। यह बदलते सन्दर्भों का तकाजा था।

जिज्ञासा, जद्दोजहद और स्वयं को अजनबी माहौल में फिट करने की कशमकश में लड़के तनावग्रस्त होते हुए भी अपनी क्षमताओं को चीह्नने की उत्सुकताओं में जी रहे थे। इसके बावजूद यह भी सच है कि ऐसे लड़कों की भी कमी न थी, जिन्हें गली ही रास आती थी। बुजुर्ग जब गरम निःश्वास लेकर कहते, 'क्या जमाना आ गया ! भात महँगा और जान सस्ती हो गई', तो यह लड़के भी यायावरों पर तरस खाते उनके स्वर में स्वर मिलाते, 'बेचारा, क्या ? दो रोटी की खातिर दीन-जहान की ठोकरें खा रहे हैं...'

कुछ लड़के हालातों से विवश होकर और कुछ स्वेच्छा से बेहतर भविष्य की आकांक्षा में गली छोड़कर गए थे। लेकिन यह लोग भी ताउम्र गली के मोह से छुटकारा नहीं पाते थे।

अपेक्षाओं का आकाश बढ़ने पर कुएँ के मेंढक की तकलीफ तो समझी जा सकती थी, पर परिवेश से असन्तुष्ट होकर भागने पर भी, पीछे मुड़-मुड़कर देखने के मोह का कारण समझना आसान न था।

लेकिन कारण कहीं था जरूर। फूल में गन्ध की तरह बसा हुआ, मेंहदी के हरे पत्तों में सुर्ख रंग की तरह छिपा हुआ।

जिस दिन अवतारा बम्बई के लिए रवाना हुआ उस सुबह टूरिस्ट रिसेप्शन सेण्टर पर अनेक दोस्त, घर-मुहल्ले के बुजर्ग गीली आँखों और मोह-भरी हिदायतों के साथ उसे विदा देने आए।

जाते-जाते आशीषों, सटबीस साल उम्र की कामनाओं और जकड़ती संवेदनाओं के अहसासों के बीच अवतारा गली की कशिश के बारे में अनायास ही सोचता रहा। आखिर, इन अखंड विश्वासों के सहारे जिन्दगी जी चुके संस्कारग्रस्त लोगों में ऐसी कौन-सी बात थी, जो उनसे असहमत, छिटककर दूर भागते हुए को भी उनकी तरफ यदा-कदा खींच लेती थी ?

अवतारे के कानों में रली-मिली आवाजें बराबर गूँज रही थीं। कई-कई आवाजें पुकारती हुईं, हर फिसलते कदम पर सँभलने की हिदायतें देतीं। आवाजें, अपने को साबुत बचाने की अनुरोध भरी आवाजें, और सबसे ऊपर अनवर मियाँ की बूढ़ी लड़खड़ाती-सी आवाज, 'अपनी जमीन के अहसासों को कभी न भूलना बच्चो ! जमीन माँ होती है। माँ-बाप के कर्जे की तरह उसका कर्जा भी कभी नहीं चुकता।'

एक जोरदार हॉर्न के साथ, बस का इंजन घरघराकर सफर की शुरुआत का इशारा देने के बाद भी जब बस खड़ी-की-खड़ी रही तो यात्रियों ने बाधा की आशंका सूँघते

खिड़कियों से झाँका—अवतारे की खिड़की के नीचे बस के साथ पीठ टिकाए सिर से पैर तक कम्बल में लिपटा कोई पगला सिर हिला-हिलाकर गाता जा रहा था, 'कल्हण, गनी ते सर्फी, सैराब करि यमि आबन, सुय आब सान्य बापथ, जहरे हिलाल आस्था ?' (जिस धरती के जल से कल्हण, गनी और सर्फी जैसे विद्वान् फले-फूले, क्या वही जल हमारे लिए हलाहल विष बनेगा ?)

आवाज पहचान अवतारे ने चौंककर खिड़की से झाँका, अरे ! यह तो 'भूता' उर्फ लम्बोदरप्रसाद काकपोरी था। पता नहीं क्यों, संवेदन के अतिरेक से अवतारे के गले में फाँस-सी अटक गई। महानगर में रहते कई वर्षों से, उसका पड़ोसी आज तक उसे जान न पाया था, पर अपनी गली का पगला 'भूता' उसे पहचान ही नहीं गया, बल्कि ढेर सारे प्रश्नों के साथ उसके सोच पर दस्तक भी दे गया।

●●●